재밌어서 끝까지 읽는
한중일 동물 오디세이

* 이 도서의 국립중앙도서관 출판예정도서목록(CIP)은 서지정보유통지원시스템 홈페이지
(http://seoji.nl.go.kr)와 국가자료종합목록 구축시스템(http://kolis-net.nl.go.kr)에서 이용
하실 수 있습니다(CIP제어번호: CIP2020004436)

재밌어서 끝까지 읽는
한중일 동물 오디세이

박승규 지음

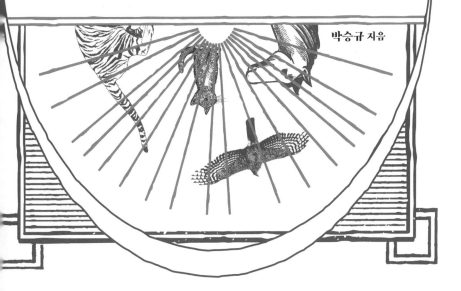

은행나무

일러두기

- 책과 잡지 등 정기간행물은 《 》, 영화와 음반, 예술 작품, 개별 문학 작품은 〈 〉, 노래와 시는 ' '로 표기하였습니다.
- 이 책에 나오는 인명, 지명을 비롯한 고유명사의 표기는 국립국어원 외래어 표기법 규정을 따르고 그 원어명을 병기하였습니다. 다만, 이미 굳어진 외래어, 한국어 화자 대부분이 관용적으로 사용하는 외래어 표기는 관용대로 표기하였습니다.

차례

1부   태초에 동물이 있었다

4부　　　　　　　　동물원 밖 동물 이야기

서문
역사 속 동물들의
파란만장한 연대기

인간의 역사에 앞서
동물의 신화가 있었다

지난 2002년 경남 하동에서 미지의 파충류 화석이 발견됐다. 복원 작업 끝에 이제까지 학계에 전혀 알려지지 않았던 새로운 악어종임이 밝혀졌다. 한반도의 원주민은 인간이 아닌 악어였던 셈이다. 조류나 포유류에 앞서 2억 4천만 년 전쯤 지구에 처음 나타나 공룡이 멸종된 빙하기에도 살아남았으니 인간의 역사에 비할 바 아니다.

　인류 곁에는 늘 동물이 함께했다. 인간과 동물의 연대성은 토테미즘이나 애니미즘 같은 원시 동물숭배 신앙 형태로 나타나, 점차 고대 신화적 인물들의 신성성을 입증하는 징표로 작용했다. 예를 들어 그리스 로마 신화에는 불사조 피닉스부터 메두사에 이르기까지 실제 동물을 모티브로 한 수많은 상상 동물이 등장한다.

우리 민족의 처음(시원) 역시 동물이 열었다. 하늘에서 내려온 환웅이 곰에서 사람이 된 웅녀와 만나 단군을 낳지 않았나. 단군 신화는 주인공 환웅과 곰 그리고 호랑이가 펼치는 통과 의례가 자못 흥미진진하다. 그런가 하면 고구려의 동명성왕 탄생 설화에 등장하는 동부여의 금와왕은 금빛 개구리 모양의 아이였다. 신라를 세운 박혁거세 설화에 나오는 날개 달린 백마, 김알지 설화에서 왕의 탄생을 알리는 닭, 석탈해 설화 속에 등장하는 까치, 고려를 세운 왕건 설화의 호랑이와 용녀 등 역사 속 신화와 설화에는 다양한 동물이 등장한다.

우리 전래 설화 '나무꾼과 선녀' 이야기는 청나라 역사책에 기록된 여진족의 시조 설화 '백두산의 세 선녀'와 흡사하다. 단, 여진족의 시조 설화에는 사슴 대신 신령스런 까치가 등장한다. 동북아시아의 수많은 민족 신화에 등장하는 새들은 때로는 샤먼을 대신하기도, 또 때로는 천신의 메시지를 전달하기도 했다. 베트남의 건국 신화에는 꼬리 아홉 달린 여우가 등장하고, 중국의 개국 신화는 우리처럼 곰에 대한 토템 사상에 근거한다. 중국인들이 시조로 삼는 황제는 곰과 호랑이 군대와 힘을 합쳐 통일 국가를 건설하는데, 단군이 산신이 된 것처럼 황제는 신단수와 비슷한 곤륜산에서 300살까지 살다가 하늘로 올라가 옥황상제가 됐다.

이처럼 인간의 역사에 앞서 동물의 신화가 있었다. 우리나라를 비롯한 동아시아와 전 세계의 신화, 전설 속에는 동물 코드가 셀 수 없을 만큼 많이 등장한다. 신화가 텍스트가 되면 역사이고, 역사가 색이 바래면 신화가 된다. 시간을 거슬러 올라가면 신화와 만나지 않는 역사는 없다.

역사의 물줄기를 바꾼
대단한 동물들

동물은 신화와 전설에 얽혀 역사의 일부가 되기도, 역사의 장면 장면에 끼어들어 결정적 순간을 탄생시키기도, 때로는 역사의 물줄기를 아예 바꾸기도 했다.

그렇다면, 한중일 3국의 역사를 바꾼 첫 번째 동물은 무엇일까? 인류의 오랜 가축이 됐던 양이나 돼지, 닭일까? 농업 혁명의 주역인 소, 또는 교통과 전쟁의 혁명을 가져온 말일까?

단언컨대, 한중일 3국, 더 나아가 세계 역사를 바꾼 첫 번째 동물은 곤충에 불과한 메뚜기다. 메뚜기는 곤충계의 최대 식신이다. 하루에 자기 몸무게만큼 작물을 먹는다. 1제곱킬로미터 규모의 메뚜기 떼가 하루 3만 5천 명분의 식량을 먹어 치운다. 메뚜기 떼가 한 번 쓸고 가면 아무것도 남지 않는다고 해서 '마른 쓰나미'로 불린다. 의외일지 몰라도 메뚜기 떼는 농업이 발달했을 때부터 인류를 위기에 몰아넣었다.

《삼국사기》에 따르면 고구려 여덟 번, 백제 다섯 번, 신라는 열아홉 번의 대규모 메뚜기 피해가 발생했다. 백제 무령왕 때인 521년 가을에는 메뚜기 때문에 900호가 신라로 탈출했다. 메뚜기 떼가 습격해 곡식을 온통 갉아먹자 적어도 수천 명이 신라로 집단 '엑소더스' 했다는 끔찍한 이야기다. 《고려사》에도 메뚜기에 관한 기록이 무려 스물여섯 번이나 나온다. 조선 시대는 더 많아졌다. 메뚜기로 인해 피해를 입었거나 논의를 한 실록 기록이 무려 200여 건에 이른다. 심지어 조선 2대 왕인 정종은 메뚜기 떼의 출현을 태종에게 양위의 이유로 내세웠다. 세종은 아예 군대를 출동시켜 메뚜기를 잡게 했다.

중국에서는 당나라 태종의 야사 중에 흥미로운 대목이 있다. 메뚜기 떼가 창궐하자 몇 마리를 잡아오게 한 후 가장 큰 놈을 골라 "네놈이 백성의 곡식을 갉아먹는다니, 차라리 내 오장 육부나 갉아먹어라"라고 대성일갈을 내지르면서 삼켰다. 그 뒤 메뚜기 떼가 사라졌다는 이야기다. 우리나라 정조 임금도 비슷한 사례가 있다. 효성이 지극한 정조가 사도세자 능 주위 소나무를 갉아먹는 송충이를 삼켰다는 이야기다. 야사인 만큼 성군의 면모를 나타내고 싶었던 것으로 보인다.

2020년 현재 지구 상에는 동아프리카, 파키스탄 등에서 메뚜기 떼로 비상사태가 선포됐다.

우리 역사의 물줄기를 바꾼 또 다른 동물로는 호랑이를 빼놓을 수 없다. 단군 때부터 조선 고종 때까지 호랑이는 역사 속에 끊임없이 등장한다. 조선 시대 인조반정은 호랑이 사냥을 구실 삼아 일으켰다. 어느 날 호랑이가 궁궐에 새끼까지 낳자 호랑이를 사냥하겠다는 빌미로 화승총을 가진 착호갑사들을 모아 군사력을 집결시킨 세력은 손쉽게 광해군을 몰아낼 수 있었다. 호랑이가 아니었다면 성공할 수 없었던 쿠데타였다.

고래는 일본 역사의 물줄기를 바꿨다. 1853년 일본에 문호를 열라고 협박한 미국 페리 제독은 실상 고래를 쫓아 일본까지 왔다. 당시 세계 최대의 포경 국가였던 미국은 어업 전진 기지 획득과 중국 무역을 위한 교두보 확보를 목표로 일본을 강제적으로 개항시켰다.

중국의 역사를 바꾼 건 작은 참새였다. 참새가 농작물을 쪼아 먹는 걸 본 마오쩌둥은 참새를 인민의 곡식을 뺏는 '계급의 적'으로 간주해 대대적인 박멸 운동을 펼쳤다. 그러나 참새를 박멸하니 그동안 참새들이 잡아먹었던 해충들이 기하급수적으로 늘어났고 결국 대기근이 닥쳤다. 일설에 의하면 3년간 약 4천만 명의 사람들이 굶주림으로 목숨을 잃었다고 한다.

그런가 하면 페스트를 야기한 쥐는 중세 유럽을 무너뜨렸다. 1347년부터 수년간 유럽에 페스트가 창궐해 인구의 3분의 1이 죽었다.

최근 박쥐에서 유래된 것으로 추정되는 신종 코로나 바이러스로 세상이 시끄럽다. 아이러니하게도 배트맨 캐릭터로 많은 사랑을 받은 박쥐가 이제는 전 세계에 전염병을 일으키는 주범이 됐다. 사스와 메르스, 에볼라, 신종 코로나 바이러스까지 근래 인간에게 발생한 신종 바이러스의 약 70퍼센트는 야생 동물에서 유래됐다. 야생 동물에 의한 신종 바이러스의 출현은 앞으로도 계속 이어질 것이다. 인간의 욕망에 의해 무분별하게 포획되고 숲과 도시에서 쫓겨난 동물들의 역습이다.

"인간은 아무것도 생산하지 않으면서 소비하기만 하는 유일한 존재이다. 인간은 우유를 생산하지도 않으며, 달걀을 낳지도 못하고, 쟁기를 끌 힘도 없고, 토끼를 잡을 만큼 빠르지도 않다. 그럼에도 불구하고 인간은 동물들에게 힘든 일을 시키고, 모든 동물들의 신으로 군림한다." 조지 오웰의 《동물 농장》에서 동물들이 비밀 회합을 가지면서 뱉는 말이다. 인간이 만물의 영장이된 이유는 다른 생명체를 죽이기도 하지만 살릴 수 있는 능력, 다른 생명체와 함께 살아갈 수 있는 지성과 감성을 갖고 있기 때문일 것이다. 옛 선비들은 자연을 아끼고 사랑하는 세계관을 가지고 있었다. 비록 하찮은 동물일지라도 그 생명의 크기는 작지 않고 똑같이 소중하다고 여겼다. 고려 때 문인 이규보를 필두로 조선 시대 실학의 태두인 성호 이익, 연암 박지원이나 다산 정약용 등 실학자들이 남긴 동물 관찰 기록은 매우 사실적이며 꼼꼼하다. 온갖 들짐승과 날짐승 심지어 이, 파리, 모기, 거미와 같은 벌레까지 관찰했다. 게다가 인간의 본성과 연결 지어 당대 사회상을 비판했다. 과거 수십만 년 동안 그래왔던 것처럼 이제 우리는 동물들과 공존 공생을 다시 진지하게 고민해야 할 때다.

이 책은《삼국유사》부터《조선왕조실록》,《수호지》부터《구당서》,《후한서》,《논어》,《일본서기》에 이르기까지 한중일의 역사서와 민담집, 옛 고전 문헌 등을 가로지르며 역사 속에서 동물들이 어떻게 극적인 변화를 가져왔는지, 세 나라를 비롯한 주변 아시아 국가, 더 나아가 세계 역사에서 동물들이 어떤 흥미로운 장면을 연출했는지 소개한다. 이를 통해 독자들은 역사는 사람이 써왔지만 그 사람과 상황을 움직인 건 동물이었음을 깨닫고 인간과 함께 동물이 만들어낸 문화의 원형을 톺아볼 수 있게 될 것이다.

박승규

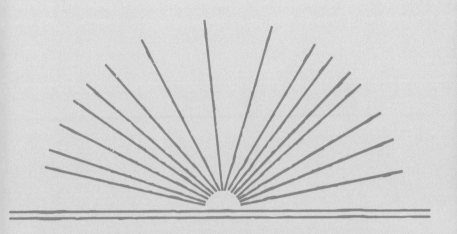

1부
태초에 동물이 있었다

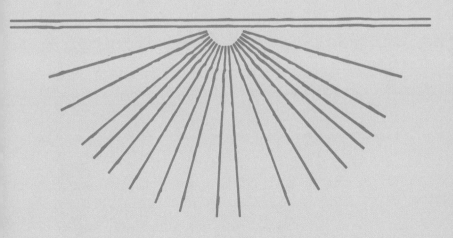

태초에
신은 곰이었을까?

우리 역사를 반만년이라 한다면, 4950년쯤은 곰과 함께 살아왔다고 해도 과언이 아니다. 실제로 곰이 우리 주위에서 사라진 시간은 채 50년이 되지 않는다. 흔히 인간과 가장 유사한 동물로 유인원을 꼽지만 인류의 오랜 역사 속에서 인간과 가장 흡사한 동물로 인식되어온 건 곰이었다. 테디 베어나 곰돌이 푸, 쿵푸 팬더처럼 곰이 전 세계 아이들의 친구로 친근하게 기억되기 훨씬 이전부터 말이다.

고대부터 곰은 동서양을 막론하고 이승과 저승을 잇는 중간자이자 인간 세계와 동물 세계 사이에 위치한 특별한 존재로 숭배받았다. 동면이 끝나면 다시 깨어나는 것 또한 재생과 부활의 개념에 딱 들어맞는 상징이었다. 그 때문에 곰에 관한 전승은 전 세계적으로 매우 다양하게 존재한다. 태곳적부터 싹튼 곰에 대

홋카이도에 거주하는 아이누족의 곰 의례 '이오만테'를 보여주는 삽화
(브루클린미술관 소장)

한 초자연적 관념은 여러 민족의 신화와 전승, 의식 문화 속에서 어렵지 않게 찾아볼 수 있다.

이는 곰을 가리키는 동서양의 어휘를 살펴봐도 쉽게 알 수 있다. 고대 국어에서 '곰 웅熊' 자에 대응되는 고유어는 '고무', '고마' 등이었다. 백제의 두 번째 수도 웅진은 당시 '고마(웅) 나루(진)'로 불렸다. 금강의 금錦 또한 '곰강'의 유사 발음이다.

공주에 위치한 곰나루熊津라는 명칭에도 곰의 흔적이 남아 있다. 곰나루에는 곰에 얽힌 설화가 있는데, 나무꾼을 사랑한 암컷 곰이 나무꾼을 납치해 아들 둘을 낳았지만 나무꾼은 결국 도망가버리고, 암컷 곰은 아들과 함께 강물에 몸을 던져 죽고 말았다는 설화다. 곰나루 설화에서 곰은 인간과의 사이에서 아이를 낳

곰과 나무꾼의 설화가 어린 공주 곰나루

은 모성을 가진 존재로 표현된다. 공주에서는 백제 시대부터 조선 시대까지 곰의 원한을 달래기 위해 사당 웅진사를 짓고 제의를 올려 마을의 평안을 기원해왔다.

그런가 하면 일본에서는 신사를 지키는 사자 모양의 용맹한 개를 곰을 뜻하는 '고마이누狛犬'라고 부른다. 단군왕검의 '왕검王儉' 역시 곰의 옛말에서 비롯됐다. 고구려와 백제 역시 '곰'이라는 어휘를 영험한 뜻으로 사용했다. 일본 홋카이도와 쿠릴 열도, 사할린에 거주하는 아이누족은 곰을 산신령으로 여겼으며, 일본어로 신을 뜻하는 '카미神' 역시 우리 신화의 곰에서 유래된 말이다. 이처럼 곰은 원시 인류의 토테미즘 신앙에서 일종의 동물신으로 추앙받았다는 것을 알 수 있다.

곰 토템에서
왕으로 숭배받은 곰

약 10만 년 전에서 3만 5천 년 전에 걸쳐 생존한 유럽 네안데르탈인 유적에서는 곰의 뼈가 많이 출토되고 있다. 당시에 이미 곰에 대한 의식이 행해졌음을 암시하는 증거가 꽤 남아 있는 것이다. 인간이 동굴 생활을 했던 석기 시대에는 곰 역시 인간처럼 동굴에서 생활했다. 이런 이유로 곰이 반은 인간이라는 생각이 당시 인류에게 널리 퍼져 있었으며, 곰과 사람이 사랑을 나눠 아이를 밴다는 전설 또한 동서양을 가리지 않고 세계적으로 널리 분포돼 있다. 러시아, 헝가리, 터키 등지에서도 곰이 사람과 사랑을 나눠 아이를 낳는 설화가 있다. 발칸 지방에서는 사람이 곰의 아이를 낳아 가르친 것을 곰 곡예의 시작으로 보기도 한다.

스위스의 수도 베른에는 농부의 부인이 곰을 잡기 위해 함정을 파고 들어갔다가 함정에 빠진 곰과 사랑에 빠져 아이를 가졌다는 전승이 있다. 앞에서 살펴본 공주 곰나루 설화, 우리의 단군 신화 역시 단군이 곰 어머니(웅녀)로부터 태어나지 않았는가. 그만큼 곰은 인간의 삶 속에 수천, 수만 년 동안 끈끈하게 연결돼왔다.

중국 남부 윈난성에서 일본을 거쳐 연해주, 북극해, 알래스카, 아메리카 대륙으로 이어지는 환태평양 연안에 살던 원주민 역시 하나같이 강력한 곰 토템을 지녔다. 지금도 러시아 아무르강

고대 북유럽의 곰 토템을 그린 영화 〈13번째 전사〉

변에 사는 니브흐족, 북극 이누이트 등 세계 여러 소수 부족들에게는 곰을 숭배한 흔적들이 남아 있다.

아이누족은 아예 새끼 곰을 산 채로 잡아다 2~3년 동안 함께 키우면서 생활하는 풍습이 있었다. 곰이 성장하면 웅제熊祭를 지낸 다음 죽여서 잡아먹는데, 이를 곰을 고향으로 돌려보내는 신성한 과정으로 여긴다.

환태평양 일대 곰 설화의 특징은 곰과 인간이 서로 교차 변신한다는 점이다. 또 곰과 인간 사이의 후손이 위대한 영웅이 되는 경우가 많다. 단군의 웅녀 설화가 바로 여기에 딱 부합한다. 인류 문명이 석기 시대에서 청동기 시대로 전환하는 시기에 국가가 출현했는데, 이는 전 세계에서 인간과 호환적 존재로 신성시

되던 곰 토템의 붕괴와 함께 이뤄졌다.

기독교에 의해
곰 토템을 대체한 사자

유럽은 어떨까? 유럽에서도 곰은 맹수의 차원을 넘어선 힘과 용기, 경외의 대상이었다. 곰은 그리스 로마 신화에 나오는 사냥의 여신이자 야생 동물을 수호하는 여신 아르테미스artemis의 상징이었다. '아르-'는 곰을 의미하는 접두어이다. 곰 숭배의 흔적은 일찍 기독교화한 지중해 국가를 제외하고 게르만, 슬라브, 켈트, 스칸디나비아의 종족에게 공통적으로 널리 나타난다.

중세 유럽까지 곰은 왕을 상징하는 동물로 자리매김했다. 영어로 곰을 베어bear라고 하는데, 앵글로색슨족이 사용한 원시 게르만어 '베론beron'에서 유래했다. 베론은 '갈색brown 동물'이란 뜻이다. 당시 사람들이 곰을 두려워해서 일종의 피휘, 즉 직접 불러서는 안 되는 개념으로 돌려 말한 것이다. 그러다가 '갈색' 그 자체가 '곰'으로 굳어진 것이다.

곰은 게르만족과 켈트족을 비롯한 서유럽 대다수 민족에게는 오랫동안 최고의 권위를 상징하는 동물로 인식됐다. 켈트족이 영웅으로 여기는 전설적 인물 아서Arthur왕*의 '아서' 어원 역시

* 476년 서로마 제국이 멸망한 뒤부터 6세기경 앵글로색슨족이 내습하기 전까지 고대 브리튼 지역을 다스린 전설적 왕

스위스 베른에 있는 곰 공원

곰을 의미하는 아일랜드어(켈트어) 'artos'에서 나왔다. 북게르만 노르드의 전사 중 용맹스럽기로 손꼽히는 전사들은 '베르세르크 berserker'인데 이들은 전투를 하는 동안만은 자신이 곰으로 변한다고 여겼다. 싸울 때는 신들린 것처럼, 어떤 두려움이나 동정심도 느끼지 않았다. '베르세르크'라는 단어 역시 이들이 싸울 때 곰(베르)의 모피로 만든 윗도리(세르크 : 셔츠)를 걸쳤기 때문이라는 어원 해석이 있다. 안토니오 반데라스가 주연한 영화 〈13번째 전사〉에서 바이킹들은 동굴에 살면서 곰의 머리 가죽을 뒤집어쓰고 이웃을 침략하는 원시 종족들과 싸운다. 이 영화의 큰 줄기는 북유럽 게르만족의 영웅이자 구전 서사시였던 《베오울프》를 재해석한 것이다. 《베오울프》는 청년 전사 베오울프와 반인

반수의 괴물 그렌델의 싸움,
왕이 된 베오울프가 화룡과 싸
우다 전사하는 이야기를 다룬
서사시인데, 베오울프가 곰과
인간 여성의 자식이라는 해석
도 있다.

이처럼 유럽 여러 민족의
역사에는 곰을 신성시했던 토
템을 엿볼 수 있는 장면들이
많다.

알프스 산맥을 품은 스위스
수도 베른의 상징 동물 역시

베를린 영화제 최고상
'황금곰상'의 트로피

곰이다. 1191년 도시를 건설할 때 이 지역에 곰이 많아 곰과 싸
우며 도시를 개척했다고 전한다. 그래서 도시 이름을 곰을 뜻하
는 '베른'이라고 지었다. '곰의 도시'라는 이름에 걸맞게 지금도
도심 한가운데 '곰 공원'을 조성해 운영하는데 베른의 명소가 된
지 오래다. 독일의 수도 베를린의 상징 역시 곰인데 '베를린'이
라는 뜻 자체가 새끼 곰이라는 말에서 파생되었다. 매년 베를린
에서 열리는 세계 3대 영화제 중 하나인 베를린 영화제의 최고
상 명칭은 역시나 '황금곰상'이다.

우리 역사 중
가장 왜곡된 단군 신화

10월 3일 개천절의 개천開天은 '하늘이 열렸다'는 뜻이다. 바로 단군의 고조선 건국을 일컫는 날이다. 《조선왕조실록》 태조 1년 (1392년) 8월 11일 기록에는 "조선의 단군은 동방에서 처음으로 천명을 받은 임금"으로 "평양부平壤府로 하여금 때에 따라 제사를 드리게 할 것"이라고 언급돼 있다. 강화도 마니산의 참성단이 단군이 하늘에 제사를 지내던 곳이다.

우리 민족의 역사 중 가장 왜곡된 장면을 꼽으라면 단연 단군 신화를 들 수 있다. 단군 신화는 고려 중기 일연 스님에 의해 불교적 관점에서 윤색됐다. '동물에서 사람이 된다'는 환생을 강조한 것이다. 아직도 '단군'을 이야기하면 호랑이와 곰을 떠올리고 '신화'라고 표현한다. 단군은 조선 고종 때까지만 해도 국조였다가 일제 강점기부터 신화로 돌변했다. 단군을 역사가 아닌 신화로 끌어내려 민족의 시원始原을 말살하려는 일제의 의도가 먹힌 셈이다. 안타깝게도 《삼국유사》 고조선 조의 웅녀 이야기가 가장 중요한 근거가 됐다.

일제와 식민사가들은 단군의 출생과 관련된 이야기를 신화적 관점으로 해석했고, 이것이 오늘날까지 정설로 통용됐다. 《삼국유사》의 기록 '일웅일호一熊一虎'는 실제 곰과 호랑이를 가리킨 것이 아니다. 곰 부족과 호랑이 부족이 있었다는 의미다. '동혈이

거同穴而居'는 곰과 호랑이가 같은 동굴에서 살았다는 것이 아니라 곰을 숭배하는 부족과 호랑이를 숭배하는 두 부족이 같은 지역에서 살았다는 사실을 말한다時有一熊一虎 同穴而居 常祈于神雄 願化爲人.

　이쯤에서 또 하나 언급해야 할 한 가지는 마늘. 마늘의 원산지는 중앙아시아와 이란이다. 마늘이 한반도에 유입된 시기 또한 고려 말기에 이르러서다. 그렇다면 단군 신화 속 곰이 먹었다는 마늘은 대체 무얼까? 쑥과 마늘이 아니라 쑥艾과 신맛이 나는 무릇 또는 달래蒜라는 해석이 있다. 한의학에서 대산大蒜은 마늘을 뜻하며, 소산小蒜 또는 야산野蒜은 달래를 뜻한다.

　단군왕검은 이주민인 환웅 집단과 '곰을 숭상하는 부족'이 결합한 결과물이며, '단군'은 제사와 관련된 지도자, '왕검'은 통치자로서 당시 사회가 제정일치 사회였다고 보는 해석이 가장 타당하다.

　설령 단군을 신화 속 인물이라 치부하더라도, 엄연히 실존했던 고조선의 역사적 실체는 부정할 수 없다. 로마 시조로 알려진 로물루스 형제는 늑대의 젖을 먹고 자랐다고 한다. 로마 건국 신화 속의 인물에 불과하지만, 그렇다고 해서 로마의 역사적 실체를 부정할 수 없는 것과 마찬가지 아닌가.

삼족오 신화 속 숨겨진 역사,
철의 전쟁

우리 역사를 들여다보면 건국 시조들은 줄줄이 알卵에서 태어났다. 알사탕도 아닐진대 어떻게 된 일일까? 고대에는 사철과 사금 알갱이를 '알'이라고 불렀다. 주몽, 박혁거세, 남해왕, 김알지, 석탈해 등 건국 시조들의 행적 속에는 제철 기술과 관련한 은유적 서사가 담겨 있다. 예컨대 박혁거세가 태어났다는 우물(나정 · 알영정)은 제철 용광로의 이미지를 형상화한 것이다.

김수로왕 탄생 신화 '구지가'에 나오는 알은 또 어떠한가? 알에서 나온 수로왕은 바꾸어 말하면, 쇠붙이를 녹이는 도가니에서 쇠鈰가 나왔다는 말과 같다. 최초의 제철 기술은 모래 속에 함유된 사철과 사금을 녹이는 것에서부터 시작되었다. 고온에서 용융 상태의 쇳물은 시각적으로 보면 알의 노른자와 아주 흡사하다. 따라서 알은 제철로를 상징하는 은유적 대상이었다. 언어

경주 천마총에서 출토된 달걀. 큰 쇠솥 안에 담긴 토기 속에
20여 개 들어 있었다고 한다. 신라에 유독 많은, 알 혹은 박과 관련된
인물들의 설화를 연상시킨다.

학적으로도 알은 '태양'을 의미한다. 알타이어에서 '알'은 황금을
뜻하는데 고대에 철은 황금보다 값어치가 더 나갔다. 그래서 '황
금'과 대비해 '쇠금'이라 불렀던 것이다.

대규모의 벼농사를 지으려면 필연적으로 철기 생산이 뒷받침
되어야 했다. 농기구 없이 농사를 지을 수는 없기 때문이다. 경
작에 필요한 농기구와 무기를 만들면서 지배자가 탄생했고, 부
족 국가였던 청동기를 거쳐 철기 시대로 접어들면서 비로소 중
앙 집권적 국가가 생기기 시작한 것이다. 당시 모든 고대 국가들
은 질 좋은 철기를 얻기 위해 노심초사했다. 강력한 군사력을 바
탕으로 영토를 확장하고 경제적 부를 이뤄야만 국가를 유지할

수 있었고, 지배자 또한 백성의 신망을 얻고 왕으로 군림할 수 있었기 때문이다.

무쇠를 가진 자,
권력을 잡다

《삼국유사》의 가락국기에는 흥미로운 이야기가 실려 있다. 김수로왕이 금관가야를 세우자 석탈해가 쳐들어와 임금 자리를 내놓으라고 한 것. 수로왕은 석탈해에게 술법으로 겨뤄 이긴 사람이 왕이 되자고 제안했다. 둘의 둔갑술 싸움은 철기 문명 간 세력 다툼을 암시하는 대목이다. 먼저 석탈해가 매로, 수로왕은 순식간에 독수리로 변신했는데 첫판은 석탈해가 졌다. 그러자 석탈해는 참새로, 수로왕은 새매로 둔갑했다. 둘째 판도 수로왕이 이겼다. 둔갑술에서 진 석탈해는 엎드려 항복하고 바다로 도망을 쳤다. 수로왕이 500척의 수군을 보내 뒤쫓았으나 석탈해의 배는 신라 쪽으로 달아났다.

〈1 라운드 : 매 vs 독수리〉

매는 보통의 무쇠. 녹인 쇳물을 거푸집에 부어 만드는 주철(선철)공법을 말한다. 거푸집에 쇳물을 부어서 찍어내는 기초적인 제철 기술을 석탈해가 펼친 것이다. 주철은 무기로는 적당하지 않아 주로 농기구로 사용했다. 반면 수로왕은 하늘의 제왕인 검독수리로 변신했다. 이는 곧 단철공법을 암시한다. 단철공법은 주철을 불에 달구어 수없이 두드리고 순간적으로 물에 담그기를 반복하는 기법인데, 대장간에서 흔히 보는 담금질 기술로 단단한 철기를 만드는 고도의 기법이다.

〈2 라운드 : 참새 vs 새매〉

두 번째 겨루기에서 석탈해는 작은 참새로 변신하는데, 참새는 작은 칼을 만드는 기술을 말한다. 반면 수로왕은 새매로 변신해 석탈해에 맞선다. 날개를 활짝 펴고 멋진 활공 비행을 펼치는 새매는 평평한 모양의 쇠, 곧 큰 칼을 만드는 기술을 상징한다.

수로왕이 변신했다는 새매.
새매의 활공 비행은 크고
단단하며 평평한 칼을 만들던
제철 기술을 의미한다.

한국과 일본의 고대어 연구에 정통한 전 포스코인재개발원 이영희 교수는 석탈해와 김수로왕의 둔갑술 싸움에 대해 "석탈해와 김수로는 단순한 변신술 싸움을 한 게 아니다. '새'를 '쇠'에 대입해보면, 둘의 싸움은 곧 제철 기술의 싸움이고 제철 기술이 더 뛰어난 김수로왕이 승리한 것은 어찌 보면 당연한 결과"라고 해석했다.

가야는 '철의 왕국'이었다. 발해 만부터 일본에 이르기까지 여러 나라에 덩이쇠를 만들어 수출하기도 했다. 가야가 우리나라 고대 역사에서 중요한 위치를 차지한 것도 바로 독창적인 제철 기술을 토대로 우수한 철기를 생산할 수 있었기 때문이었다.

일본에 제철 기술을 전파한
'연오랑 세오녀'

고대 제철 기술은 국가의 존립을 좌우한 만큼 철저한 기밀 사항에 부쳐졌다. 따라서 대부분의 문헌에는 제철에 관한 일들을 직

금관가야의 철기. 대표적인 금관가야 유적지인 부산 복천동 출토품들이다.
(부산복천박물관 소장)

접적으로 상세히 기록하지 않았다. 때로는 제철 기술 때문에 권력 다툼이나 전쟁이 일어나기도 했으니까 말이다. 이 같은 사례는 화약에서도 찾아볼 수 있다. 실전되었던 화약 제조 기술은 고려 말 최무선이 재발명한 이래 이순신 장군 때까지 최고의 국방 기밀이었다. 오죽하면 조선 초 국가 기본 의례를 규정한《국조오례의》에 엉뚱하게도 화약과 화약 무기 제조법을 숨겨놓았을까?《국조오례의》한편에는 총통과 신기전, 화차, 화포 등 각종 무기 제조법이 담겨 있다.

　이렇게 비밀리에 관리됐던 제철 기술이 다른 나라로 건너갔다면 어땠을까?

　우리에게 익숙한 연오랑 세오녀 설화는 고대 한일 관계의 미스터리를 밝혀줄 한 편의 서사시다. 연오랑 세오녀 설화는 신라 제8대 아달라왕 4년(157년) 동해변에 살던 부부 연오延烏와 세오細烏가 일본으로 건너가자 일월日月이 빛을 잃었는데, 세오의 비단으로 제사를 지내자 다시 빛을 회복하게 되었다는 설화다. 여러 상징과 은유로 뒤범벅되어 있지만 연오랑과 세오녀가 일본에 선진 기술인 제철법을 전했다는 것이 설화가 숨겨둔 진실이다. 비슷한 시기《일본서기》에는 신라 왕자가 일본에 와서 작은 왕국의 왕이 되었다는 기록이 있다. 두 나라 기록에 유사한 상황이 공통적으로 등장하고, 신라 사람이 바위로 만든 배를 타고 일본에 건너간 것도 똑같다. 연오와 세오 부부가 떠난 곳은 동해변, 지금의 포항 영일현 부근이고 신라 왕자의 이름은 '천일창'이

삼대째 100년 전통 가업을 이어오고 있는 논산 연산 대장간

다. 둘 다 해日가 들어간다. 이런 점을 들어 아마 세오랑과 신라 왕자가 동일 인물일지 모른다는 가설도 있다.

《삼국유사》에는 연오랑과 세오녀가 일본으로 건너가자 "신라의 해와 달이 빛을 잃었다"고 기록돼 있다. 고급 제철 기술자가 떠나자 신라는 아마도 무척 당황했을 것이다. '일월의 빛을 잃은 것'은 대장간의 불이 꺼졌다는 은유적 표현에 해당한다. 연오랑과 세오녀는 세력이 커져가는 신라 옆에 붙어 있는 것보다 질 좋은 철 산지를 찾아 일본으로 이주하는 것을 택했을 수도 있다. 연오랑의 '늘일 연延'자는 두드려 펴는 기술, 세오녀의 '가늘 세細' 자는 정밀 단조를 의미한다. 연오랑 세오녀가 일본에서 신과 비슷한 위치로 추앙받는 이유는 우주선을 쏘아 올린 것과 같은 첨

단기술을 일본에 전해주었기 때문이다.

까마귀는 고대
제철 집단의 상징

연오랑 세오녀가 설화처럼 부부가 아니라 제철 집단이라는 것
은 그 이름에서도 추측해볼 수 있다. 이름 중 '오烏' 자에 주목해
보자. '오'는 까마귀라는 뜻도 있지만 '검다'는 뜻도 지녔는데, 이
는 여러 사례를 통해서도 알 수 있다. 가물치는 본래 검은 물고
기를 뜻한다. 한자로는 오어烏魚. 오골계도 온통 검은 닭이다. 율
곡 이이가 태어나고 자란 곳은 강릉의 오죽헌烏竹軒. '검은 대나
무가 있는 집'이라는 뜻인데, 지금도 오죽헌에 가면 검은 대나
무를 볼 수 있다. '오'를 검다黑로 본다면, 제철 기술과 쉽게 연결
이 된다. 대장장이는 영어로 'blacksmith', 금과 은, 구리 등 일반
금속 세공인은 'smith'라 부른다. 쇠를 다루는 대장장이는 왜 '검
다black'라는 말이 붙었을까?

　고대에는 철을 녹이거나 정제하는 야철 과정에서 숯을 사용
했다. 숯이나 철광석이 어우러진 대장간 주변이 늘 검게 비쳤던
데서 비롯됐다. 우리나라 옛 제철 지역에도 검은색과 관련한 명
칭을 찾아볼 수 있다. 삼국 시대 제철 유적이 남아 있는 충북 진
천군 초평면 '까막골'이란 지명이 그 예다. 고구려가 이 지역을

점령했을 당시에는 검은 들판이라는 뜻의 '거물내'로 부르기도
했다. 신라 시대 지명인 '흑양군'도 '검은 들판'을 일컫는다. 진천
인근 괴산군의 '감물면'에도 대규모 대장간이 있었다. 그렇다면,
'검은 들판'이 의미하는 것은 무엇일까? 바로 철이다. 진천의 흙
에는 철의 성분이 포함돼 있어서 검었다. 이 때문에 지금도 진천
의 쌀맛이 좋다고 알려져 있다.

《삼국사기》에는 신라 아달라 이사금 4년(157년) 2월에 "처음
으로 감물현과 마산현을 두었다"고 나온다. 동해 바닷가 감물현
이 연오랑과 세오녀가 살던 곳. 천자문을 읽을 때 '하늘천天, 따
지地, 가물현玄, 누루황黃'에서 그 '가물'이다. 지금은 '검을현'으로
읽지만 예전에는 '가물' 또는 '감물'이라 읽었다. 지금의 포항 영
일현이다. 신라 시대의 영일현은 '큰 까마귀 마을'이란 '근오지현
斤烏支縣'으로 불렸는데 상당한 규모의 제철 집단이 있었다는 이야
기다.

형산강은 사철이 풍부한 강이었다. 쇠가 끓는 붉은 용광로는
태양이나 마찬가지. 따라서 검은 까마귀는 무쇠를 만드는 제철
기술을 의미하기도 하지만, 태양으로 비유되는 제철 기술의 수
장을 말하기도 한다. 그래서 연오랑 세오녀가 일본으로 간 뒤,
신라의 태양이 빛을 잃은 것이다.

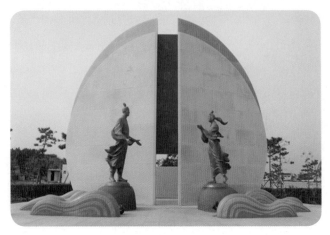

포항 영일현에 조성된 연오랑 세오녀 테마 공원

'삼족오'의 정체는
제철 기술

삼족오三足烏는 다리는 셋에 머리엔 뿔이 달린 까마귀다. '오'는 앞서 언급한 것처럼 두 가지 뜻을 갖고 있는데, 하나는 '검다'는 의미, 다른 하나는 길조로서의 '까마귀'다. 태양에 살면서 천상의 신과 인간 세계를 연결해주는 신성한 새가 바로 이 삼족오다. 단군 신화에 등장하는 환웅, 부여 건국 신화의 동명, 고구려의 주몽, 신라의 박혁거세, 가야의 김수로왕 등은 자신이 하늘과 해의 자손임을 자임했다. 백제 온조왕에게는 가장 충실한 신하 '오이烏伊'와 '오간烏干'이 동행했다. 제철 기술을 가진 수하들이 있었다

는 이야기다. 신라 17관등에도 대
오大烏와 소오小烏 등 까마귀 오 자가
들어간 직위가 있다.

삼족오는 삼국 시대를 다룬 사
극에서 흔히 고구려군 깃발 문양으
로 등장하곤 한다. 삼족오를 고구
려만의 고유 상징으로 잘못 생각하
다 보니 이런 일이 생긴 것이다. 역
사를 거슬러 올라가면 삼족오는 가
루다, 금시조에서 내려온 것이라는
이야기도 있다. 고구려 벽화에서
볼 수 있지만, 딱히 고구려만이 삼
족오를 왕실이나 나라의 상징으로

삼족오와 일본 축구
국가 대표팀의 엠블럼

썼다는 정황은 없다. 동북아에서 삼족오가 '해'의 상징이기 때문
에 무덤에도 하늘을 구성하는 해의 상징으로 쓰였을 따름이다.
일본의 신화에도 '야타가라스'라는 삼족오가 있는데 태양의 화
신이자 동쪽 정벌에 나선 왕의 군대를 위해 길 안내 도우미를 했
던 길조다. 삼족오는 일본 고대 고분과 각종 유물에서도 출토되
고 있다. 특히 천황이 즉위식 때 입는 곤룡포에도 자수로 놓여
있다. 제철 집단의 수장은 곧 '태양신의 아들'이라는 상징성 면
에서 삼족오가 일본 왕실과 관련돼온 것으로 보인다.

반면 삼족오는 늘 북방 민족의 침략을 받아 남하해야 했던 중국 한족에게는 불길한 징조로 간주되었다. 철鐵의 옛 글자는 '金(쇠)+夷(이)'로 표현했는데, 동이족이 만든 쇠라는 뜻이다. 중국 전국 시대 유적지 가운데 철기가 출토된 20여 군데는 대부분 고조선의 영역이다. 우리 선조가 중국 한족보다 철기를 먼저 쓴 증거이기도 하다. 그러니 한중일 삼족오에 얽힌 설화는 '철의 전쟁'의 메타포라고 해도 지나친 말이 아닐 것이다.

슈렉에서 치우천왕까지, 도깨비인가 상남자인가

늪지에 사는 거구의 녹색 도깨비 '슈렉'의 모험을 그린 영화 〈슈렉〉은 세계적으로 흥행에 성공한 애니메이션 중 하나다. 〈어벤져스〉의 프리퀄처럼 피터팬, 피노키오, 신데렐라, 백설공주, 빗자루 마녀 등 동화 속 주인공들이 한꺼번에 등장하는데, 전통적인 결말을 뒤집는 이야기 구조, 험상궂고 우락부락한 캐릭터로도 얼마든지 재미있는 애니메이션을 만들 수 있다는 것을 증명한 수작이자 서양의 옛 이야기나 전설에 등장하는 도깨비 오거Ogre를 재해석해 널리 알린 작품이기도 하다.

'도깨비' 하면 무엇이 떠오르는가? 나라마다, 문화마다 조금씩 다를 것이다. 고대 중국에서 도깨비는 권력자의 무덤을 지키는 짐승 얼굴을 한 용사 또는 상상의 맹수로 나타난다. 외형만 봐서

〈슈렉〉에 등장하는 도깨비 '오거'

는 용인지 사자인지 도무지 분간이 되지 않는다. 일본에서 도깨비는 "나쁜 짓을 하면 무서운 '오니'가 온다"며 보채거나 우는 아이들을 달랠 때 등장하는 일종의 괴물이다.

그렇다면 우리는 어떨까? 뿔난 머리, 튀어나온 송곳니, 붉거나 푸른 피부, 원시인을 연상시키는 복장, 못이 박힌 철퇴⋯⋯. 아마 우리 의식 속에 자리 잡은 도깨비의 이미지는 대체로 이런 모습일 것이다. 이 형상은 불교가 전래되면서 부처를 수호하는 '야차'의 모습이 도깨비의 이미지로 고정된 것이다. 그러나 부처의 수호자라는 격상에서 점점 이미지가 격하되면서 도깨비는 지옥에 떨어진 인간을 괴롭히는 존재로 인식되기도 한다.

우리나라 역시 민간에 다양한 도깨비 전승이 존재하는데 삼국 시대부터 이미 도깨비 신앙이 존재했다. 도깨비는 옛날부터 초자연적 힘을 가진 '신' 중 하나였다. 신은 인간의 힘으로 제어할 수 없는 자연에 대한 공포나 경외심이 만들어낸 산물이다. 개중에는 인간의 형상을 띠지 않은 사물 형태도 많다. 우리 전통 신앙에는 집을 지키며 상량에 깃들어 사는 성주신, 아기를 점지하며 안방에 거주하는 삼신할미, 부엌의 길흉화복을 맡아 보는 조왕신, 뒷간에 거주하는 측신 등 다양한 가신들이 존재했다.

그래도 도깨비를 신이라 하기에는 왠지 위엄이 부족해 보인다. 가까이 하기에는 멀지만 존엄한 신으로 보기에는 인간사에 자주 등장해 우스꽝스러운 장면을 연출하기 때문이다. 개나 소

경주 안압지 출토 귀면와(상)
2002 한일 월드컵 붉은 악마 공식 캐릭터
'치우천왕'(하)

나 다 넘어 다니는 고개에도 어슬렁 나타나고, 한밤중에 불쑥 사람 눈에 띄기도 하며, 때로는 미련하게 사람의 꾀에 넘어가 골탕을 먹기도 한다. 이는 도깨비의 성질을 고스란히 보여준다. 도깨비는 성격이 고약한 요괴, 원한이 많은 귀신과 달리 사람과 어울리기를 좋아했다. 장난이 심할 뿐이지 사람을 고의로 해칠 만큼 악독하지 않다. 그래서 우리는 도깨비를 두려워하면서

도 한편으로는 친근하게 여기게 됐다.

도깨비 같은 도깨비 아닌
치우천왕

'귀면와'는 삼국 시대부터 조선 시대까지 공통적으로 발견된다. 귀신 귀鬼 자 때문에 도깨비 모습이라는 설이 있는데, 일단 도깨비는 귀신이 아닐뿐더러 이름부터 논란의 여지가 있다. 귀를 새긴 '귀면와'가 아닌 용을 새긴 '용면와'로 불러야 한다는 목소리가 높기 때문이다. 추녀마루 기와 등에 용의 문양을 쓴 이유는 물을 상징하는 용을 장식으로 써서 화마를 막고자 한 벽사의 용도 때문이다. 일각에서는 '귀면와'가 중국의 상상의 맹수인 도철이라는 괴물과 흡사하다는 이유로 귀면와가 도철문에서 유래했다는 설을 제기하는데, 정확하지 않다.

　2002년 한일 월드컵 당시 붉은 악마의 공식 캐릭터였던 '치우천왕'이 귀면 문양을 모델로 삼았다는 설도 있다. 치우천왕이 도깨비의 왕 또는 조상이라는 주장까지 나오기도 했다. 그러나 중국 한나라 때 화상석에 조각된 치우는 귀면와 형상과는 거리가 멀다. 귀면와나 치우천왕의 원조는 사자견 형상이라는 주장도 주목된다. 주로 사악한 잡귀를 몰아내거나 액운을 막는다는 공통점을 지녔는데, 도깨비는 재물을 끌어모으는 능력이 있긴 하지만 벽사 기능은 없다. 그렇다면 귀면와 실제 모델의 정체는 무

1941년 일제 강점기 《초등 국어 독본》에 수록된 '혹부리 영감' 삽화.
일본식 옷차림의 노인 주변으로 뿔난 오니들이 보인다.

얼까?

도깨비의 옛 이름은 '돗가비'다. 세종대왕 때 편찬된 《석보상
절》에는 한글로 "돗가비를 청하여 복을 빌어 목숨을 길게 하고
자 하다가 마침내 얻지 못하니"라는 구절이 나온다. 원래 도깨비
는 사람들이 소원을 비는 신적 존재였던 것이다.

'돗가비'와 비슷해 종종 쓰는 표현인 '독각귀獨脚鬼'는 도깨비와
는 아무 관련 없다. 독각귀는 다리가 하나라거나 짐승의 머리를
가졌다고 전하는데, 순우리말 '돗가비'를 표기하려 하니 마땅한
한자어가 없어 중국의 외다리 귀신의 이름을 빌린 것뿐이다. 일

부 백과사전에서는 이 같은 한자 표기상 차용을 고려하지 않고 독각귀를 도깨비의 옛 이름으로 설명하는데, 독각귀는 이름만 빌려줬을 뿐 도깨비와 전혀 다르다.

조선 중기 이후 도깨비의 외연은 점점 넓어진다. 민간 신앙과 불교문화가 섞이면서 뿔이 달린 도깨비가 등장하는 등 혼용되기 시작한다. 대표적인 게 '혹부리 영감'이다. 사실 도깨비 설화에서 빼놓을 수 없는 게 혹부리 영감 이야기일 것이다. 마음씨 착한 영감이 도깨비의 도움 덕에 혹을 떼고, 마음씨 나쁜 혹부리 영감은 혹을 하나 더 붙이게 된다는 이야기다. 이 이야기 속에 등장하는 도깨비는 기브 앤 테이크가 확실하다. 자신을 푸대접하면 심술을 부리지만 반대로 호의를 베풀면 크게 보답한다. 사람들은 도깨비의 이러한 점을 교묘히 이용해 자신의 이익을 챙기기도 한다. 그래서인지 도깨비와 관련해 전해지는 대부분의 설화는 의리를 지키는 도깨비와 인간을 대비시켜 인간의 이기심을 우회적으로 비판하는 이야기들이 많다.

우암 송시열의 외손자를 도운
착한 도깨비

도깨비는 기본적으로는 '재물신'이라 백성들이 궁핍할 때 희망을 주는 풍요의 아이콘이었다. 그래서 농촌에서는 도깨비불이 빛나면 풍년이 될 것이라 믿었고, 어촌에서는 도깨비불이 사라진 자리에 물고기가 많이 모인다고 믿었다. 도깨비불이 나타나는 곳에 조상 묘를 쓰면 집안이 번성한다는 속설도 있었다. 즉, 도깨비불은 도깨비가 지닌 '생산력'과 연결되었다. 또한 "도깨비 조화를 부린다"는 말처럼 도깨비는 어마어마한 능력으로 사람들이 할 수 없는 일을 뚝딱 해치우기도 한다. 다리를 놓거나 집을 짓는 일쯤은 도깨비에게는 누워서 떡 먹기다. 사람은 이런 도깨비와 우호적 관계를 맺음으로써 물질적 부를 얻기도 했는데, 속담에서도 벼락부자가 된 사람을 '도깨비 사귀었다'고 한다.

도깨비는 또 큰 인물이 될 사람을 미리 알아보기도 한다. 일종의 '수호신'으로서 어릴 때부터 돕거나 수호해줬는데, 이런 설화는 주로 실존 위인들의 출신 지역에서 작은 신화로 전승됐다. 예를 들어 충청도 지방에서는 우암 송시열의 외손자 권이진에 대한 이야기가 전해진다. 권이진은 어려서는 숯뱅이 마을(현 대전 서구 탄방동)에서 자랐는데 남달리 총명했다고 한다. 어느 날, 권이진이 갑천강 건너 외가댁을 찾았는데 홀로 어두운 밤길을 걸어 집으로 돌아갈 때다. 우암은 아홉 살 외손자의 담력을 시험해보려고 종을 불러 멀리 미행을 시켰는데, 권이진이 오물梧井(현 대전 대덕구 오정동)에 이르자 갑자기 도깨비불이 나타났다. 도깨비불은 "여기 권판서 가신다"라고 소리치며 길 안내를 맡더니 집 근처에 이르러서 홀연히 사라졌다. 권이진을 미행했던 종이 돌아와 이 사실을 고하자 우암은 "아! 저 애가 내 자리를 이을 줄 알았더니 겨우 판서냐?" 하고 탄식했다는 설이 전한다. 실제로

권이진은 훗날 호조판서를 역임했으며 무쇠가 많이 나는 마을
이라 하여 무쇠골 또는 수철리라 부르던 대전 무수동에서 대대
로 살았다.

도깨비의 정체는
무쇠를 두드리는 대장장이

다시 도깨비의 옛 이름 이야기로 돌아가보자. '돗가비'는 '돗(독)'
과 '아비'의 합성어이다. '아비'는 '싸울아비' '장물아비'에서 보듯
직업에서의 고수인 장인을 일컫는다. 도깨비는 또 '돋가비'라고
도 하는데, 키가 무척 커서 우러러 보는 거인 같은 존재를 일컫
는다. 앞의 '돗'은 불이나 씨앗 종자를 말하는데 도깨비 정체는
바로 이 '돗'에서 드러난다. 또 '독'은 쇠를 녹이는 대장간 용광로
혹은 큰 그릇을 뜻한다. 황순원의 소설 《독 짓는 늙은이》나 장독
대 등에 그 이름이 남아 있다. 이를 종합하면, '독아비(돗가비)'는
'철을 다루는 대장장이'를 지칭한다. 도깨비란 말이 '독아비'로부
터 나온 것이란 추론을 할 수 있는 대목이다.

　고대 제철의 고장이었던 일본 중부 아이치현 등에서는 매년
11월 '하나 마쓰리花祭り'라는 축제가 열린다. 붉거나 파란 옷을 입
은 오니들이 색색 종이로 접은 꽃을 매단 금줄 아래서 복방망이
를 휘두르며 춤을 추는데, 이들 오니 역시 고대 제철소에서 일
하던 '돗아비'를 상징한다. 추수가 끝나 헌 농기구를 거두어들일

일본 아이치현 '하나 마쓰리'에서 춤추는 오니. 항상 대장간의 화덕이 세팅된다.

때와 새 농기구를 만들어 나누어줄 때 무쇠 감사제가 열렸고, 그 풍습이 오늘날 축제로 전해져오는 것이다.

도깨비는 우선 몸집이 크고 힘이 장사다. 뭐니 뭐니 해도 가장 큰 특징은 '방망이'를 가지고 있다는 점이다. 무엇이든 해낼 수 있는 만능 방망이야말로 도깨비를 상징하는 도구다. 원래 도깨비 방망이는 평범한 나무 방망이였다. 철퇴처럼 공격적 무기가 아니었다. 처음에는 절굿공이나 빨랫방망이 등 주로 여인들의 생활용품으로 나타났는데 일부에선 남성성, 곧 출산력을 상징한다고 해석하기도 한다.

도깨비는 또한 메밀묵을 좋아한다. 실제로 도깨비에게 고사를 지낼 때 메밀묵이나 메밀떡 등을 상에 올렸다. 많고 많은 음식 중 왜 하필 메밀일까? 메밀은 쌀과 달리 척박한 땅에서도 잘

자란다. 기근이나 흉년이 들었을 때 백성들이 주린 배를 채울 수 있었던 곡식도 메밀이었다. 마른 땅에서 키운 메밀로 제를 올리는 모습을 감안하면, 과거 도깨비가 어떤 의미였는지 감이 온다. 좋아하는 꽃은 당연히 메밀꽃.

자, 다시 처음으로 돌아가보자. 도깨비는 존재할까? 눈에 보이지 않는 마음과 영혼이 육체를 지배하듯 인간의 감각으로는 볼 수도 느낄 수도 없는 또 다른 존재들이 우리 곁에 존재할지도 모를 일이다. 그런데 흉측한 뿔에 그로테스크한 모습으로 전승되던 도깨비의 모습은 2017년 한 방송국에서 방영된 드라마 하나로 한순간에 깨졌다. 도깨비 나라의 사랑엔 국경도, 이승과 저승도 없다. 무엇보다 드라마 속 도깨비는 선한 사람에게는 복을, 나쁜 사람에게는 벌을 내리며 재물을 모으는 데 특출한 능력이 있고 로맨티스트이다. 금 나와라 뚝딱! 은 나와라 뚝딱!

늑대개의 출현,
지금까지 이런 개는 없었다

인류의 가장 오래된 종교 활동은 아마도 '토템'일 것이다. 특정 동물이나 식물 등을 자신의 부족과 특수 관계로 여겨 숭배하는 행위인 토템은 인류 문화의 시원始原이기도 하다. 일부 토템은 한 부족의 시조 신화에 녹아들기도 했다. 시조 신화는 대개 비범한 태생과 영웅적 행동으로 신격화되는데, 선사 시대에 동물은 인간보다 신성하고 우월한 존재로 간주되었다. 해서, 동물 또는 동물과 인간의 결합으로 이루어진 시조 신화도 적지 않다.

어떤 동물을 숭배하느냐는 부족마다 달랐다. 곰처럼 동서양을 막론하고 신성시한 동물이 있는가 하면 그렇지 않은 동물도 있었다. 늑대의 경우, 숭배하는 민족과 아닌 민족 간에 늑대에 관한 관점 차이가 아주 크다. 어떤 민족은 늑대를 조상으로 여겨 신성시했고, 어떤 민족은 흉악하게 여겨 천대했다. 특히 '나쁜

늑대' 이미지는 야생 동물을 가축화하면서 본격적으로 만들어졌
다. 단백질원을 사냥에 의존하다가 가축을 사육하는 시기로 넘
어오면서 늑대를 약탈자로 여기게 된 것이다.

대부분의 유럽 지역에서 늑대는 미움과 혐오의 대상이었다.
유럽에는 예부터 늑대가 많아 늑대에게 피해를 입거나 물려 죽
는 사람이 많았다. 동화 속에서 늑대는 동심 가득한 어린아이를
야비한 술수로 꾀어내 해치는 심술궂은 모습으로 등장한다. 서
양 문화의 정신적 토대인 기독교에서도 늑대는 악마의 화신으
로 인식했다. 미친 늑대에게 물리면 마녀가 된다거나 보름달이
뜨면 늑대 인간으로 변한다는 믿음이 있었고, 성경의 곳곳에서
도 늑대는 사악한 존재로 지목된다. 대개의 종교가 그렇듯 기독
교 역시 절대 선이 존재하려면 절대 악이 필요했다.

중세 시대, 늑대 인간은 실제로 존재하는 것으로 여겨져 많은
사람들이 늑대 인간으로 몰려 억울하게 처형되기도 했다. 프랑
스에서는 1520년에서 1630년 사이에 무려 3만 명에 이르는 사람
들이 늑대 인간으로 몰려 피해를 당했다. 몸에 유난히 털이 많거
나 정신질환을 앓아도 늑대 인간으로 낙인 찍혀 공동체로부터
추방을 당했다.

1760년대 제보당 지역(현재의 로제르주)에 출몰한 괴수에게 물
려 100명이 넘는 사람이 죽은, 이른바 '제보당의 괴수' 사건은 프
랑스 전역을 공포로 몰아넣었다. 사람들에 의해 묘사된 정체불

명의 이 식인 괴물의 외형은
거대한 늑대에 가까웠다.

이러한 사정을 고려하면, 서
양의 시조 신화 가운데 늑대의
인간 양육이 모티브로 내재된
로마 건국 신화는 특이한 경우
라 할 수 있다.

반면 동북아 유목 민족은 농
경 민족과 달리 늑대에 대해 호
의적이다. 몽골 등 유목 민족
의 오래된 토템에는 늑대가 아
주 우호적인 동물로 자리 잡고

늑대 인간을 다룬 영화 〈울프맨〉.
늑대 피해가 많았던 유럽은 중세 시대에
늑대 인간이 실제로 있다고 믿었다.

있다. 아메리카 인디언의 300개가 넘는 부족 중 32개가 작은 늑
대종인 코요테를 토템으로 숭배한다. 늑대와 더불어 드넓은 초
원을 공유했던 유목 민족에게 늑대를 숭배하는 토템이 싹튼 것
은 어쩌면 자연스러운 현상이었는지도 모른다.

몽골 등 북방 '오랑캐'들의
늑대 시조 신화

중국은 모두 56개의 소수 민족으로 이루어진 다민족 국가다. 중
국 소수 민족인 묘족, 요족, 여족의 시조는 인간 여자가 개(반호)

와 결혼한 경우다. 장족의 신화에는 원숭이가 천신天神과 결혼해 부족의 시조가 됐다. 현재 장족은 원숭이가 많은 중국 쓰촨성과 윈난성에 주로 분포한다. 북방, 서방 변경에서 두각을 나타낸 소수 민족으로는 흉노(훈족), 돌궐(투르크), 몽골을 들 수 있다.

늑대 시조 신화는 특히 중국 서북부, 몽골을 비롯해 투르크계 위구르, 카자흐, 키르기스 등 여러 유목 민족에게 흔하게 나타난다. 유목 민족들에게 늑대는 용맹과 지혜의 상징이자 전쟁의 영웅이었다.

몽골에서는 하늘이 낸 푸른 늑대와 흰 사슴이 짝을 맺어 시조를 탄생시켰다. 몽골인들에게 늑대는 천신 텡그리가 보낸 사자이자 민족의 인도자였던 셈이다. 투르크 민족의 기원 신화인 '아쉬나' 설화에는 인간과 암컷 늑대 사이에 태어난 시조가 등장하며 이들은 자신들을 늑대의 후예라고 부른다. '아쉬나' 혹은 '아사나'라는 말은 고대 투르크어로 '늑대'라는 뜻을 가지고 있다. 흉노족의 성립 신화는 이와 정반대다. 흉노의 왕 선우에게 딸 둘이 있었는데, 작은 딸이 늑대의 아내가 되어 나라를 일궜다. 지금은 이슬람 문화의 유입으로 늑대의 의미가 퇴색됐지만, 투르크 민족이 건국한 나라인 터키에서도 늑대와 관련된 설화들이 내려온다.

고대 위구르인의 선조는 전쟁에서 지고 산 속에 갇혀 위험에 빠졌었다. 이때 늑대의 인도로 그곳을 빠져나와 대초원에서 새로운 생활을 시작할 수 있었다. 카자흐족 설화에는 암컷 늑대가

초기 현생 인류의 개를 이용한 매머드 사냥 상상화

소녀로 변해 인간 청년과 결혼을 하고, 남자를 도와 왕위에 오르게 하거나 부유하게 살도록 도와준다.

프로이트는 동물 토템의 숭배 현상을 살펴보면 혈통의 동질성을 발견할 수 있다고 말했다. 몽골과 돌궐, 즉 투르크 계통인 카자흐, 키르기스스탄의 주축인 키르기스족은 혈연적으로 가까운 집단이다. 혈연적으로 가깝다면 문화적 토대 역시 가까울 수밖에 없다. 중국의 서방 고원 지대와 북방 초원 지대에 살았던 유목 민족들에게 늑대는 마치 옛날 우리나라의 호랑이처럼 공포의 대상이자 척박했던 생활을 함께 헤쳐온 동물이었음에 틀림없다.

늑대가 개가
되었을 때

왜 어떤 동물은 가축이 되고, 어떤 동물은 야생 상태로 남아 있을까? 인간에게 길들여지거나 가축이 된 동물은 그리 많지 않다. 개와 고양이는 반려동물로 길들여진 대표적 동물이다. 소와 돼지, 닭과 거위는 식용 목적으로 끌어들였다. 낙타나 말 등은 승용, 화물 운송용으로 특화됐다. 이 동물들을 모두 합쳐도 가축이 된 동물은 십여 종에 지나지 않는다. 길들인다는 것과 가축이 되는 것은 전혀 다른 개념이다. 길들이는 것은 인간과의 상호작용으로 교감을 끌어낸 것이지 유전자를 바꾼 건 아니다. 이를테면 물개 쇼에 출연하는 물개는 인간에게 길들여졌지만 가축이 되지는 않은 것처럼 말이다.

늑대는 좀체 길들여지지 않는 특이한 동물이다. 동물 서커스단에는 곰과 호랑이, 심지어 사자까지 있지만 늑대는 없다. 늑대가 영물로서 토템이 되는 이유이기도 하다.

2018년 봄에 방영된 EBS 다큐프라임 〈가축〉에서는 한 가지 흥미로운 실험을 소개했다. 러시아 노보시비르스크에 위치한 유전학연구소에서 50여 년에 걸쳐 야생 동물이 가축이 되는 과정을 연구했는데, 이곳 여우 농장에서 인간에게 친화적인 순한 여우 개체들만 선택해 그들끼리 교배를 시켰다. 인간과 교감 능력을 극대화하는 방향으로 진화 비밀을 캐기 위해서였다. 몇 세대를 거치자 여우가 마치 개처럼 행동하는 놀라운 일이 발생했다. 아는 사람을 보면 꼬리를 흔들고, 이름을 부르면 다가온 것이다. 게다가 쓰다듬어달라고 인간을 올려다보기까지 했다. 세대를 거듭할수록 여우가 개와 비슷한 행동 특성을 보이기 시작

좀처럼 길들여지지 않는 늑대들

한 것이다. 아직은 개와 동일시할 수는 없지만 의미 있는 연구임에는 틀림없다.

개와 인간은 떼려야 뗄 수 없는 오랜 인연을 갖고 있다. 인간과 개는 아주 오랜 옛날, 약 3만 년 전 구석기 때부터 함께 살아왔다. 개는 가장 먼저 인간에게 길들여지고 가축이 된 동물이기도 하다. 개는 어떻게 인간에게 길들여진 걸까?

개를 길들인 건 신석기 농부가 아니라 구석기 사냥꾼이었다. 할리우드 영화 〈늑대와 함께 춤을〉에서는 한 마리 늑대가 등장한다. 이 늑대는 인간 곁을 맴돌며 인간이 먹다 남긴 음식을 얻어먹으려 한다. 선사 시대 최초의 개도 이와 같지 않았을까? 영

화 속 늑대는 발가락 털이 흰색이라 주인공 던바가 '두 개의 양
말'이라고 부른다.

개가 반려동물이 된 건
언제부터일까?

늑대와 개는 한 가족이면서도 대략 1만 5천 년 전에 운명이 갈라
졌다. 유전자 분석 결과 진돗개와 풍산개 등 한국의 토종개들이
늑대와 유전적으로 가장 흡사하다고 한다. 야생 동물에서 가축
이 된 사례도 있지만 정반대로 가축이 되어 인간과 지내던 개가
다시 야생 동물이 된 경우도 있다. 바로 호주의 '딩고'가 여기에
해당한다. 딩고는 3~4천 년 전 동남아를 거쳐 호주로 건너가 가
축이 되었지만 지금은 야생화됐다.

 과학자들은 시베리아에서 발견된 약 3만 5천 년 전 늑대 뼈의
DNA를 검사한 결과, 썰매개로 유명한 시베리안허스키가 늑대
와 유사성이 많다는 사실을 밝혀냈다. 오늘날 개의 조상은 동북
아 늑대라는 이야기다. 길게는 3만 3천 년 무렵 늑대와 개의 중
간쯤인 '늑대개'가 출현해 점차 개로 진화했다. 인간과 개가 본
격적으로 가까이 지내기 시작한 것은 약 1만 5천 년 전부터다.
처음에는 수렵과 채집 생활을 하던 인류를 따라다니며 그 부산
물을 얻어먹으면서 길들여졌다.

 인류가 농경을 하면서 정착 생활을 하기 전인 구석기 시대에

수십 년간 영국 엘리자베스 2세 여왕의 총애를 받으며
왕실 반려견으로 자리매김한 웰시코기

는 개를 이용해 사냥에 나섰다. 개와 인간의 연합으로 인간은 최
상위 포식자가 될 수 있었다. 개는 사냥감을 추적하는 것뿐 아니
라 집을 지키고 사람을 위험에서 보호했다. 개들도 사람의 도움
을 받았다. 개들은 인간이 나눠주는 음식 덕분에 굶주림에 시달
리지 않을 수 있었다. 다른 육식동물의 공격과 경쟁으로부터도
보호를 받았다. 인간 주거지는 개들에게도 안전한 피신처가 됐
다. 이 과정에서 개는 사람과 같이 사는 데 필요한 특성을 더욱
갖췄다. 개는 늑대나 고양이보다 탄수화물을 소화하는 능력이
발달했다.

그렇다면 가축화된 개가 반려동물이 된 건 언제부터였을까?

인간이 개를 곁에 둔 것은 개의 쓰임이 있었기 때문이다. 사냥하는 개, 양 치는 개, 집 지키는 개. 사냥용으로 먼저 가축화되었던 개는 나중에 단백질을 섭취하기 위해 식용화됐다. 특히 산업혁명은 개들이 할 일을 빼앗았고, 19세기 부르주아 계급은 일부 견종을 애완견으로 만들었다. 19세기 영국 빅토리아 여왕 시절부터 개의 품종과 혈통에 대한 개념이 정립되기 시작했으며, 곧 중산층에서도 애완견을 갖는 일이 보편화됐다. 반려동물로서 개의 역사는 그렇게 시작됐다.

잠이 오지 않을 때
양을 세는 이유

인류 역사에서 곡물 재배와 동물 사육은 가장 중요한 사건에 속한다. 수렵과 채집 생활을 하며 떠돌아다니다가 드디어 한곳에 정착하게 됐기 때문이다. 하지만 이 정착 생활에도 단점은 있었다. 먼 곳으로 사냥을 떠날 수 없다는 것. 고로 육식을 섭취할 기회가 줄어들었다는 것이다. 짐승의 고기는 인류에게 여전히 중요한 식사 메뉴였다. 농경 생활로 인해 이동이 자유롭지 못하다고 해서 고기를 포기할 수는 없는 노릇이었다.

그래서 인간들은 비교적 만만한 야생 동물을 선택하여 길들이기 시작했고, 마침내 오늘날 가축이 탄생하게 됐다. 대략 신석기 시대부터 닭, 오리와 같은 가금류와 양을 가축화했다. 약 1만 년에서 8천 년 전부터는 산양을 길들이기 시작했는데, 염소goat는 산양을 순화해 가축화한 동물이다. 개에 이어 사람에 의해 가축화된 두 번째 동물로 추정된다. 터키의 중심부 멜렌디즈강 연안은 오늘날 목양牧羊의 모태가 된 시발점으로 간주되고 있다.

사실 온순한 양을 목축하는 일은 다른 동물에 비해 비교적 쉬운 편에 속했다. 이솝우화에 양치기 소년 이야기가 나오는 것처럼 어린아이나 나이 든 사람도 양만큼은 비교적 쉽게 목축할 수 있어 양치기는 아주 일찍부터 시작되었다.

군견이나 경찰견으로 유명한 셰퍼드는 원래 '양치기'란 뜻을 갖고 있는데, 이름 그대로 전에는 주로 목양견으로 기르던 개였다. 이 개를 사역견으로 개량한 것은 19세기 독일에서다. 히틀러가 총애하던 개도 바로 이 품종의 개였다. 1945년 4월 30일, 히틀러는 폭풍같이 밀려오는 소련군에게 그가 애지중지한 애견 블론디가 잡아먹힐 것을 두려워해 주치의로 하여금 청산가리를 써 죽이도록 했다. 그리고 같은 날 히틀러는 권총을 입에 물고 자살했다.

인기 스포츠인 골프도 양치기에서 나왔다. 예전 양치기들은 막대 끝이 우산대 모양처럼 구부러진 긴 지팡이를 가지고 있었는데 이 지팡이로 목양견을 데리고 양을 몰면서 양의 뒷다리를 걸어 잡는 데 썼다. 양치기들이 이 지팡이로 토끼 굴에 돌을 처넣은 것이 바로 오늘날 골프의 시작이다.

양은 가축으로 사육되면서 포식자를 피해 안전을 보장받고, 인간은 그 대가로 고기와 우유를 안정적으로 공급받았다. 털과 가죽, 끈으로 쓰이는 힘줄과 뿔에 이르기까지 온갖 귀중한 부산

양은 다른 동물에 비해 비교적 쉽게 목축할 수 있어
양치기는 일찍부터 시작되었다.

물을 얻기도 했다. 그 때문에 소유한 양의 숫자는 곧 재산, 부의
척도이기도 했다. 양고기 역시 귀한 손님을 대접할 때 내는 최고
의 음식이었다.

양, 친근하지만
어쩐지 낯선 느낌의 동물

흔히 양이라면 면양을 떠올린다. 곱슬거리는 양털은 중요한 의
복 재료가 됐다. 한자로 양羊은 요즘의 면양綿羊과 산양山羊을 포
함하는 경우가 많다. 일찍이 다산 정약용도 "산양, 즉 염소를 양
이라고 잘못 부른 사례가 많다"고 지적했다. 우리나라와 일본은

영토의 대부분이 산지라 초원이 드물다. 게다가 계절풍 기후여서 여름에 비가 많이 내리기 때문에 면양을 대규모로 키우기도 어려웠다.

반면 양의 목축에 적합했던 서양은 면양과 산양을 일찍부터 확실하게 구분해왔다. 면양은 보통 연 1회 봄에 털을 깎는다. 우리나라에서 면양은 근대 이후에 들어왔으며, 사육되는 대부분의 면양은 털이 가늘고 긴 메리노종이다. 일본은 일제 강점기인 1930년대 우리나라 북부 지역 농민들에게 양 사육을 강제했다. 전쟁 물자를 강탈하기 위해서였다. 이를 남쪽의 면화 재배와 합쳐 '남면북양 정책'이라 불렀는데, 요즘도 대관령이나 북한의 개마고원에서는 양을 많이 키운다.

십이지十二支의 미未에 해당하는 원조 동물은 면양이 아니라, 염소와 닮은 산양이었다. 때로는 양띠를 염소띠라고 부르기도 하는데, 그만큼 양과 염소는 같은 동물 취급을 받았다. 양과 염소를 같은 동물로 여긴 증거는 윷놀이에도 남아 있다. '도개걸윷모'는 돼지, 개, 양, 소, 말이다. 양이 걸이 된 이유는 염소를 '고羔'라고 썼는데 이것이 '걸'로 변했기 때문이다.

여담이지만, 당나라의 궁궐에서는 독특하게도 양이 끄는 수레를 사용했다고 한다. 재미있는 것은 황제가 이 수레를 타고 후궁의 전각을 찾았다는 것이다. 양거를 타고 궁궐을 돌아다니다가 양이 머무는 후궁의 처소에서 밤을 보냈는데, 후궁들은 혹시

라도 황제의 승은을 입을 기회를 놓칠까 두려워 한밤중에도 조심스럽게 눈 위의 수레 자국을 살폈다고. 그러다 보니 후궁들은 양에게 잘 보여야 했고 대나무 죽순을 문에 꽂아두거나, 소금을 땅에 뿌려서 황제의 수레를 처소로 끌어들이려 했다. 당나라 시인 은요번이 쓴 《궁사》에 나오는 이야기다.

종종 잠이 오지 않을 때, '양을 세라'는 조언 아닌 조언을 들은 적이 한 번쯤은 있을 것이다. 실제로 "양 한 마리, 양 두 마리……" 하고 양을 세어본 사람도 있을 것이다. 그런데 왜 하필 양일까?

영어의 양sheep이 잠sleep과 발음이 비슷해 생겨난 언어유희가 그

무덤과 사찰, 신성한 장소에 세운
양 모양의 돌 조각상
(국립민속박물관 소장)

유래다. 푸른 들판에서 양과 뛰어노는 상상이 마음을 안정시키고 잠을 부른다고 믿었기 때문이다. 당나라 시절 수많은 황제의 후궁들도 '동짓날 기나긴 밤 한허리를 베어내며' 양을 세었을까?

폭력의 악순환 멈추는
아름답고美 착한善 동물, '양羊'

양들은 언제부터 이렇게 성스럽고 평화로운 동물로 여겨지게 된 걸까?

성경에는 양 이야기가 약 500번쯤 나온다. 아담과 하와가 낙원에서 추방된 후 낳은 카인과 아벨 형제는 하나님께 제물을 바치는데, 농부였던 카인은 자신이 바친 곡식보다 목동인 동생 아벨이 바친 양을 하나님이 더 기쁘게 받자 이에 격분한다. 질투심에 휩싸인 카인은 결국 동생 아벨을 죽인다. 최초의 살인 사건이다. 아벨과 카인의 이야기는 농경민과 유목민의 갈등을 담은 은유적 이야기로 해석하기도 한다. 그런가 하면 다윗 왕은 양치기 소년 시절 거인 골리앗을 칼도 없이 팔맷돌 하나로 물리쳤다. 조디 포스터 주연의 명작 영화 〈양들의 침묵〉 또한 성경의 구절에서 모티브를 따왔다.

양은 기독교뿐 아니라 불교의 설화에도 존재감을 드러낸다. 불교의 발상지인 인도와 네팔 지역에서는 양이 흔한 가축에 속했다. 그래서인지 불교 설화 속에는 양과 얽힌 이야기가 제법 있다.

전남 장성의 백양사에도 양과 관련된 설화가 전해져 내려온다. 조선 선조 때 한 고승이 불경을 읽으며 기도를 하는데, 양 한 마리가 나타나 경 읽는 소리를 듣다 돌아가곤 했다. 몇 달 뒤, 스님이 곤히 잠이 들었는데 꿈에 흰 양이 나타나 "독경 소리에 깨달음을 얻어 사람의 몸으로 환생합니다" 하며 절을 하고 물러났다. 그때부터 백암사였던 절 이름을 백양사로 바꿔 불렀다.

인근에 있는 내장산 역시 구불구불 이어진 계곡과 산세가 마치 꼬불꼬불한 양의 내장과 같다고 해 오늘날의 내장사가 됐다.

양과 관련된 설화가 전해 내려오는 백양사

전남 광양시의 '백양동 마을'과 완도군에 있는 섬 '양도'도 마을에서 양을 많이 길러 붙여진 지명이다. 대체로 남부 지방과 섬에 양과 관련된 지명이 많은데, 예부터 섬처럼 고립된 지역에 양을 방목해 키운 결과다.

동아시아 문화권에서 양은 제사를 지낼 때 제물로 올리는 신성한 동물로 여겼다. 살찐 양은 천지신명이나 종묘에 모신 선조왕, 유교의 성인들에게 제물로 바치기에 적합했다. 상형문자인 한자에는 犧(희: 희생), 善(선: 착함), 義(의: 올바름), 祥(상: 상서로움)처럼 羊(양)이 들어가 좋은 뜻을 지닌 글자가 많다. 큰 대大와 양羊이 결합해 아름다울 미美 자가 만들어졌다. 바다 양洋자는 큰 바다에서 돌고래 떼가 유영하는 모습이 양 떼와 같다는 모습에

서 나왔다.

무엇보다 양이 들어간 가장 아름다운 글자는 바로 모태에서 생명의 탄생을 보호하는 양수羊水가 아닐까? 아이를 가지면 여성의 자궁에는 태아를 보호하는 양수가 생긴다. 이 양수를 감싸고 있는 것이 양막羊膜인데 영어로 'Amnion'이라 부른다. 어린 양을 뜻하는 고대 그리스어 '암노스'에서 유래했다. 고대 그리스에서는 양을 신에게 바칠 때 부드러운 가죽 부대에 넣었는데, 태아를 뱃속에서 싸고 있는 막이 이와 같다 해서 양막, 그 속의 액체를 양수라 했다. 생명의 시작이 양과 뗄 수 없다고 생각했던 것이다.

마녀사냥의 희생양

양羊의 고대 글자체

양은 성스럽게 여겨졌기 때문에 오히려 동서양을 막론하고 희생의 상징이 됐다. '희생양'이란 말도 종교 의식에 바치는 제물로 양을 선호했던 데서 비롯된 것이다.

희생양, 또는 속죄양scapegoat이라는 말은 인간의 원죄를 염소에게 전가하고, 그 염소를 황야로 내쫓아버린 옛 이스라엘의 관습으로부터 나왔다. 기원과 재난을 동물에게 전가한 다음, 그 동물을 죽여 불안을 해소하거나 안정을 얻는 이러한 의식은 원시 때부터 동서양 곳곳에서 발견된다. 공동체의 제사, 전쟁, 원정 및 왕의 취임식과 같은 큰 행사에는 의당 동물의 희생이 따랐고 주로 양이 말, 소, 돼지 등과 함께 그 제물이 됐다. 이런 행사가 주기적으로 진행되면서 종교적 제의도 형성되었다.

조선 후기 양정¥鼎. 왕실 제사 때 삶은 양을 담았던 솥 형태의 제기. 아랫부분에는 양머리 형상의 다리가 세 개 달려 정을 받치고 있다. (국립고궁박물관 소장)

희생양이 동물이 아니라 사람이 된 경우도 있었다. 대개는 사회적 약자가 희생양이 되었는데, 아즈텍 문명에서 주로 행해졌던 인신 공양과는 다른 개념으로 역사 속에서 숱하게 벌어졌다. 실업, 경제 불황, 범죄 등 사회 문제에 따른 대중의 불만이 고조되면 국가적 긴장감은 극에 달한다. 이런 긴장을 해소하지 못하면 자칫 큰 격변이 일어날 수도 있어 국가나 지배층은 대중들에게 잠재된 이 폭력적 에너지를 다른 곳에 소진시켜야만 했다. 때로는 누군가의 부패나 추문 등을 악용하기도 하고 무언가를 희생시킴으로써 진짜 잘못을 저지른 대상을 숨기거나 잊게 만들기도 했다.

아주 고약하게는, 위기에 몰린 정권을 유지하기 위해 애꿎은 전쟁을 일으켜 폭력적 에너지를 외부에 소진하게끔 한 적도 있다. 임진왜란을 일으킨 도요토미 히데요시가 그랬고, 유대인을 학살한 히틀러도 마찬가지였다. 조선인은 일본의 관동대지진 때 애꿎은 희생양이 됐다. 1923년 9월 1일, 도쿄와 요코하마 지역을 강타한 대지진 이후 지진을 수습하는 과정에서 일본 정부가 조선인에 대해 퍼뜨린 유언비어 때문에 약 6천 명 이상의 조선인이 집단으로 살해당했다.

'양두구육羊頭狗肉'이라는 말이 있다. 양머리를 걸어놓고 개고기를 판다는 뜻이다. 겉으로는 번듯하고 그럴듯하지만 속은 변변치 않을 때, 다시 말하면 겉과 속이 서로 다를 때 쓰는 말이다. 역사 속에는 '양의 탈을 쓴 늑대'가 넘쳐난다. 갈등과 긴장을 해소한다는 명목으로 누군가를 희생양 삼고 있지는 않은지 항상 눈을 뜨고 귀를 열어 살펴야 하는 이유다.

나도 때로는
용꿈을 꾸고 싶다

상상의 동물 용은 봉황, 기린, 거북과 함께 중국 고대의 사령四靈, 즉 신령스러운 동물 중 하나였다. 고대 중국에서 용은 물 속에서 살며 때론 하늘에 오르고, 비, 바람, 번개, 구름을 일으켜 가뭄을 막고, 풍농과 풍어를 도와주는 신성한 동물이었다. 용의 순수한 우리말 '미르'는 물水의 옛말 '믈'과 상통하는데, 용의 기원이 중국 양쯔강 유역에 생존했던 악어 혹은 왕도마뱀에 가까운 동물로 추측되는 것과 관련이 있다.

고대 중국에는 코끼리나 코뿔소 같은 다종다양한 동물이 살았다. 오랜 갑골문에서부터 용의 상형 문자가 등장하는데, 용의 머리는 낙타 같고 뿔은 사슴, 눈은 토끼, 목덜미는 뱀, 배는 이무기, 비늘은 잉어, 발톱은 매, 발바닥은 호랑이, 귀는 소와 같은 모습으로 묘사된다. 용은 이 아홉 가지 동물의 특징을 결합해 강력한

화재를 막기 위한 기원의 뜻을 담아 경복궁 경회루에 설치했던 청동 용

존재가 됐다. 용의 유일한 급소는 역린, 목에 거꾸로 난 비늘인데, 이를 건드리면 용(군주)이 분노한다고 믿었다. 육십갑자 십이지를 이루는 띠 동물이지만 유일하게 용만 실재하지 않는다.

그런데, 왜 이런 실재하지 않는 동물을 상상하고 만들었을까? 생물학적으로 실존하는 동물보다 우위에 있는 최상의 존재를 상정해 믿음의 대상으로 삼기 위함이다. 이런 까닭에 중국과 우리나라에서는 용을 왕권과 불교를 상징하는 신성한 동물로 여겨왔다. 따라서 용의 형상은 궁궐이나 사찰에서 흔히 볼 수 있다. 중국 고대 신화에 등장하는 괴물 치우와 맞붙은 황제 역시 용의 힘을 빌려 치우를 패퇴시켰다. 황제의 얼굴을 용안, 앉는 자리를 용상, 황제의 옷을 용포라 부르고 옷에 용을 수놓은 것은 지배자를 용과 동일시했기 때문이다. 명나라 때 황제를 표시하는 용은 발톱이 다섯 개(오조룡), 왕이나 황태자는 네 개로 정했다.

같은 듯 다른
신화와 전설 속 용

우리나라 건국 신화에도 용과 관련된 이야기가 많다. 아마 시조들의 비범함과 신성함을 신령한 동물인 용과 엮어 더 극대화하기 위해서였을 것이다. 고구려의 시조인 주몽의 아버지 해모수는 지상에 내려올 때 다섯 마리 용이 끄는 수레를 탔고, 신라의 시조인 박혁거세의 부인 알영은 용이 알영정 우물가에 나타나 낳은 딸이라고 한다. 백제 말기 '조룡대 설화'도 주목된다. 당나라 장수 소정방이 금강에서 백마를 미끼로 백제왕을 돕는 용을

위용 넘치는 용 한 마리가
연꽃 봉오리를 물고 있는 모습을
형상화한 백제금동대향로.
충남 부여 능산리 절터에서 출토되었다.
(국립부여박물관 소장)

낚자 곧 백제가 멸망했다는 설화다. 여기서 용은 사실상 백제의 왕실 또는 왕권을 보호하는 호국용을 의미한다. 태조 왕건 탄생과 관련한 '작제건 설화'에도 우물과 용녀가 비중 있게 나온다. 태조 왕건의 할머니, 즉 작제건의 아내가 용으로 등장한다. 예나 지금이나 용꿈은 최고의 꿈으로 쳤다. 〈용비어천가〉가 바로 그 예다. 조선 태조 이성계의 할아

등용문 고사를 표현한 중국의 〈이어도용문〉(왼쪽), 조선 시대의 민화 〈약리도〉(가운데),
프랑스 파리기메동양박물관이 소장하고 있는 〈어변성룡도〉(오른쪽)

버지 도조의 꿈에 백룡이 나타났는데 흑룡을 죽여 달라는 청을
들어주자 백룡이 도조에게 자손이 왕위에 오를 것을 예언했다.

풍수지리에서 용은 산을 지키는 호랑이와 영원한 맞수였다.
둘의 대칭 관계는 '좌청룡 우백호左靑龍 右白虎'라는 풍수지리의 기
본 구도를 만들었다. 가뭄이 극심해 기우제를 지낼 때면, 호랑이
머리를 잘라 한강에 넣는 풍습이 있었다. '용호상박'이라는 말처
럼 두 동물이 싸울 때 천둥 번개가 몰아치고 비가 내린다는 속설
에서 비롯됐다.

호랑이의 힘이 미치지 못하는 물 속에서 용은 단연 최고다. 모
든 하천과 호수에는 그곳을 관리하는 용신이 있었다. 용소, 용
정, 용연, 용담 등은 전국 어디서나 쉽게 볼 수 있는 지명들이다.
신으로 숭배되는 용 중에서 네 곳의 바다와 비바람을 관장하는

사해용왕四海龍王은 가장 유명하다. 사해용왕의 바닷속 궁전, 즉 용궁을 수정궁이라 한다.

《심청전》에서 효녀 심청은 아버지의 눈을 뜨게 하기 위해 공양미 삼백 석에 인당수 제물이 되었으나 다행히 용왕이 구해준다. 《별주부전》에서 용왕을 살리고자 토끼의 간을 찾아 육지에 온 자라는 토끼를 데리고 바닷속 용궁으로 간다. 지금도 한 해의 풍어를 기원하기 위해 어민들은 바닷가 앞에서 용왕제를 지낸다.

서양인들이 용을 싫어하는 이유

용은 대륙의 중국, 해양의 일본, 반도의 한국, 그리고 서양에서 각각 다른 문화로 발전해왔다. 중국 무협영화 제목에는 '용'이 특히 많이 등장한다. 〈용형호제〉, 〈용쟁호투〉, 〈삼국지 용의 부활〉, 〈와호장룡〉 등이 그렇다. 물론 이들 영화에 출연하는 이소룡, 성룡, 적룡 등과 같은 유명 액션 배우의 이름은 사실 본명이 아니다. 영웅적 캐릭터를 극대화하기 위해 용의 상징적인 이미지를 빌린 것뿐이다.

일본 역시 용의 신화가 여럿 존재한다. 일본의 용은 토지를 수호하는 토지신 개념이 강하다. 일본 고서에 등장하는 '용왕태랑龍王太郎'은 인간인 아버지와 용의 화신인 어머니 사이에서 태어났

서양식 용을 모티브로 한
'포켓몬스터' 속 최강 캐릭터 '망나뇽'

다. 짐승을 부릴 수 있는 소환수의 능력을 타고난 그는 어머니가 남긴, 적의 정체를 밝혀주는 음양 거울을 들고 악귀, 나라를 어지럽히는 신하와 도둑, 반역자를 물리쳤다. 강인함과 힘의 상징인 용왕태랑은 일본 사무라이에 이어 지금도 야쿠자들이 가장 열광하는 타투다.

　일본에서 용은 한국, 중국과 달리 문화 콘텐츠로 발전을 거듭했는데, 전통문화에서 권위적 상징성으로 남기보다는 대중문화에서 친근한 캐릭터로 자리 잡으며 인기를 끌었다. 미야자키 하야오 감독의 애니메이션 〈센과 치히로의 행방불명〉에서는 '하쿠'라는 백룡 캐릭터가 등장하고, 소년 만화의 영원한 바이블 《드래곤볼》에서는 제목 그 자체가 암시하듯 신비의 구슬을 일곱 개 모으면 신룡이 나타나 소원을 하나 들어준다. 주머니 속의 괴물 '포켓몬스터'의 캐릭터 '망나뇽'은 서양식 용을 모티브로 했으며 용답게 캐릭터 중 가장 강력한 힘을 자랑한다. 시대가 변화면서 문화 콘텐츠로 흡수되기 위해 그 상징물이 갖는 권위가 깨지고 자연스럽게 친근한 캐릭터로 변모되어 가는 과정을 보여주는 예라고 할 수 있다.

반면, 서양에서는 용을 싫어한다. 서양에서 용은 동양과 달리 파괴적이고 악독한 이미지를 갖고 있다. 생김새도 다르다. 동양의 용은 사슴뿔과 사자 갈기, 수염이 달린 뱀에 가깝다. 반면 서양의 용은 날개가 달린 커다란 도마뱀과 비슷한 모습이다. 미드 〈왕좌의 게임〉에서 볼 수 있듯 입에서는 불도 내뿜는다. 동양에서 용은 자연을 지배하는 힘으로 인식한 반면, 서양에서 용은 숭배가 아닌 퇴치 대상이었다. 용을 물리쳐야 성을 되찾고, 붙잡힌 공주를 구해낼 수 있었다. 따라서 용은 영웅이 이겨내야 할 대상이자 악마 같은 존재로 그려졌다.

특히 기독교 문화권에서 용은 성경 요한계시록에 언급된 사탄의 형상으로 그려졌다. 일곱 개의 머리와 열 개의 뿔이 달린 레드 드래곤으로 머리에 왕관을 쓰고 있는데, 일곱 머리는 기독교에서 저질러선 안 되는 7대 죄악(교만, 질투, 분노, 탐욕, 식탐, 나태, 색욕), 열 개의 뿔은 평소에 저지르기 쉬운 작은 죄를 뜻한다. 이 드래곤은 인간에게 죄를 저지르게 하고 타락시키는 사악한 존재다. 때문에 7대 죄악 그 자체를 상징하기도 한다. 인간에게

일곱 개 머리를 가진 용을 퇴치하는
요한계시록의 내용을 담은 그림

죄를 저지르게 한다는 점과 사탄의 현신이라는 점에서 창세기
에 나타나 선악과를 인간에게 먹인 뱀과 동일시된다.

다시 '개천에서 용 나는'
대한민국을 꿈꾸며

'아시아의 네 마리 용'은 제2차 세계대전 이후 급속한 경제 성
장을 이룬 한국, 대만, 홍콩, 싱가포르를 일컫는다. 서구권에서
는 용보다는 호랑이로 더 많이 부른다. 영어 위키백과도 'Four
Asian Tigers'라고 쓰고 '용으로 불리기도 한다'고 부연 설명한
다. 용에 대한 동서양의 인식 차이 때문이다. 한국에서는 이 말

용오름 현상(울릉도 김택수 씨 촬영)

이 경제 성장을 인정해주는 긍정적 의미로 받아들여져 한때는 열심히 써먹었다.

용이 붙은 말 중에 '용오름' 현상이 있다. 지표면이나 해수면에 기둥이나 깔때기 모양의 구름이 드리워지면서 강한 소용돌이가 생기는 현상을 말한다. 《삼국사기》에도 "신라 내물 이사금 18년(373년) 여름 경주에 물고기가 비에 섞여 떨어졌다"는 기록이 나온다. 이런 용오름 현상은 민담에서는 흔히 이무기가 용이 되기 위해 승천하는 모습으로 간주되기도 한다. 용은 '있는 것'이 아니라 '되는 것'. 이무기가 용으로 승천하기 위한 환경은 잡다한 먹잇감이 풍부한 탁한 물이 아니다. 거센 여울이거나 태풍이 몰아치는 심해다. 그래서 용은 입신출세의 상징이기도 하다. 따라서 동아시아 문화권에서는 용꿈을 꾸기 위해 참 많은 노력을 했다. 대문에서부터 아이들 공부방에 이르기까지 용 그림을 붙여놓은 집도 많았고, 지명에 '용'을 넣은 곳도 많다. 실제 십이지 동물 가운데 '용'이 들어간 지명이 가장 많다고 한다. 국토지리정보원의 분석에 따르면 '용'이 들어간 지명은 전국 1261곳에 달한다. 호랑이 관련 지명 389곳의 약 세 배, 토끼 관련 지명 158곳의 약 여덟 배다. 용이 들어간 지명 중 가장 많이 쓰인 단어는 '용산'으로 전국 70곳에서 쓰고 있다.

중국 황하 상류 협곡에 매우 물살이 센 여울이 있었다. 웬만한 물고기는 여기에 오르지 못했다. 그러나 이를 뛰어오르기만 하면 물고기가 용이 된다는 전설이 전한다. 모든 난관을 돌파하고 용문에 오른다는 '등용문'은 성공의 관문에 이르는 말이 됐다. 개천에서 용이 나오지 않는 시대라고들 한다. 영화 〈설국열차〉의 꼬리 칸처럼 계층 이동이 단절되고 막혀서는 안 된다. 우리나라는 아시아 네 마리 용 중 유일하게 추운 겨울이 존재하는 나라이지 않은가. 하늘을 나는 연은 순풍이 아니라 역풍에서 가장 높이 날듯이 다시 개천에서도 용이 나는 시절을 꿈꿔본다.

용을 잡아먹는
새 중의 왕, 봉황

영원불멸의 새 봉황은 신화와 전설로 내려오는 상서로운 동물
이다. 봉황 역시 기린처럼 태평성대를 이룰 성군과 함께 세상에
나타난다고 믿었다. 《논어》에도 "봉황은 세상에 도가 행해지면
나오고, 그렇지 않으면 숨는다"고 적혀 있다. 수컷은 봉鳳, 암컷
은 황凰. 암수를 각기 따로 불렀다. 도교의 세계관에서는 천리를
나는 '붕鵬'과 함께 조류로서는 최상위에 있는 환상종이다. 일본
어로 봉황은 호우오우ほうおう라고 읽는데 '포켓몬스터' 캐릭터 중
하나인 칠색조의 이름이 여기서 나왔다.

　봉황과 상상의 동물인 주작, 불사조 피닉스의 형상은 어딘가
모르게 대체로 닮았다. 모두 공작을 모티브로 했기 때문이다.
옛날에는 공작을 실제로 본 사람이 극히 드물었는데 공작의 분
포 지역이 인도와 동남아, 중국 윈난 지방인 점도 이를 뒷받침한

완주 모악산 송학사에는 용 잡는 금시조金翅鳥 벽화가 그려져 있다.

다. 공작을 본 극소수의 사람들 사이에서 입에서 입으로 목격담
이 전해지면서 공작은 지구상에 존재하는 새가 아닌 상상의 동
물로 여겨졌다. 대개 봉황 그림에는 아름다운 물방울무늬를 날
개와 꼬리에 그려 넣었는데, 이는 공작의 깃과 매우 흡사하다.
봉황의 문화 원형이 공작임을 말해주는 간단한 증거다.

　봉황을 신성시 여기던 문화는 중국 후한 때부터 나타났다. 우
리나라에는 불교와 함께 전래됐는데, 봉황은 불교에서 평화를
상징하는 영물로 여겼다. 살아 있는 생물은 먹지 않는 봉황의 습
성 때문에 사찰 대웅전 처마 밑에 봉황을 장식하기도 했다. 이
렇게 봉황 무늬를 사용한 흔적은 삼국 시대부터 찾아볼 수 있다.

힌두교 최고의 신 중 하나인 비슈누를 태우고
다닌다는 상상의 새, 가루다.

백제금동대향로 정상에는 막 하늘 위로 날아가려는 듯 날개를
활짝 편 봉황이 주조돼 있다.

봉황과 함께 군왕의 상징으로 귀하게 여긴 영물로는 용이 있
다. 용과 봉황은 최고 지도자의 신령스러움을 더했다. 원래 모
든 용봉 신화에서 봉황은 용보다 우위에 있었다. 용은 지신 또
는 물의 신이지만 봉황은 그보다 상위인 천신에 속했기 때문이
다. 봉황은 모든 조류의 왕이다. 새는 물고기를 잡아먹는다. 용
은 물고기 비늘을 하고 있다. 불경에 나오는 상상 속의 새 금시
조(봉황) 역시 용을 잡아먹거나 격퇴했다.

인도 등 동남아 신화 속 가루다Garuda도 금시조와 같은 이미지이다. 가루다는 용을 잡아먹는 새 중의 왕이다. 머리는 매와 비슷하고, 몸은 사람을 닮은 '조두인신'이며 날개는 금빛을 띠고 있다. 가루다는 태국과 인도네시아의 국장國章(한 나라를 상징하는 공식적인 표장). 인도네시아 항공사 이름이기도 하다.

조선 궁궐에 용 대신
봉황을 그린 까닭

봉황의 위상이 떨어진 것은 조선 시대부터다. 가장 큰 이유는 명나라 용신 사상의 영향이 컸다. 게다가 불교를 숭상했던 고려에 반해 조선은 유교를 나라의 근본으로 삼았다. 농경을 중시했던 명나라는 땅과 물을 관장했던 용을 더 쳐주었다. 농경 민족에게 있어 물은 곧 생명과도 같았기 때문이다. 그래서 일찍이 물을 지배하는 것으로 믿어져온 용은 중요한 신앙의 대상이 됐다.

용과 봉황의 서열을 매길 때도 용을 상위에 뒀다. 용은 황제, 곧 천자의 상징으로 삼고, 봉황은 황후의 상징이나 천자에 사대하는 제후의 상징으로 썼다. 이른바 용과 봉황이 지배 철학으로써 종속 관계를 표방하는 아이콘이 된 것이다. 그래서 조선 시대 왕궁의 정전 천장에는 용을 그리지 못하고, 봉황을 그릴 수밖에 없었다. 창덕궁의 인정전과 창경궁의 명정전 천장에는 두 마리 봉황이 그려져 있다. 조선 말기 대한제국을 선포하고 나서야 경복궁 근정전과 덕수궁 중화전, 경희궁 숭정전 천장의 봉황 그림

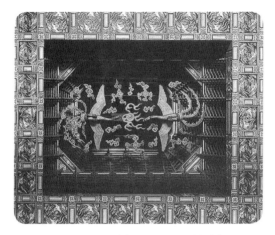

창경궁 인정전의 천장에는 봉황 두 마리가 있다.

이 황제의 상징인 용 그림으로 바뀌었다.

지금도 봉황 무늬는 특별하고 격식 있는 곳에서 볼 수 있다. 대통령의 전용 휘장을 장식하는 것도 봉황이다. 청와대 정문에도 봉황문이 새겨져 있고, 효자동 분수대의 주인공 역시 봉황이다.

과거 취임을 앞둔 이명박 대통령은 대통령의 상징인 봉황문을 없애라고 지시한 적이 있다. 봉황이 왕조 시대 잔재 같은 고압적이고 권위적인 인상을 주기 때문이라고 주장했지만 당시 특정 종교 단체에서 우상 숭배라는 압력을 넣었다는 뒷담화가 난무했다. 결국 해프닝으로 끝났지만, 이는 봉황이 갖는 전통문화적 의미와 신성성을 제대로 이해하지 못한 데서 비롯됐다. 봉황은 결코 미신이나 주술적 존재가 아니다. 특히 봉황은 용보다 더욱 고귀했고, 고대 동이족* 문화에 더 가까웠다. 국가의 상징 체계는 매우 중요하다. 만약 미국 대통령이 미국의 상징인 독수리를 바꿔버린다면 어찌 될 것인가?

신라 흥덕왕의 사치 금지령에
포함된 공작 깃

공작은 그 깃털 때문에 관상용으로 인기가 많은 조류다. 주로 인도와 스리랑카, 동남아시아 일대에 서식하는데, 자바 공작(녹색)과 인도 공작(청색)으로 양분된다. 인도 공작은 인도의 국조이기도 하다. 일찍이 알렉산더가 인도를 정벌하러 갔다가 화려한 공작 모습을 보고 넋이 나가 사냥할 생각마저 잊고 말았다는 이야기가 전한다.

공작은 서양에서도 귀하게 대접받았다. 그리스 로마 신화 속 여신 헤라가 늘 곁에 두었던 상징적 동물도 바로 공작이었다. 헤라가 등장하는 서양 미술 작품을 보면 대부분 헤라 옆에 화려한 날개를 가진 공작이 그려져 있는데, 흡사 제우스 곁에 독수리가 있는 것과 같은 경우다. 제우스는 독수리를 조종해 신과 사람들을 늘 감시했다.

* 중국인들이 주변 민족들을 지칭하면서 동북 지역에 살고 있던 우리 조상들에게 붙인 명칭으로 중국의 고대 문헌에는 동이족에 대한 언급이 많다. 동이족의 초기 거주지는 황하 하류 지역이었으며, 점차 한반도 지역으로 생활 근거지를 이동한 것으로 보인다.

루벤스가 그린 〈헤라와 아르고스〉. 헤라 옆에 공작이 있다.

우리나라는 신라 때부터 공작을 길렀다. 우리 역사 기록에는 없지만 《일본서기》에는 삼국 시대 백제로부터 받은 두 건의 공작 관련 기록이 나온다. 서기 598년 신라 진평왕 20년과 657년 백제 의자왕 17년에 공작 한 쌍을 받았다는 기록이 그것이다. 일본 황실 보물 창고인 '정창원正倉院'에는 백제 의자왕이 선물한 바둑판도 있다. '목화자단기국'으로 일컫는 바둑판에는 공작과 낙타, 코끼리의 모습 등이 새겨져 있는데, 신라와 백제가 이런 동물을 외교 선물로 보냈다는 것은 그들이 동남아시아와 활발하게 교류했음을 뜻한다.

화려한 깃털이 아름다운 공작

신라 귀족들은 무척 화려한 생활을 했다. 통일을 이룬 후 차츰 정치가 안정되면서 무역이 발달했기 때문이다. 그 무렵 국제 무역항은 울산의 개운포. 경주와 가까워서 무역항으로 크게 번성했다. 처용 설화의 무대이기도 한 개운포는 아라비아 상인들이 들락거리며 각종 남방 물품을 들여왔다. 거의 200년에 걸쳐 진귀한 해외 명품들이 신라를 휩쓸었다. 급기야 834년 흥덕왕 때에 이르러서는 사치 금지령이 내려졌다. 흥덕왕은 신분별 집의 크기를 제한하는 한편 목도리와 허리띠에 금은실, 공작미, 비취모 사용을 금지하고 머리빗과 모자에 '슬슬전'을 금지, 말안장에 '자단'과 '침향' 사용 금지, 수레의 깔개로 '구수' '탑등'을 쓰지 말라고 지시했다.

공작미는 공작의 꼬리, 비취모는 캄보디아 물총새의 털, 슬슬전은 이란산 에메랄드를 박은 비녀, 침향은 인도네시아 자바에서 나는 향나무, 구수와 탑등은 페르시아에서 온 양탄자를 말한다. 이들은 호화 사치품으로 몰래 밀수되는 경우가 많았다. 왕이 이렇게 규제를 내렸을 정도이니, 신라의 귀족들에게 얼마나 대유행이었는지 짐작이 간다. 불국사 다보탑에서는 아라비아산 유황까지 발견됐다. 신라에서 중동의 향료까지 수입해 썼다는 증거다. 그뿐만 아니라 요즘으로 치면 자가용인 마차나 수레까지 '튜닝'해 자신의 부를 과시했다.

선조 때 귀양 간
공작 한 쌍

공작의 아름다운 깃은 신라 때부터 장식용으로 많은 사랑을 받았다. 후백제 견훤은 고려 태조 왕건의 등극 축하 선물로 공작 깃으로 만든 둥근 부채 '공작선'을 보냈다. 공작선은 조선 시대에도 중요한 왕실 의례 물품으로 취급됐다. 주로 전주 전라감영 내에 '선자청'을 두어 부채를 제작했는데, 우리나라 부채는 외교 선물로 여러 나라에 보내졌다.

고려 때는 송나라 수입 품목 중에 공작도 들어 있었다. 상인들은 물소 뿔, 상아, 비취, 공작, 앵무새 등 사치품을 가져와 팔았다. 고려 시대 최고의 문장가 이규보는 당시 최고 권력자인 최충

헌에게 여러 번 자질을 시험당했다. 1199년(신종 2년) 5월 최충헌
은 집 마당에 석류꽃이 활짝 피자 이인로와 이규보를 불러 시를
짓게 했다. 이규보의 재능을 눈여겨본 최충헌은 그를 발탁했다.
1213년(강종 2년) 이규보의 나이 46세 때 최충헌은 그의 집 마당
에 노니는 공작에 대해 시를 짓게 했다.《동국이상국집》에 따르
면, 40여 운에 이르는 이규보의 시를 읽고 최충헌이 감동의 눈물
을 흘렸다고 전한다. 그 무렵 실세 최충헌이 실제 공작을 키웠음
을 알 수 있다.

공작선. 날개를 활짝 편
공작의 모양을 연상시킨다.

조선 시대에는 태종 시
절, 인도네시아가 우리
나라에 보낸 공작을 가
로챈 대마도 해적 사건
말고도 몇 번 공작새가
등장한다. 1462년(세조
8년) 1월, 세조는 유구국(오
키나와)이 간절하게 원한 대장경
을 주면서, 다음번 사신 편에 공
작과 앵무새를 보내달라고 요청
했다. 연산군은 공작 깃을 명나
라에서 수시로 구입해 흥청망청 썼다. 1505년(연산군 11년)에는
한 번에 공작 깃 300개를 북경에서 사오라고 독촉했는데, 연산

군이 나라에서 모아들인 기녀들의 노리개 제작용이었다.

1589년(선조 22년) 7월 대마도주가 보낸 공작은 태종 연간 코끼리에 이어 조선 왕조 역사상 두 번째로 귀양 간 동물이 됐다. 조총 몇 정과 함께 보낸 공작 한 쌍의 처분을 놓고 조정에서는 몇 달을 논의했다. 외교 결례를 무릅쓰고 받지 않자니 이 또한 난감한 일이었다. 선조가 제주에 놓아주는 것이 어떠냐고 하자 예조는 "제주까지 수송하자면 폐해가 있으니 남해안 섬에 놓아주자"는 의견을 냈다. 결국 6개월간 골머리를 앓은 끝에 되돌려 보내지 않고 고흥 앞바다 섬으로 보냈다. 사실상 유배 처분이었다.

1647년(인조 25년) 7월, 표류해온 중국 푸젠성 상인 배에 공작 세 마리가 있었다. 인조는 "청나라 사람은 먼 곳에서 나는 물건을 귀히 여기고 뽐내고 자랑하기를 좋아한다"면서 "이번에 오는 청 사신 편에 공작을 보낸다면 저들은 필시 거만을 떨며 잘난 체할 것"이라고 말했다. 결국 그 공작을 청에 주었는지, 조선에서 키웠는지는 기록에 없다. 상인은 중국에 돌려보냈다. 그날 이후 한양에서 공작을 볼 기회는 사라졌다. 연암 박지원 등 이따금 청나라 사신 길에 나선 사람들이 북경의 새 시장에서 공작을 본 기록만 남겼을 뿐이다.

알아두면 쓸 데 있는
적폐 청산의 종결자, 해치

행운을 가져다주거나 선악을 가리거나 나쁜 귀신을 막아주는 전설 속 동물은 세계 곳곳에 존재한다. 보통 서수瑞獸 또는 신수神獸라고 불린다. 아랍과 서양에서 대표적인 것은 유니콘이다. 말이나 염소 몸뚱이를 하고 이마에는 외뿔이 달린 일각수一角獸 유니콘은 영국 국장 문양에도 사자와 나란히 들어갈 만큼 신성스러운 동물로 취급받는다. 이집트 스핑크스 또한 파라오 무덤을 지키는 수호 동물 의미가 크다.

한반도에서 가장 오래된 서수상은 공주 무령왕릉에서 출토된 것이다. 국보 162호로 지정된 이 석수石獸는 '진묘수'라는 명칭으로 더 유명한데 입은 뭉뚝하고, 머리에는 외뿔 유니콘이 달려 있다. 왕릉 입구에서 발견된 것으로 미루어 보아 왕릉을 지키는 수호신 역할을 했음을 알 수 있다. 백제에 유입된 도교 사상의 영

광화문과 여의도 해태상은 해치가 아니라 '서수상'에 가깝다.

향을 보여주는 흔적으로도 알려졌다.

진묘수 외에도 우리 역사 속에는 법과 정의를 상징하는 신비한 동물이 있었다. 바로 해치다. 해치는 선악과 시시비비를 판단할 능력을 갖췄다는 외뿔 짐승이다. 수많은 유적에는 대개 '해태' 또는 '사자상'으로 불리는 서수상이 세워져 있다. 하지만 우리가 '해태'라고 부르고 있는 석상은 어처구니없게도 뿔이 없다. 또 해치와 서수상을 정확하게 구별하지 못하고 그 이미지도 한데 뒤섞였다.

대부분의 사람들이 경복궁 정문인 광화문의 좌우, 국회의사당 앞에 세워진 서수상을 해태로 알고 있다. 항간에는 광화문 앞에 해태상을 세운 목적이 관악산의 불기운火氣을 막기 위해서였

조선 시대 관복 흉배 속의 해치

다고 말하기도 한다. 과연 그럴까?

흔히 해태라고 오인하는 서수상의 경우 대부분 설치 위치를 보면 한결같이 무언가를 '경계하는' 임무를 맡고 있다. 궁궐을 지킨다든가, 무덤을 지킨다든가, 도둑을 지킨다든가. 군대말로 '불침번'이다. 그런 곳은 '선악을 구분하여 악한 자에게 벌을 준다'는 해치가 있어야 할 위치가 아니다.

해치는 권선징악과 시시비비를 판단하는 상상의 동물

해치는 중국에서도 법을 수호하는 신비한 동물로 여겼다. 옛 문헌《이물지》에는 해치가 "동북 변방에 있는 짐승이며 한 개의 뿔을 가지고 있는데 성품이 충직하고 사람이 다투는 것을 보면 선악을 가려 바르지 못한 사람을 뿔로 받아 죽인다"라고 설명한다.

《고려사》나 《조선왕조실록》에는 '해태'라는 말 대신 오직 '해치獬豸'로만 기록되었다. 해치의 의미는 중국의 기록과 같은데, 조선 시대 사법부 수장인 대사헌 관복의 흉배에 해치를 장식한 것은 바로 이 때문이다. 해치처럼 선과 악을 구별해 엄정하게 법 집행을 하라는 의미였다. 대사헌 흉배에 새긴 해치 모습을 자세히 보면 답이 나온다. 외뿔과 갈기, 입은 크게 벌렸고, 꼬리는 털이 많은 것으로 표현했다. 우암 송시열의 문집 《송자대전》에서도 "해치가 신양神羊이고 죄를 정죄한다"라는 내용이 있다.

지금 대검찰청이나 법관을 양성하는 기관인 사법연수원의 상징물은 해치의 모습이 맞다. 얼핏 보면 외뿔 염소처럼 생긴 괴상한 조각상이라 생각할 수 있지만, 비교적 정확하게 해치상을 표현했다. 단, 대검찰청 앞 해치상은 지나치게 유니콘의 모습에 가깝긴 하다. 백성은 가난보다는 불공정한 것에 분노한다고 했다. 해치는 '유전무죄 무전유죄' 불만을 종식시킬 적폐 청산의 유일한 희망이다.

그럼, 광화문 앞 해치는 어찌 두게 됐을까? 경복궁 중건은 1865년(고종 2년)에 시작됐다. 해치는 조선 후기에 접어들면서 점점 사자상과 서수상의 모습이 뒤섞였는데, 그 과정에서 권선

사법연수원의 해치상(좌)과 대검찰청의 해치상(우). 모두 외뿔이다.

징악뿐만 아니라 불을 제어하는 신수로 자리 잡았다. 광화문 해치상에 맡겨진 사명은 경복궁으로 들어오는 모든 액운을 막는 것이다.

풍수지리에서 약하거나 모자란 것을 보태거나 채우는 것을 비보裨補라고 한다. 왕권 국가에서 궁궐은 곧 국가와 마찬가지였다. 해치는 공정함의 수호 동물이었지만 풍수지리가 결합되면서 국가를 위협하는 병마와 살기부터 궁궐을 태우려는 화마와 나라를 침략하는 외세의 악귀까지 막는 등 더 많은 임무를 띠게 됐다. 따라서 해치가 단지 화재만을 막기 위해 설치됐다는 통설은 잘못 전해진 것이다. 광화문의 해치는 각종 재앙, 또는 왕권을 위협하는 무리가 침입하지 못하게 지키는 벽사 수복과 항마적 의미를 결합한 서수상이다.

오세훈 전 서울시장 시절, 해치를 서울을 상징하는 마스코트로 만들려는 움직임이 있었다. 수십억 원의 예산을 들였지만 공공 미술 프로젝트를 통한 상품화에는 실패했다. 그래서 2007년까지 서울의 공식 상징 캐릭터는 '왕범'이었다. 베를린을 대표하는 곰의 상징 '버디 베어'나 상반신은 사자, 하반신은 물고기인 싱가포르의 '머라이언'은 도시 마케팅에 동물을 적용한 성공 사례다.

진묘수와 사자상 이미지가
짬뽕된 해치

우리나라는 물론 동남아 사찰이나 궁궐에서 사자 모양 서수상을 쉽게 볼 수 있다. 형태는 크게 두 가지다. 개처럼 앉아 있거나 네발로 서 있는 모습. 후한(25~220년) 때 중국 서부에서 출현한 진묘수는 동쪽으로 퍼졌다. 무덤에 악귀가 들어오는 것을 막기 위해 둔 진묘수는 점차 무덤 밖으로 나와 액막이 역할까지 확장됐다.

문을 지키는 사자상守門獅子은 중국 전통 건축에서 빠질 수 없다. 고궁, 옛 관청, 능묘, 사찰 등 다양한 건축물에서 위풍당당한 사자상을 흔히 볼 수 있다. 특히 자금성 내 한 쌍의 사자상이 가장 유명하다. 중국에 처음 사자가 들어온 것은 후한 때(87년)다. 진공물로 사자가 들어오긴 했지만 실물 사자는 황실 정원에서 키웠기 때문에 고위 관료만 볼 수 있는 귀한 몸이었다.

보통의 사람들은 사자보다는 '사자 신앙'을 먼저 접했다. 불교의 확산이 계기가 됐다. 사자는 실크로드가 개척되고 불교 문화

몽골의 사자견. 마르코 폴로는 《동방견문록》에서 사자견은
'몸집이 당나귀 만하며 사자 소리를 낸다'고 설명했다.

가 들어오면서 '사자후', '사자 좌대'처럼, 부처의 위엄과 위세를
상징하는 동물로 쓰였다. 심지어 명·청 시절에는 진짜 코끼리
를 황제의 위엄을 보여주는 의장대 역할로 썼다. 연암 박지원 등
북경에 간 조선의 여러 사신들은 자금성을 지키는 코끼리를 흥
미롭게 관찰했다. 지금도 자금성 후원 등에서 청동 코끼리상을
볼 수 있다.

그러나 일반인들이 실물 사자를 본다는 것은 매우 드문 일이
다. 대부분 사자상은 사자견, 즉 '티베탄 마스티프Tibetan Mastiff'
를 모델로 만들었다. 티베탄 마스티프는 우람한 덩치에 사자를
쏙 빼다 닮은 개다. 세계 최초의 원시 목양견으로 티베트에서는
'신이 준 선물'로 대접받는다. 짱아오, 뉴펀들랜드 등 큰 머리와

몸통을 가진 상당수 견종이 여기에서 갈라져 나왔다.

고대 국가 부여는 가축의 이름을 따서 벼슬을 삼았다. 사자견을 사육하던 구가狗加는 마가馬加·우가牛加·돼지인 저가猪加와 함께 지배 신분층을 형성한 귀족세력이었다. 이미 그 시대부터 사자견이 중요하게 키워졌다고 볼 수 있는 증거다. 우리나라에 불교가 전파되기 이전부터 사자견은 부여와 예맥족, 고구려를 거쳐 신라에 유입되면서 귀하게 대접받았다. 신라 남궁지 우물에서는 우리나라 고대 유적에서 확인된 개 가운데 가장 큰 개체(길이 108센티미터, 높이 53센티미터) 뼈가 발굴되기도 했다.

삽살개의 조상은
사자견 티베탄 마스티프

일본 각 신사나 사찰에도 '고마이누'로 부르는 서수상이 있다. 우리 홍살문을 모방한 하늘 천天 모양의 구조물 '도리이鳥居'와 함께 신사를 가리키는 상징이다. 신수 개념이 한반도를 거쳐 일본에 전해진 것이다. 서수상은 문 앞에서 침입자나 요사스러운 귀신, 재앙과 부정을 물리치고 벽사 수복을 기원한다.

물론 일본에선 '고마이누'를 사자상이나 해치상이라고 하지 않는다. '고마'는 고구려나 곰, '이누'는 개. 그렇다면 왜 '고구려 개', '곰 같은 개'라고 이름을 붙인 것일까? 당연히 사자가 아니

독도에 사는 삽살개 한 쌍

기 때문이다. 여러 학설 중 쇼토쿠 태자의 스승이 된 고구려 혜자스님이 일본에 사자견을 가져오면서부터 고마이누가 숭배되기 시작했다는 주장이 가장 설득력이 높아 보인다. 사자견은 헤이안 시대(794~1185)부터 신수로 숭상돼 어전과 천황 즉위식에 안치했다. 오키나와를 상징하는 전설의 동물인 '시샤' 또한 실제 사자 모습과는 차이가 많다.

우리나라 전통 삽사리는 티베탄 마스티프와 사촌 격이다. '삽살'은 고유 우리말로서 삽은 '쫓는다', 살은 '귀신·액운'이란 뜻이다. 풀이하면 '귀신을 물리치는 개'라는 의미다. 사자견의 혈통을 이어받은 삽사리는 신라의 궁궐을 지키는 벽사견이 됐다. 김유신이 전쟁터에 군견으로 데리고 다녔다는 설도 있고, 안압지에서 유골이 출토될 정도로 사랑받았다.

중국인들은 고구려 유민 출신 고선지 장군은 몰라도 교각스님은 안다. 사실상 중국에서 교각스님은 지장보살의 현신으로 인식되어 '김지장'으로 불린다. 유일하게 실존하는 불교의 신이 우리 조상인 셈이다. 통일신라 시대 교각스님은 삽사리 한 마리를 데리고 중국의 구화산에 들어갔다. 교각 스님의 일대기를 기록한 동판에도 삽사리를 새긴 것을 확인할 수 있다. 고려 때 전남 남원에서 충견으로 이름난 '오수견'도 사자견의 혈통을 이어받았다. 조선 전기 어문학자 최세진이 정리한 개의 분류법에 따르면 보통 개는 구狗, 큰 개는 오獒, 삽살개는 견尨, 털이 많은 더펄개는 사자견獅子狗 등 네 종류로 나눴다.

전통 삽사리는 일제 강점기에 그만 멸종되고 말았다. 지금 복원된 삽살개는 당시 삽사리와 전혀 다른 견종이다. 쥐라기 공원도 아니고, 이미 멸종된 개를 복원했다는 것 자체가 시빗거리다. 가짜 복원 논란에 시달리는 독도 삽살개 한 쌍은 천덕꾸러기가 됐다.

일본 기린맥주의 기린이
그 목 긴 기린이 아니라고?

맹수의 위협과 험난한 대자연 속에서 나약할 수밖에 없었던 선사 시대 사람들은 절대적 힘을 가진 존재, 곧 신을 필요로 했다. 선사 시대 인류들은 자연 속에 노출된 바위나 동굴 벽에 신과 사냥의 대상이 되는 동물을 주술적 의미로 새겨 넣었는데, 이런 암각화는 문자가 존재하기 이전, 인류의 가장 오래된 표현 예술이자 일종의 기록이다. 전 세계적으로 암각화는 북방 수렵 문화권과 관련된 유적으로 우리 민족의 기원과 이동을 알려주는 소중한 자료다.

바이칼 호수 그리고 몽골과 러시아, 중국, 카자흐스탄과 국경을 접하는 알타이 산맥 주변은 북방 수렵 문화의 중심지로서 우리 민족의 시원에 관한 숨은 역사를 품고 있다. 우리 민족의 원류인 '부여족'의 뿌리가 이 지역으로 추정되면서 특히 관심이 높

몽골 서북부 초원에서 발견된 기린 암각화

아지고 있는데, 수많은 동물 암각화가 발견되면서 선사 시대 역사를 보여주는 유적으로 주목받고 있다. 몽골 서북부 초원 지역에서 발견되는 이 암각화들에는 고래 그림으로 유명한 울산 반구대 암각화와는 비교할 수 없을 정도로 다양한 동물들이 새겨져 있다. 그중에서도 특히 기린이 새겨진 암각화가 눈길을 끈다. 몽골 사막 한복판에 기린 암각화가 있다는 게 놀라울 따름이다. 수만 년 전 몽골 초원은 아프리카 세렝게티처럼 기린과 코뿔소, 코끼리 등 다종다양한 동물들이 어울려 놀았음을 알 수 있는 대목이기도 하다.

암각화에서 발견된 기린은 목이 긴 기린이 맞지만 한중일 동양 문화권에서 기린은 오늘날 우리가 아는 그 기린이 아니다. 기린은 용이나 해태처럼 실재로는 존재하지 않는 환상 속 동물 중

기린맥주의 상표 속 기린

하나다. 아프리카 초원에서 풀을 뜯어 먹는 기린과는 엄연히 다르다. 일본의 주류전문기업 기린맥주의 상표 속 기린을 떠올려 보라. 수컷은 '기麒', 암컷은 '린麟'. 봉황鳳凰이나 원앙鴛鴦과 같은 암수 조합에 사슴의 몸을 하고 늑대 혹은 용을 닮은 얼굴에 뿔 달린 머리, 말의 발굽, 몸에는 비늘이 덮였다. 살아 있는 풀, 벌레를 밟지 않고도 단숨에 천 리 길을 달려가며 하늘을 날 수 있다. 이를 빗대 재주가 뛰어나고 비상한 사람을 가리켜 '기린아麒麟兒'라고 부른다. 수명 또한 천 년이 넘어 모든 짐승의 왕이자 선조 격이다.

기린은 성인의 출현을 예견하는
상서로운 징후

기린의 등장은 성군, 혹은 성인의 등장을 예고한다. 왕이 정치를 잘해 태평성대를 이루면 출현한다는 전설을 가진 봉황과 평행 이론이다. 정치를 잘하면 동물에까지 감화가 미친다고 믿은 동양 문화의 반영이다.

과거 중국에서는 기린을 목격했다는 이야기가 많다. 아마 원조는 사슴과 유사한 초식 동물 '사불상'에서 비롯됐을 것이다. 사불상은 당나귀, 말, 소, 사슴의 특징을 동시에 닮았다. 악어를 용의 아종으로, 펭귄을 날개 달린 물고기로, 코뿔소를 독각수 유니콘으로 기록한 것과 비슷한 셈이다.

기린은 성인의 출현을 예견하는 상서로운 징후라 여겨졌는데 공자가 태어날 때 공자 어머니가 기린 태몽을 꾸었다는 설이 전해진다. 기린이 나타나 비취옥을 토해냈는데, 거기에 '무관의 제왕'이 될 것이라고 적혀 있었다는 것이다. 태몽의 진위 여부는 확인할 수 없지만, 기린이 죽었다는 말을 듣고 공자가 《춘추》의 집필을 멈추었다는 고사가 전한다. 난세에 상서로운 동물인 기린이 잡혀 죽었으니 어진 정치를 펼칠 수 없다며 《춘추》의 마지막 대목을 '서수획린(서쪽에서 사냥하다 기린을 잡음)'으로 맺은 것이다. 나중에 '획린獲麟'이라는 단어가 절필이나 임종이라는 뜻을 가지게 된 이유다.

청나라 황실 정원 이화원의 기린

우리나라에서도 기린에 얽힌 전설이 심심찮게 발견된다. 고구려의 시조 주몽은 죽을 때 기린을 타고 승천해서, 시신 대신 옥 채찍을 무덤에 묻었다는 설화가 전해진다. 광개토대왕릉비에선 황룡을 타고 승천했다고 적었다.

우리는 국사와 세계사를 따로 배우기 때문에 주몽을 마치 오래된 신화 속 인물쯤으로 생각한다. 하지만 주몽은 로마제국 초대 황제 아우구스투스와 거의 비슷한 연대를 산 인물이다. 그런데 아우구스투스는 노련한 정치가였던 역사적 실존 인물로 인식되고, 주몽은 알에서 태어났다는 탄생 설화를 가진 신의 아들로 그려진다. 우리 고대사 기록이 로마나 중국에 비해 몹시 아쉬운 장면이다.

공자의 모친과 기린 상상도

영국만 해도 주몽의 시대보다 훨씬 후대인 5~6세기의 기록조차 극히 부실하다. 아서 왕이 실존 인물을 모델로 했는지 아니면 가공의 인물인지조차 확인하기 어렵다. 역사 기록과 보존이 얼마나 중요한지 알 수 있는 대목이다.

신라 지증왕의 능으로 추정되는 천마총의 천마가 기린이 아니냐는 논쟁은 여전하다. 적외선 촬영 결과 뿔(혹은 상투)을 발견해서 천마는 사실 말이 아니라 기린을 그렸다는 설과 말에 상투 비슷한 장식을 하는 풍습이 있어 말을 그린 것이 맞다는 학설이 대립한다.

고려 때는 서경(평양)에 기린각麒麟閣을 설치해 왕이 강의를 들

고 시를 짓는 공간으로 썼다. 조선 시대에는 적실 왕자(대군), 흥
선대원군 등이 기린 흉배를 달았다. 왕릉의 석물로 기린상을 배
치했으며, 왕실 의식에서 기린 깃발을 앞세웠다. 중국과 달리 한
국의 민화나 고종, 순종의 능에 석수로 배치된 기린은 일각수로
서 특징인 외뿔이 남아 있다.

기린은
왜 목이 길까?

기린의 목뼈는 다른 포유동물처럼 일곱 개다. 뼈 자체가 많은 게
아니라 뼈 한 개가 20센티미터가 넘는다. 기린의 목 뼈는 왜 길
까? 단순히 높은 나뭇가지에 달려 있는 새순을 따먹기 위해 진
화 과정을 통해 목이 길어졌다고 볼 수는 없다. 이보다는 날씬하
고 키가 큰 체형이 열 손실을 막는 '체온 조절설'이 기린이 목이
긴 동물로 진화한 결정적 이유라는 설이 더 설득력을 얻고 있다.
먹이 채집이나 적 발견, 도망가는 속도 등은 길어진 목과 다리로
인해 얻은 부수적 이득이라고 한다.

　기린은 실재하지 않고, 여전히 상상 속에 살고 있는 존재다.
중국에서 기린은 목이 긴 사슴이라는 뜻의 '장경록長頸鹿'으로 불
린다. 한때 명나라 정화 함대 *가 가져온 기린으로 인해 실재의

●　명나라 초기 환관 정화가 함대를 이끌고 대항해를 나선 사건.

1414년 명나라 정화가 가져온 기린

무대로 나왔지만, 이내 다시 신화의 세계로 되돌아갔다.

1414년 4차 항해에 나선 정화는 북경에 기린을 가져왔다. 원래는 케냐와 탄자니아 사이 '말린디 왕국·마림국麻林國'에서 지금의 방글라데시 '벵골국·방갈라국方葛剌國' 술탄에게 선물한 것이다. 벵골의 술탄은 대함대를 이끌고 나타난 정화를 통해 기린

을 다시 명나라 영락제에게 진상했다. 성군의 등장을 알리는 전
설 속 기린을 찾았다는 소식에 영락제는 자금성 봉천문에서 친
히 기린을 환영하는 대대적인 의식을 주재했다. 상서로운 영물
로 여겨진 기린은 어린 조카를 몰아내고 집권한 영락제의 정치
적 안정을 도모하는 정치적 상징이 됐다. 나이 어린 황제와 강
력한 숙부, 마치 우리나라 조선 시대의 단종과 수양대군 같은 현
상이 발생한 것이다. 그 후 5차 항해에 나선 정화 함대는 아프리
카 소말리아의 모가디슈까지 진출했다. 이때 정화 함대는 기린
을 비롯해 사자와 타조, 얼룩말 등 진기한 동물들을 중국에 가져
왔다. 조선에서는 기린을 가져왔다는 소식을 듣고 1414년(태종
14년) 9월과 세종 때 두 차례에 걸쳐 축하 사절단을 보내는 야단
법석을 떨기도 했다.

조선 제일검 무사 백동수는
왜 강원도 기린협으로 들어갔나?

조선 시대 예언서 《정감록》에는 '십승지十勝地'가 나온다. 십승지
란 전쟁이나 전염병, 흉년 등에도 끄떡없이 견딜 수 있는 길한
땅을 말한다. 물, 불, 바람 세 가지 재난을 피할 수 있는 이른바
'삼재불입지처三災不入之處'다. 재미있는 것은 이런 십승지가 북한
에는 단 한 곳도 없다는 점이다. 십승지 외에 피난처로 꼽히는
곳은 강원도 인제 산골짜기의 '삼둔·오가리'를 꼽는다.

'둔'은 산골 안 너른 땅, '가리'는 계곡 주변의 밭을 일굴 만한 땅을 일컫는다. 삼둔은 홍천군 내면의 살둔(생둔), 월둔, 달둔을 일컫고, 오가리는 인제군 기린면의 연가리, 명지가리, 명가리, 적가리, 아침가리를 말한다. 기린면 일대는 예로부터 세상을 등진 사람들이 찾아든 산간 오지였다. 흉한 손길을 피해 몸을 피한 건 비단 사슴만이 아니었다. 더러는 난을 피해, 더러는 포악한 군주를 피해 사람들이 숨어들었다. 이곳은 방태산과 곰배령 등 사방이 험한 산들에 둘러싸여 견고한 자연 성곽을 이루었다. 워낙 산이 높고 계곡이 깊어 바깥세상에 노출이 안 된다. 게다가 그 안에는 제법 경작할 만한 땅이 있다. 쇠 냄새나는 방동약수도 넘친다. 현실에서 벗어난 이상향이자 은둔처로서 이만한 데가 또 있을까? 자급자족이 가능해 능히 숨어살 수 있기 때문이었으리라. 한때 아침가리골 안에만 해도 수백 명의 화전민이 살았다. 1960년대 울진, 삼척의 무장 공비 사건 뒤로는 현재 모두 소개됐고 폐교가 된 방동초등학교 조경 분교만이 흔적으로 남았다.

아침가리 골은 조경동이라고도 한다. 아침에 밭을 갈 정도朝耕 잠깐만 해가 비치고 금세 져버릴 만큼 첩첩산중이라서, 또는 밭뙈기가 하도 작아 아침나절이면 다 갈 수 있다 하여 이름 붙였다. 20여 년 전만 해도 찾는 사람도, 찾고자 하는 사람도 별로 없었다. 10년 전부터 세상에 알려지기 시작해 더 이상 숨은 오지가 아니다. 한 여름 아침가리 골은 진동계곡까지 트레킹을 즐기는 사람들로 붐빈다. 방태산 된비알에서 흘러내리는 적가리 골은 며

칠 지내기 좋은 휴양지다.

조선 최고의 협객이자 풍운아이며 민족 무예를 발전시킨 조선 제일검 백동수. 드라마나 영화로도 소개된 탓에 이제는 제법 이름이 알려졌다. 그는 연암 박지원과 가까웠던 이덕무의 처남이란 인연으로 여러 '연암파' 인물들과 친분을 쌓았다. 1771년(영조 47년) 무과에 합격했으나 벼슬을 얻지 못했고, 1773년 30세의 나이에 홀연히 강원도로 떠났다. 지독한 가난 때문이었다.

백동수는 기린협에서 세상에 대한 분을 식히고 다시 기린아로 나설 뜻을 세웠으며 마침내 정조의 부름을 받고 무인으로서 명성을 떨쳤다. 《무예도보통지》는 백동수의 최대의 업적이다.

최근 기린면 현리공원에는 기린 조형물을 세웠다. 지역의 역사인물 무사 백동수를 스토리텔링하는 데도 열심이다. 지금 우리들의 진정한 기린아는 누구인가?

백두산 호랑이 잔혹사를
아시나요?

"호랑이가 경복궁 근정전 뜰에 들어왔다."〈1405(태종 5년) 7월 25일〉

"창덕궁 후원에 호랑이가 들어왔다."〈1465년(세조 11년) 9월 14일〉

"창덕궁 소나무 숲속에서 호랑이가 사람을 물었다."〈1603년(선조 36년) 2월 13일〉

"인왕산에서 호랑이가 나무꾼을 잡아먹고, 인경궁 후원으로 들어왔다."〈1626년(인조 4년) 12월 17일〉

"호랑이가 경복궁 후원에 들어왔다."〈1752(영조 28년) 1월 2일〉

호랑이 피해에 대한 위 기록은 일부에 불과하다. '호랑虎狼'이란 원래 '범과 이리'라는 뜻으로 잔인하고 포악한 사람을 빗대어 이르는 말이다. 그런데 언제부턴가 범 대신 호랑이, 이리 대신 늑대란 말이 보편화됐다. 어쨌든 조선 시대에는 호랑이 때문에 꽤

나 골치가 아픈 듯하다. 조선 시대 호랑이 피해는 오늘날의 교통사고 발생률보다 높았다. 조선 500년을 통틀어 궁궐이나 민가 주변에 호랑이나 표범이 나타난 것은 이루 다 헤아릴 수 없을 정도여서 호랑이는 그야말로 조선 시대 가장 큰 민폐 덩어리였다. 한양 인왕산 서쪽 자락의 무악재는 호랑이의 단골 출몰 장소였다. 행인들은 여럿이 모여 꽹과리를 치며 군사들의 호위 속에서 겨우 고개를 넘을 수 있었다. 인왕산뿐 아니다. 멀게는 수락산, 가깝게는 사대문 안에서도 호랑이가 어슬렁거리는 일이 잦았다.

　조선에 처음 호랑이가 출몰한 기록은 태조 1년부터 나온다. 개경 도성 북쪽에 들어온 호랑이를 홍국리 사람이 활로 쏘아 죽였다는 기록이 있다. 1571년(선조 4년) 10월, 눈썹과 이마가 흰 백호가 현 고양시에 출몰해 무려 사람과 가축 400여 마리를 물어 죽였다. 지금 들어도 충격적인 사건이다. 임진왜란 때 경복궁이 불타서 선조는 주로 창덕궁에 머물렀는데, 이때도 호랑이가 자주 나타났다. 심지어 1607년(선조 40년) 7월 18일, 궁 안에서 호랑이가 새끼까지 낳았다. 선조는 궁에 출몰한 호랑이를 꼭 잡도록 어명을 내렸으나 그 호랑이와 새끼를 잡았다는 기록은 없다.

전 세계적 소빙기에
극심했던 호환

한반도의 밤은 호랑이와 표범이 지배했다. 특히 전 세계적으로 소빙하기에 걸쳤던 현종과 숙종, 영조 연간에 호랑이 피해가 극심했다. 1701년(숙종 27년) 강원도에서만 화천 지방을 중심으로 6~7년 동안 300여 명이 죽었다. 1734년(영조 10년)에는 줄곧 호랑이가 횡행했다. 사람과 가축을 해쳐 8도에서 보고가 끊이지 않았다. 이해 여름부터 가을까지 죽은 자가 140여 명이었다.

이듬해 강원도에서도 40여 명이 죽었다. 1754년(영조 30년)은 경기 지방에 호환이 심했다. 4월 한 달 동안 무려 120명이 호랑이에게 먹혀 죽었다. 영조 때는 궁궐에 호랑이가 출몰한 횟수만도

전남 목포 유달초등학교에서 전시 중인 국내 유일의 조선 호랑이 박제

세 번이나 됐다. 경복궁에 두 번이나 들어왔고, 영조가 주로 거처했던 경덕궁(경희궁)에도 호랑이가 들어올 지경이었다. 심지어 호랑이가 나라의 제사에 쓸 제사 음식을 보관하는 '전생서典牲署'에 들어가 돼지를 물고 가는 일도 벌어졌다.

1777년(정조 1년) 9월 19일, 호랑이가 궁궐 수비대 병졸을 물어 간 초유의 사건까지 발생했다. 정조는 도성 주변에서 호랑이나 표범이 은신할 만한 숲을 제거하는 일부터 시작한다. 일부 신하들이 왕릉 주변의 나무는 베지 말라고 말렸지만, 정조는 백성들의 안전을 내세워 벌목을 강행했다. 한양 도성 내 호랑이나 범의 출몰에 대한 마지막 기록은 고종 때까지 계속 이어진다. 1868년(고종 5년) 9월에는 북악산 등에서 호랑이 세 마리, 홍은동 포방 터 부근에서 두 마리를 잡았다. 1883년(고종 20년) 1월 2일, 고종은 인왕산 아래에서 표범을 잡은 장수와 군사들에게 상을 주었다. 이후 궁궐에 호랑이가 들어온 것은 순종 때 창경원(창경궁)이 동물원이 되고 나서다.

삼국 시대부터
호랑이와의 전쟁

삼국 시대에는 어땠을까? 호랑이 피해는 조선 때보다 더하면 더했지 결코 적지 않았다. 수시로 궁궐에 침입했고, 궁을 지키는 병사까지 물어갔다. 843년 신라 문성왕 때는 한꺼번에 호랑이

조선 후기 이인문이 그린 호랑이 수렵도

다섯 마리가 신궁에 나타났다.

고려 때도 호랑이나 표범으로 인한 피해는 마찬가지였다. 다만 《고려사》에서 범의 출몰을 기록한 사례는 대부분 개경 도성이나 궁궐에 출현한 것에 그쳤다. 1390년 9월 공양왕은 한양으로 잠시 수도를 옮겼는데 호랑이 피해가 너무 커 1391년 2월에 다시 개성으로 돌아와야 했다. 공양왕이 북악산, 남산은 물론 성황 등지에서 액막이 제사를 지내도 소용없었다. 기록을 꼽아봐도 호랑이는 개경보다 한양에 더 득시글거렸다.

한양에는 왜 그리 호랑이가 많았을까? 조선 중기까지 사대문 밖은 울창한 숲이었다. 지금의 나주나 상주시 인구 10만 명과 비슷한 규모. 크고 작은 산과 한강으로 흘러드는 중랑천 등 하천들은 초식 동물들의 안식처였고, 표범과 호랑이 같은 포식자들을 불러 모았다. 그리하여 조선 시대 왕들은 내내 '호랑이와의 전쟁'을 선포했다. 오죽하면 호랑이를 잡으면 벼슬을 다 내렸을까.

호랑이 사냥 전담 특수 부대는 고려 때부터 존재했다. 1277년 (충렬왕 3년) 12월, 고려는 원나라에 호랑이 잡는 전문 사냥꾼인 '착호사' 열여덟 명을 요청했다. 이들은 사냥개 150마리까지 데리고 조선에 건너왔다. 그만큼 호랑이 피해가 심각했다는 얘기다. 조선 초 군마를 사육하던 의정부 녹양 목장은 계속된 호랑이의 공격에 세조 때 폐쇄할 지경에 이르렀다. 제주도 목장은 원래 몽골이 일본을 점령하기 위해 조성했던 게 시초다. 육지로 운송하는 데 어려움을 겪는데도 불구하고 계속 제주의 목장을 말 목장으로 쓴 이유는 제주도에는 호랑이가 살지 않았기 때문이다.

조선의 호랑이 잡는
특공대 착호갑사

나라에서는 툭하면 호랑이 소탕령을 내렸다. 심지어 호랑이나 표범 등 맹수 사냥을 전담하는 특수 부대를 운영하기도 했다. 1416년(태종 16년) 임시 조직으로 '착호갑사'를 선발해 훈련시켰는데, 15세기 초까지 200~400명이 호랑이와 표범 사냥을 전담했

16세기 구식 화승총을 들고 있는
조선의 호랑이 포수들(1886년)

다. 성종 때《경국대전》은 착호갑사 부대를 440명으로 정했다.

착호갑사가 되려면 100미터 밖에서 화살을 명중시켜야 했다. 또 두 손에 각각 30킬로그램씩 들고 한 번에 50미터 이상을 이동해야 했다. 일반 병사가 쓰는 각궁보다 살상력이 크고 무거운 목궁이나 쇠뇌를 써야 했기 때문이다. 호랑이 두 마리 이상을 창과 활로 잡은 자는 특채로 선발했다. 그런데, 그렇게 해서 호랑이를 잡은 사람이 있다는 게 더 신기할 정도다. 화살 한 대에 호랑이 숨통이 그리 쉽게 끊어질 리 없기 때문이다. 보통은 호랑이를 추적해 먼저 큰 화살을 쏴 상처를 입힌 다음 긴 창으로 심장을 찔렀다. 호랑이를 잡고 난 뒤 포상 또한 첫 번째나 두 번째 화살을 맞히거나 창을 박은 사람이 각각 달랐다.

　호랑이를 잡은 실적이 있는 갑사는 호랑이 가죽으로 만든 겉옷, 호피를 씌운 창과 방패를 갖고 다녔다. 현대로 치면 밍크코트가 아니라 호랑이 코트를 입고 다닌 것. 더러는 착호군이 호랑이 습격을 받아 죽기도 했다. 그럼에도 중종 19년 착호군 대장 김양필은 한 사람도 다치지 않고 무려 호랑이 열아홉 마리를 잡는 성과를 거두었다.

　영화 〈물괴〉에서도 착호갑사가 나온다. 한양에 괴수가 나타나자 착호갑사 100명을 차출해 인왕산을 수색하는 장면이다.

　왕이 주재한 사냥 행사 강무는 대규모 호랑이 사냥을 겸했다. 착호갑사는 강무에서 임금이 탄 가마를 호위하는 핵심 전력으로 활용했다. 국가 위기 땐 최정예 부대원으로 앞세웠다. 중종 때 접어들면서 강무에 참여한 지방군에게도 범과 표범의 사냥법과 사냥 도구를 만들어 설치하는 법을 가르쳤다.

　항상 목숨을 담보로 하는 착호군의 활동은 때로는 파견된 지역 백성들에게 민폐를 일으키기도 했다. 착호군은 그 수가 적었던 만큼 특권의식도 상당했다. 그들은 당번이 아닌 때에는 도성 거리를 활보하며 자신이 착호군이라는 것을 으스대거나 행패를 부리기 일쑤였다. 17세기에 이르면 면面마다 호랑이 사냥을 주도하는 착호장을 두고, 리里마다 겨울이면 호랑이 발자국을 좇는 심종장을 뒀다.

인조반정, 호랑이를 폐하고
늑대를 세우다

17세기 후반부터 화승총을 든 명포수들이 일발필중으로 이름을 날렸다. 무기가 강력해지면서 범과 표범에 맞선 사냥꾼 수도 폭발적으로 늘어 조선 건국 이후 17세기 초까지 적어도 매년 1천 마리 이상의 호랑이와 표범이 잡혔다.

절대 권위와 힘의 상징, 산신으로 추앙받던 호랑이 가죽은 요즘의 명품 백은 저리 가라 할 정도로 값비싼 사치품이었다. 큰 호랑이 가죽 한 장은 보통 서울의 초가집 한 채 값과 맞먹을 정도였다. 고관대작이나 무관들은 거실 의자에 호랑이 가죽을 입히는 게 유행이었고, 일반 백성들은 혼례를 올리는 신부의 가마에 액막이용 호피를 씌우는 게 큰 소원이었다.

호랑이가 귀한 명나라와 청나라에도 진공품이나 외교 예물로 호랑이 가죽을 사용했다. 여기에 드는 호피와 표피는 매년 150~200장 가량. 1711년 이후에는 20~30장 가량으로 줄었다. 일본을 방문한 조선통신사는 평균 10여 장 내외의 호피와 표피를 가져갔다.

1623년 인조반정이 성공할 수 있었던 배경 역시 '호랑이 사냥'이 구실이 됐다. 쿠데타의 중심인물이었던 이귀는 1622년 가을, 마침 군사력을 보유한 황해도 평산 부사로 임명됐다. 그 후 평산에서 개성에 이르는 길목의 호랑이를 퇴치하겠다는 빌미로 군사

를 이끌었다. 이귀와 착호군은 1623년 광해군을 몰아내는 데 선
두에 나섰다. 호랑이 사냥 대신 광해군을 잡은 것이다. 인조반
정의 숨은 일등 공신은 호랑이었다.

시베리아 호랑이 한 마리의 서식 영역은 평균 400제곱킬로미
터라고 한다. 지리산 국립공원은 430제곱킬로미터다. 서식 영역
이 넓은 만큼 일주일에 사슴이나 멧돼지 같은 큰 짐승 한 마리를
먹어야 살 수 있다. 지금 동북아 지역에 서식하는 호랑이는 약
500여 마리. 최근 중국의 동북 지역에 사라졌던 호랑이가 다시
눈에 띄었다고 한다. 넓은 서식 영역을 고려할 때 백두산에서도
호랑이가 목격될지 모를 일이다. 아직은 '마지막 백두산 호랑이'
를 따지기에는 이른 것 아닐까? 호랑이에게는 국경이 없다.

백두산 호랑이, 만주 호랑이, 조선 호랑이,
동북 호랑이 등으로도 불리는 시베리아 호랑이

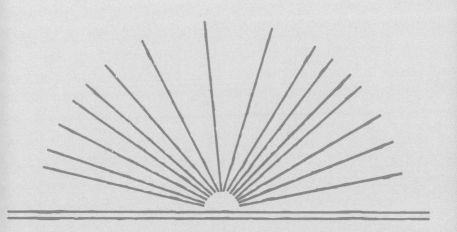

2부
한중일 전쟁에 얽혀 든 동물들

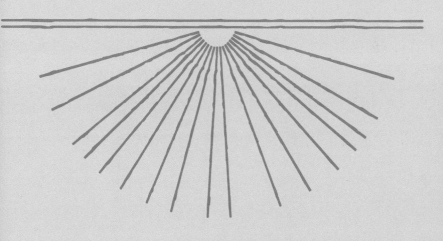

전쟁이 나면 동물원
동물들은 어떻게 될까?

만약 전쟁이 터졌다고 하자. 아수라장 혼란 속에서 과연 누가 동물을 챙길 것인가? 전쟁이 나면 사람뿐만 아니라 숱한 동물들이 희생된다. 전쟁의 비극은 동물에게도 고역이고 고통이다. 전 세계가 전쟁의 소용돌이에 휘말렸던 1, 2차 세계대전 때부터 지금까지 전쟁 중에는 동물의 잔혹사가 되풀이된다. 대부분의 동물은 전쟁 시 방치되기 때문이다.

시리아는 2011년 내전 발발 이후 끊임없는 전쟁에 시달리고 있다. 현재까지 약 30만 명의 시리아인들이 희생됐고, 500만 명 이상이 나라를 떠나거나 난민이 된 것으로 추정된다. 그 와중에 동물들을 신경 쓸 사람이 누가 있겠는가. 동물들은 피난도 못 간다. 쇠창살 우리에 갇혀 도망갈 수도, 그렇다고 안전한 장소로 숨어들 수도 없다. 방치된 건 동물원의 동물만이 아니다. 현재

시리아의 길거리엔 주인 없는 유기 동물들이 넘쳐난다.

이라크 제2의 도시인 모술은 2014년부터 IS에 점령됐는데 2017년 이라크군을 비롯한 국제 연합군이 IS를 격퇴하기까지 도시에 살던 1만여 명의 사람들이 목숨을 잃었다. 모술 동물원의 동물 대부분은 굶거나 포탄에 맞아 죽었다. 굶주린 동물끼리 서로 잡아먹는 일도 있었다. 한 모술 주민이 동물구호단체에 동물원의 참상을 알린 덕분에 암컷 곰과 수사자 한 마리만 겨우 생명을 건졌다. 리비아 트리폴리 동물원도 마찬가지다. 독재자 카다피를 축출하기까지 잦은 전쟁으로 고통받았다.

서울 창경원

동물 잔혹사

우리나라 동물원도 두 차례 큰 수난을 당했다. 첫 번째는 창경궁이 동물원인 창경원으로 둔갑했던 시절. 태평양 전쟁 패전을 앞두고 있던 일본에게 사육하던 동물들은 골칫거리였다. 당시 일본은 도쿄 우에노 동물원을 비롯해 고베, 오사카, 타이완, 만주 등에 여러 동물원을 운영했었다. 천황이 무조건 항복을 선언하기 20일 전인 1945년 7월 25일, 패전의 기운이 일본에 짙게 드리웠다. 창경원을 담당했던 사토는 전 직원을 불러 "사람을 해칠 만한 동물을 모두 죽여야 한다"고 은밀한 지령을 전달했다. 그는 미군이 도시를 폭격할 경우 동물들이 우리를 뛰쳐나와 사람을 해치지 못하게 하려는 조치라며 도쿄로부터 명령이 내려졌다고 덧붙였다. 사육사들에겐 동물들의 먹이에 몰래 넣어두라며 독약을 나눠줬다. 한국 표범을 비롯해 사자와 호랑이, 코끼리, 악어 등 21종 38마리가 그렇게 독살됐다. 그날 밤, 고통에 찬 동물들의 울부짖는 소리가 밤새 창경원 일대에 메아리쳤다. 독사들은 칼로 난도질을 해 죽였다. 독이 들어간 먹이를 먹은 후 괴로워 나뒹구는 사자를 차마 볼 수 없어 창으로 심장을 찔러 죽이기도 했다는 이야기가 전한다. 독이 든 사료를 먹지 않으려 했던 코끼리는 아사시키는 수밖에 없었다. 굶주린 코끼리는 재주를 부리면 먹이를 줄까 싶었는지 사육사가 지나갈 때마다 쇠약해진 몸으로 간신히 재주를 부려대 보는 이들의 눈물을 자아냈다고 한다.

6.25 전쟁, 모두 굶어 죽고
얼어 죽었다

1950년 6.25 전쟁으로 동물들은 또 한 차례 수난을 당해야만 했다. 전쟁 초기 동물들은 다행히 살아남았다. 하지만 1951년 중공군이 개입해 1·4 후퇴를 할 때는 사육사들도 피난 행렬에 동참할 수밖에 없었다. 두 달 후 서울을 다시 수복한 다음 찾은 창경원 동물원의 광경은 처참했다. 당시 사육사로 일했던 故박영달 씨는 이렇게 회고했다. "살아 움직이는 동물은 새 한 마리 보이지 않았다. 낙타, 사슴, 얼룩말은 중공군이 도살해 잡아먹은 듯 머리만 남아 있었고 여우와 너구리, 오소리, 삵 등은 굴과 돌 틈에 끼여 죽어 있었다. 모두 그렇게 굶어 죽고 얼어 죽었다."

휴전 협정이 체결되자 전방의 군인들이 곰과 산양, 노루, 삵 등을 잡아 보내면서 창경원의 텅 빈 우리를 다시 채우기 시작했다. 정부기관 및 기업체, 독지가들도 기금을 모았다. 코끼리는 삼성그룹의 이병철 회장이 태국에서 4천 달러에, 사자는 한국은행에서 2천500달러에 사왔다. 체구가 크고 우둔하지만 제일 비싼 동물이었던 하마는 천우사가 맡았다. 타조와 얼룩말은 한국흥업은행(조흥은행 전신), 들소는 경성전기, 두루미는 조선맥주, 물개는 대한산업, 사슴은 화신산업, 퓨마는 국생산업, 백곰은 상업은행이 각각 맡아 기증했다. 국내외 유지들이 자진해 기증한 동물도 있었다. 한국산 독수리는 육군 31사단장이, 외국산 멧돼지는 로렌스 베이커라는 미국 사람이, 악어는 파벌터라는 필리핀 사람이, 백여우는 임재봉이라는 육군 소령이, 곰은 미 8군단이 보탰다.

우여곡절 끝에 다시 문을 연 창경원은 시민들의 대표적 휴식공간 역할을 하다가 1983년 12월 31일 마지막 관람객을 맞은 후 문을 닫았다. 창경원의 동물과 식물들은 서울대공원으로 옮겨졌다.

1979년 3월 4일. 창경원 동물원을 찾아 코끼리를 구경하는 상춘객

'라이언 일병 구하기'
동물 버전?

2003년 남아공에서 코끼리를 돌보던 환경보호운동가 로렌스 앤 서니는 죽어가는 동물을 살리기 위해 총알이 빗발치는 바그다 드로 날아갔다. TV 뉴스에서 이라크 전쟁 소식을 들은 그는 불 현듯 그 누구도 하지 않았던 생각을 떠올리고 즉각 행동에 나섰 다. 바로 이 생각. '참혹한 전쟁 틈바구니에서 동물원은 어찌 됐 을까?'

인간이 벌인 전쟁으로 바그다드 동물원은 폐허가 됐다. 동물 들은 굶주림과 질병에 속수무책으로 죽어갔다. 미군에게 자살 특공대로 오인되어 사살될 뻔한 타조, 똑바로 서 있지도 못할 만

전쟁으로 폐허가 된 바그다드 동물원

큼 비좁은 우리 안에 갇혀 어딘가로 팔려갈 날만 기다리는 기린, 일곱 가족이 모두 굶어 죽은 뒤 홀로 살아남은 새끼 원숭이, 아 사 직전의 상황에서도 개들을 잡아먹지 않고 오히려 지켜준 사 자들……

그는 상처로 고통받는 동물들을 응급 처치하고 자비를 털어 먹이를 구했다. 독재자 사담 후세인의 아들 우다이의 궁에 고립 된 사자와 치타를 구출했고, 도둑과 마약범들이 들끓는 아부그 라이브에서 후세인이 기르던 종마도 구했다.

2007년, 우여곡절 끝에 바그다드 동물원은 다시 새롭게 문을 열었다. 나중에 《바그다드 동물원 구하기》란 책을 쓴 앤서니는 이렇게 말했다. "제가 한 행동은 지구에서 함께 사는 다른 생명 체에게 인간이 보여줄 수 있는 최소한의 예의이지요."

그의 말 그대로, 이라크에서 그가 구한 것은 동물원이 아니라 '하나의 세계'였다. 앤서니는 바그다드에서의 노력과 공로를 인정받아 '지구의 날 메달The Earth Day Medal'을 수상했다. 2012년 4월, 야생 코끼리 보호에 평생을 바친 그가 죽자 어떻게 알았는지 숲속 코끼리들이 두 무리를 이뤄 집 근처로 찾아와 이틀이나 머물러 사람들을 놀라게 했다고 한다.

<h2 style="text-align:center">아프가니스탄 수도 카불의
애꾸눈 사자 '마르잔'</h2>

아프가니스탄의 사자 '마르잔'은 역사의 풍파를 오롯이 겪어야 했다. 독일산 수사자인 마르잔은 23년 동안 카불 동물원에서 파란만장한 삶을 살았다. 원래 아프간 왕가의 상징이 사자였기에 마르잔은 일찍이 많은 사랑을 받았다. 그러나 오랜 내전이 이어지면서 기구한 삶이 시작됐다. 1996년 한 광신적인 탈레반 병사가 카불 동물원에 방치된 곰들의 코를 잘라버렸다. 곰의 수염이 충분히 길지 않다는 이유에서다. 다른 탈레반 병사는 자신의 용기를 과시하기 위해 사자 우리 속으로 뛰어들었다가 목숨을 잃었다. 이튿날 그 죽은 병사의 동생이 앙심을 품고 사자 우리에 수류탄을 던졌는데, 이로 인해 마르잔의 평생 배필이었던 암사자 '추차'가 그 자리에서 목숨을 잃었다. 마르잔의 오른쪽 눈은 파편을 맞아 완전히 실명했고, 얼굴은 물론 온몸이 상처 자국으

수류탄 파편에 맞아 실명한 아프간 사자 '마르잔'

로 일그러진 채 살아야만 했다.

탈레반이 이 눈먼 사자를 죽이려고 했을 때, 사육사 아크발은 "죽이려면 나와 함께 죽여달라"고 애원했다. 다행히 마르잔은 사육사에 의지해 삶을 연명했다. 사육사가 되기 전 힌두쿠시산맥의 양치기 목동이었던 아크발은 잠시도 이 사자를 떠날 수 없어 자신의 먹을 것을 줄여가면서 친자식같이 마르잔을 돌봤다. 사육사가 심장병으로 죽고 난 후, 마르잔은 남은 한쪽 눈마저 거의 실명 상태가 됐다.

카불이 탈레반의 손에서 벗어났을 때 미군은 더러운 우리 안에 혼자 남아 있던 마르잔을 발견했다. 마르잔과 코 없는 곰, 늑대 두 마리가 카불 동물원에 남은 유일한 동물이었다. 갈증과 허기로 지친 마르잔의 목과 턱에는 수류탄 파편이 박혀 있었고, 온

몸에는 이와 옴이 들끓었다. 목숨을 구하기에는 너무 늦은 상태였다. 마르잔은 2002년 1월 숨을 거둬 공식 장례를 치렀고, 동물원 광장에서 화장됐다. 마르잔은 탈레반 치하에서 겪은 고통을 상징하는 존재로 세계 언론의 관심거리가 됐다. 마르잔이 숨지면서 텅 비게 된 사자 우리는 다음 해 새 주인을 찾았다. 중국 베이징 동물원은 마르잔의 뒤를 이을 사자 두 마리를 곰과 돼지, 사슴, 공작 등과 함께 카불 동물원에 기증했다. 이슬람 국가라서 돼지고기를 먹는 것은 금지돼 있지만 관람용 돼지는 가능했기 때문이다.

이처럼 전쟁은 사람뿐 아니라 동물들에게도 큰 재앙이 아닐 수 없다. 전쟁 걱정 없는 평화로운 나라를 만드는 일은 이 땅의 사람들뿐 아니라 동물들에게도 절실한 소원이지 않을까?

백제 패망을 예고한
신라개 동경이

나라에 망조가 들면 수많은 조짐이 보인다. 오늘날에는 경기 선행지표 등 현실적인 예고들이 있지만 과거 왕조 시대에는 여러 자연 현상과 동식물 등에서 이상 징후가 빈발했다. 마치 큰 지진을 기민한 동물들이 미리 감지하고 움직이듯이 말이다.

《고려사》에서는 고려 말 공민왕부터 공양왕 사이에 궁궐이나 주변 지역에 대거 짐승들이 출몰했다고 적었다. 호랑이(9회), 표범(1회), 노루(21회), 사슴(2회), 여우(15회), 삵(2회), 승냥이(3회) 등 다양하다. 특히 일관日官이 공민왕에게 "노루가 성 안으로 들어오면 그 나라가 망한다"라고 하여 매사에 조심하고 수렵을 금하기를 권하는 내용이 눈길을 끈다.

이에 앞서 역사서에는 백제의 패망이 이미 예견된 일이라는 듯 1년여 전부터 다양한 조짐을 기록했다. 659년(의자왕 19년)

2월에는 여우 떼가 궁중에 들어왔는데 그중 흰여우 한 마리가 상좌평의 책상에 올라가 앉았다. 4월에는 태자궁에서 암탉이 참새와 교미를 했다. 5월에는 남쪽 백마강에서 길이가 세 발이나 되는 큰 물고기가 나와 죽었다. 기록 중 하나가 백제 패망을 예고한 영물로 신라 개 '동경이'가 등장하는 게 이채롭다.

"6월에 왕흥사의 여러 승려들이 모두 배의 돛대와 같은 것이 큰물을 따라 절 문간으로 들어오는 것을 보았다. 들사슴처럼 생긴 개 한 마리가 서쪽으로부터 사비하(부여 백마강) 언덕에 와서 왕궁을 향하여 짖더니 잠시 후 행방이 묘연해졌다. 성안의 모든 개가 노상에 모여서 짖거나 울어대다가 얼마 후 흩어졌다." 이 내용은 《삼국유사》 '태종 춘추공기'와 《삼국사기》 '의자왕 본기'에 나오는데, 위 기록에서 '들사슴처럼 생긴 개 한 마리有一犬狀如野鹿'라는 기사가 주목된다. 사슴은 꼬리가 짧다. 즉 외형상 '동경이'일 가능성이 농후하다. 동경이는 경주 지방에 흔히 있었던 꼬리가 없거나 짧은 개를 말한다. 신라의 개 '동경이'가 짖음으로 백제의 불행을 예고했고, 이어 부여의 다른 개들도 따라 짖거나 울어댔다는 것이다.

후각과 청각이 예민한 개는 인간이 느끼지 못하는 형상을 알려준다. 따라서 역사 기록에 나타난 동경이는 백제 흥망에 대한 전조를 감지한 것으로 이해된다. 물론 그 시대의 가짜 뉴스처럼 사실이 아닐 수도, 또 백제의 망조 속에서 신라의 길조를 찾는

저승의 신 하데스 옆에 자리한
케르베로스 조각

복선일 수도 있다. 사서에서 열거한 백제의 망조는 일종의 상징 조작이다. 그래도 백제의 망국을 알리는 여러 징후에 동경이가 등장했다는 점이 자못 흥미롭다.

경주 꼬리 짧은 개
'동경이'

개는 예부터 벽사의 능력을 가진 동물로 인식되었다. 그래서 동서양 공통적으로 개는 이승과 저승을 연결하는 메신저 역할을 했다. 그리스 로마 신화에 등장하는 머리가 셋 달린 개 '케르베로스Cerberus'는 사람과 함께 이승은 물론 저승길까지 동행한다. 저승 입구에서 지하 세계에 들어온 영혼이 나가지 못하도록 감시하는 역할을 했다.

고대 백제사의 블랙박스를 연 공주 무령왕릉에도 개와 닮은 '진묘수'가 발굴됐는데 이 진묘수 역시 무덤을 지키는 문지기 역할을 부여받았을 것이다. 고구려 각저총의 전실과 현실의 통로 (연도) 왼편에도 개가 그려져 있는데, 함께 생활했던 주인의 무덤을 지키는 사명을 받은 듯하다. 고구려 무용총에는 사냥개, 덕흥

신라 토우에서 발견된 꼬리 짧은 개 동경이

리 고분 408호, 장천 1호분 등에서도 개를 볼 수 있다. 지옥 '옥獄' 자에도 개가 들어 있는 것을 보면 개는 오래전부터 이승과 저승의 메신저로 자리매김했음을 알 수 있다.

경주개 '동경이'의 기원과 역사는 5세기까지 소급된다. 5~6세기 신라 고분에서는 진돗개의 외형에 사슴처럼 꼬리가 짧은 개 토우가 다량으로 발견됐다. 출토된 개 토우 33점 가운데 15~16점은 꼬리가 짧다. 동경이의 문화 유전자적 상징물로 평가된다.

경주 지역 전래의 토종개 '동경이'는 댕갱이, 댕견, 동경개 등으로 불려왔다. 경주를 '동경東京'이라고 부르던 고려 시대 경주에 이 개가 특히 많아 붙은 이름이다. 조선 시대 동경이에 대한 문헌 기록은 적지 않다. 1669년(현종 10년) 민주면이 경주 지역을 대상으로 쓴 지리지《동경잡기》에는 꼬리 짧은 개를 '동경구'라고 했다. 1740년경 이익이 지은《성호사설》에는 경주는 북쪽이 허하여 여자들이 뒷머리에 쪽을 지고, 꼬리 짧은 개를 '동경구'라 불렀다는 이야기가 담겨 있다. 정조 연간 유득공은 시문집《영재집》'신라 편'에 "때때로 꼬리 짧은 개 짖는 소리를 듣네"라는 시를 남겼다. 실학자 이덕무의 손자 이규경 또한《오주연문장전산고》'구변증설狗辨證說'에서 경주 지역의 꼬리 짧은 개는 '동경구' 혹은 사슴 닮은 개라는 '녹미구鹿尾狗'라고 불렀다고 적었다. 조선 말기 이유원이 쓴 문집《임하필기》에서도 경주는 머리는 있고 꼬리는 없는 지형으로 대부분의 개들이 꼬리가 없다고 썼다.

신라와 당나라 화해의
메신저가 된 '신라개'

신라개는 통일신라와 당나라가 평화 협정을 맺고 화해하는 데 중요한 역할을 했다. 통일신라 최전성기를 이끌었던 성덕왕은 당나라와 조공 무역 관계를 확립했고, 그 시기 당나라와의 관계 회복을 위해 빈번하게 사신을 파견했다.《삼국사기》'신라본기'에는 730년 2월, 성덕왕이 왕족 지만을 통해 당 현종에게 작은 과하마 다섯 필과 개 한 마리, 금 2천 냥, 가발용 머리카락 80냥, 바다표범 가죽 열 장을 보냈다고 나온다. 성덕왕이 보낸 개가 어

꼬리가 짧은 동경이

떤 견종의 개인지는 확실치 않다. 하지만 당나라에 없던 개를 보내는 게 당연한 일 아니었을까? 아마 신라에서만 볼 수 있는 동경이나 삽살사자견 종류로 추정된다.

발해가 당의 산둥반도를 침공한 733년을 전후해 《당서》에는 성덕왕에게 개 세 마리를, 《삼국사기》에는 당 현종으로부터 흰색 앵무새 한 쌍을 포함해 오색 비단 등의 예물을 받았다는 기록이 남아 있다. 두 나라 간 동물 선물은 적대 관계를 종식하는 징표가 됐다.

그 무렵 신라는 일본에 없던 앵무새와 까치, 개 등을 자주 보냈다. 중국에서 유입된 애완동물은 다른 문화와 마찬가지로 일본으로 전래됐다. 신라가 일본에 보낸 개는 오늘날 '재패니즈 친' 견종으로 풀이된다.

상류층 사치 문화의 중심에는
애완동물이 있었다

동서고금을 막론하고 모든 나라에는 한 가지 공통점이 있다. 경제가 윤택해지면 그 나라 상류층들은 사치를 누린다는 점이다. 그리고 이와 함께 덩달아 발전하는 게 있으니 바로 애완동물이었다. 당나라는 동서양을 잇는 실크로드 무역을 통해 엄청난 부를 쌓아가며 번영과 융성을 구가했다. 이미 당나라 양귀비 시절부터 애완용 강아지나 고양이 목걸이가 있었다. 앵무새, 두루미 등도 애완동물로 인기 높았다. 특히 수많은 후궁과 궁녀들은 애완동물을 통해 궁궐 생활의 적막함을 달랬다. 양귀비 역시 애완견을 길렀는데 현종과 애완견에 관한 에피소드가 전해진다.

양귀비와 희대의 사랑을 나누었던 당 현종은 바둑을 즐겼다. 바둑 강국이었던 신라에 사신을 보낼 때 바둑 고수를 보내어 대국을 했던 일화까지 남아 있다. 안록산의 난(755년)으로 몽진할 때도 당대의 고수 왕적신을 불러 짬짬이 바둑을 둘 정도였다. 황제의 바둑 상대역을 맡는 벼슬인 '기대조棋待詔'를 두기도 했다. 그가 바둑을 얼마나 좋아하고 즐겼는지 알 수 있다.

그럼 현종의 바둑 실력은 어느 정도였을까? 자세한 건 알 수 없으나 오늘날 급수로 아마 5~6급에 못 미친다는 평이 있다. 재미있는 건 현종의 바둑을 양귀비가 옆에서 훈수를 했다는 것이다. 이를 미루어 볼 때 양귀비가 현종보다 더 고수이지 않았을까? 당나라 단성식의 수필집《유양잡조》에는 이런 일화가 전한다. 현종과 친왕이 바둑을 둘 때다. 양귀비는 자신의 애완견을 안고 옆에서 구경했는데 현종이 몇 집 지게 되자 안색이 변했다. 양귀비는 품에 있던 강아지를 짐짓 놓친 척하며 바둑판을 흐트러놓았다. 그러자 현종은 아주 기뻐했다. 양귀비가 현종이 불리한 것을 알 정도였다면 그녀의 바둑 수준도 만만치 않았음을 알 수 있는 대목이다.

그 소문 들었어?
'나라를 훔친 개'

최근 애견 문화에 힘입어 외국산 견종들이 활개를 치고 있는데 많은 품종의 개들이 인간의 손길에 의해 인위적으로 만들어진 개량종이다. 그러나 동경이는 우리 민족과 고락을 같이한 순수 토종개로서 백제의 멸망과 신라의 망국을 예견했던 영물이자 명견이었다.

동경이는 특히 털의 색깔에 따라 백구, 황구, 흑구, 호구로 나뉘는데, 진돗개와 분류법이 같다. 꼬리만 감추면 진돗개와 생김새를 구분하기가 쉽지 않다. 동경이의 가장 큰 특징은 일반 개와 달리 꼬리가 아예 없거나 있어도 꼬리뼈 마디 두 개 정도밖에 없다는 점이다. 대신 몸이 유연하고 민첩하며 수렵 능력에 있어서

2012년 문화재청으로부터 천연기념물 제540호로 지정된 경주개 동경이.
전국적으로는 진돗개, 삽살개, 경주개 동경이 3종의 개가 천연기념물이다.

도 진돗개에 결코 뒤지지 않는다.

일제 강점기에 동경이를 포함한 많은 토종견들이 학살됐는데, 매년 수십만 장의 견피가 만주 지역 등에 주둔한 군대의 방한용 전쟁 물자로 쓰였다. 군수용 가죽으로 학살되면서 개체수가 급감한 동경이는 멸종 위기에 처하게 됐다. 광복이 되고도 오랫동안 동경이는 꼬리가 없어 재수 없는 개, 복 없는 개, 병신 개 등으로 불리며 사람들의 천대 속에서 잊혀졌다. 동경이가 다시 세상 밖으로 나온 것은 불과 10여 년 전의 일이다. 2010년 한국 애견협회는 동경이를 한국 토종견 제4호로 등록했고, 2012년에 드디어 천연기념물 제540호로 지정될 수 있었다.

영화 〈개를 훔치는 완벽한 방법〉은 집 없는 열 살 소녀의 기상천외한 개 도둑질을 그렸다. 그 계획이란 이렇다. 개를 잃어버려도 당장 다시 사지 않을 어중간한 부잣집의 안고 뛸 수 있는 적당한 크기의 개를 훔친다 → 전단지를 발견한다 → 개를 데려다준다 → 돈을 받는다 → 행복하게 끝.

춘추 전국 시대 묵자는 공자와 동시대를 살았다. 그는 가난하고 굶주린 '을'의 입장에서 왕이나 귀족들의 사치 풍조와 전쟁을 비판했다. 묵자는 개 한 마리를 훔쳐도 '불인不仁'이라 하고서, 한 나라를 훔치고도 '의義'라고 한 것을 지적하며 힘이 곧 정의가 되는 세태를 풍자했다. 묵자의 말은 현대에도 크게 다르지 않다. 개보다 더한 것을 훔친 사람이 날뛰는 세상이니 말이다.

고려와 거란이 벌인
낙타 전쟁

전쟁의 역사는 과연 인간만의 역사일까? 그렇지 않다. 모든 전쟁에는 인간만큼 중요한 자원이 작용해왔다. 바로 동물의 힘이다. 동물은 때로는 식량으로, 때로는 이동 수단으로, 때로는 무기 발명에 커다란 영감을 줬다. 사실 전쟁에 동물을 활용하는 아이디어는 그다지 새롭지 않다. 아주 오래전부터 말과 소, 낙타 등은 군수 물자 수송에 활용됐다. 고도로 과학 기술이 발달한 현대에도 수많은 동물이 여전히 전쟁에 쓰이고 있다. 첨단화·기계화가 이뤄진 지금도 경비와 감시, 탐지 임무에 군견들이 투입된다. 더 놀라운 사실은 때로는 동물들이 사람에 의해 '살상 무기'로 사용된다는 점이다.

2001년 아프가니스탄 전쟁 때 몸에 원격 조종 시한폭탄이 장착된 낙타 자살 특공대가 미군기지 쪽으로 보내졌다는 소문이

낙타를 타고 순찰 중인 UNMEE 소속 평화유지군 병사 모습

나돌았다. 사실 낙타가 전쟁에 참전한 것은 그리 놀라운 일이 아니다. 기원전부터 그래왔으니 말이다. BC 853년, 시리아 일대에서 벌어진 카르카르 전투에서 낙타는 처음으로 전투에 동원됐다. 이때부터 말이나 당나귀가 운반하던 화물을 낙타가 대신했고 낙타의 진가는 여러 전투에서 유감없이 발휘됐다. 동로마 제국, 중세 이후 오스만 제국(1299~1922) 역시 낙타를 교통과 군사용으로 다양하게 활용했다.

낙타는 척박한 사막 전장 환경에서 최고의 기동수단이었다. 창과 활로 무장한 낙타 부대는 근대에 접어들면서 소총으로 전환하여 1차 세계대전에도 투입됐다. UN평화유지군에도 낙타부대가 편성되어 있다. 동아프리카의 화약고로 알려진 에리트

레아 분쟁에서 큰 역할을 하는 중이다.

굶어죽은 낙타가
무슨 죄

수·당과 한창 전쟁을 하던 고구려는 일본과 우호적 외교 관계
를 유지했다. 전형적인 원교근공遠交近攻이다. 가까운 나라는 치
고, 멀리 떨어진 나라와 동맹을 맺는 게 기본 병법이 아니던가.
595년 고구려 승려 혜자가 일본의 실권자였던 성덕태자의 스승
이 되어 정치 개혁에 참여했다. 그 무렵 숱한 고구려 승려와 사
절단이 일본으로 건너갔는데, 법륭사 금당 벽화를 그린 것으로
유명한 담징 역시 승려로서 610년 채색 도구와 종이, 먹 등을 일
본에 전했다. 담징은 일본에 문화를 전파하면서 최대한 일본의
지원을 얻거나 중립을 관철시키는 역할을 맡았을지도 모른다.
백제와 신라는 581년 수나라가 통일을 하자마자 신속하게 교섭
을 추진해 대對 고구려 공동 전선을 도모했다.

  아무튼 고구려는 을지문덕 장군의 활약으로 589년부터 618년
까지 연거푸 수나라의 대대적 침공을 물리쳤다. 그리고 수나라
가 멸망한 직후인 618년 8월, 포로 두 명과 함께 낙타를 일본에
보냈다. 고구려가 승리했다는 사실을 천하에 과시하는 한편, 일
본에 대한 영향력을 강화하려는 의도였다. 고구려가 일본에 보
낸 낙타는 수나라와 오랜 전쟁에서 대승을 거둔 것을 상징하는

선물이기도 했다.

그로부터 50년 후, 나당 연합군에 의해 고구려가 멸망하자 당나라는 전리품들을 챙긴다. 《구당서》에 따르면 전리품 목록에는 수십만의 고구려 유민, 수레 1080대, 소 3300두, 말 2900필 등과 함께 낙타 60마리가 포함됐다. 숫자는 적지만 낙타가 전리품 목록에 들어 있었던 게 주목된다. 이때 챙긴 낙타는 아마 몽골의 쌍봉낙타일지도 모른다. 오늘날에도 몽골 지역에서 고구려의 성터 흔적이 발견되기 때문이다.

고려가 후삼국을 통일한 직후인 942년, 거란은 고려에 낙타 50마리를 보내면서 수교를 제의했다. 만주와 몽골을 차지한 거란이 송나라를 공격하기 전 보낸 우호의 제스처였다. 하지만 태조 왕건은 이를 단칼에 거부한다. 사신 30명은 섬으로 귀양 보내고 낙타는 만부교 아래에서 굶겨 죽였다. 의문의 초 강경책을 취한 태조 왕건의 숨은 뜻은 무엇이었을까? 거란에 반감을 가진 발해 유민을 흡수하기 위한 일종의 '공개 쇼'였다.

50년 후, 거란(요나라)은 이 일을 구실로 군사를 일으켜 세 차례나 고려로 쳐들어왔다. 거란군의 보급품 수송은 낙타가 도맡았다. 거란이 여진족이 세운 금나라에 멸망하는 1125년까지 약 100년간 불편한 관계가 계속됐다. 고려와 거란 간의 평화 협정이 체결된 후, 소손녕은 7일간의 협상을 마치고 돌아가는 서희 일행에게 낙타 열 마리, 말 100마리, 양 1천 두, 비단 500필을 선물로 줬다. 소손녕이 얼마나 서희의 능력과 인격을 높이 평가했

역대 최대 규모의 동물이 동원된 전쟁인
1차 세계대전 때 오스만 제국의 낙타 기병대

는지 잘 보여주는 대목이다. 훗날 고려 26대 충선왕은 왕건이 낙타를 죽인 것에 대해 좋지 않은 평가를 내렸다. 1780년 연암 박지원 역시 《열하일기》에서 "거란은 무도한 나라라지만 낙타야 무슨 죄가 있겠느냐"고 평했다.

6.25 장진호 전투 때 미군 조종사가
발견한 낙타

심지어 낙타는 6.25 전쟁에도 참전했다. 장진호 전투는 6.25 때 개마고원 쪽으로 진격한 미군이 중공군의 포위망을 극적으로 돌파해 흥남에서 해상으로 철수했던 전투를 말한다. 2차 대전 중 독일과 소련 간 스탈린그라드 전투와 함께 세계 양대 동계 전투로 꼽힌다. 이 전투에서 살아남은 해병이 얼마 되지 않아 참전자들을 'Chosin Few'라고 부른다. 장진호 전투를 실감나게 기록한 책 《브레이크 아웃》에는 흥미로운 내용이 있는데, 6.25 전쟁 당시 북한에 대규모 병력을 파병한 중공군이 낙타를 이용해 탄약 등 보급품을 수송했다는 것. 저자 마틴 러스는 해병 대원으로 한국전쟁에 참전했었다. 낙타 목격담은 마틴 러스뿐이 아니다. 1951년 12월 1일, 미 F4U 콜세어 전투기들이 미 해병과 육군 7사단 31연대를 항공 지원했는데, 이때 조종사 토마스 멀비힐 중위 역시 지상의 커다란 동물들을 목격했다. 그것은 놀랍게도 낙타로 보였다. 함흥 연포 비행장 기지에 귀환 후, 그는 낙타 목격담을 꺼렸다. 낙타를 봤다고 말하면 동료들이 얼간이 취급을 할까 주저했기 때문이다.

다음 출격 미팅을 앞두고 멀비힐은 동료 조종사에게 망설이며 물었다. "혹시 장진호 지역에서 이상한 동물을 보지 못했느냐"고. 동료는 "낙타를 보았지"라고 대답했다. 사막에서나 어울릴 법한 낙타가 영하 35도의 혹한이 맹위를 떨치는 장진호 전투에 나타났던 것이었다. 멀비힐은 지상에서 움직이는 중공군들이 마치 하얀 아이스크림 케이크 위로 몰려드는 개미들을 연상시켰다고 회고했다.

6.25 전쟁 중 가장 많이 혹사당하다가 죽은 동물은 말이다. 중

공군은 개전 초기부터 말과 당나귀에 각종 중화기와 탄약, 식량 등을 싣고 야간 산악행군으로 한반도에 침투했다. 일부는 군용 트럭과 열차를 이용하기도 했지만, 밤낮없이 퍼붓는 UN군 폭격 때문에 전선과 가까운 지역에서는 추위에 강한 몽골말이 끄는 마차를 주로 이용했다. 1951년 중공군의 최대 춘계 대공세 때는 50만 대군의 보급품을 실어 나르기 위해 7천여 대의 마차가 동원 됐다. 수많은 말이 UN군 폭격으로 참혹하게 죽거나 영하의 날 씨에 동사했다. 말과 사람을 동시에 제압하는 용도로 사용되는 무기를 '인마人馬 살상용'이라고 하는 것도 이런 이유에서다.

그러나 중공군은 내몽골에서 말만 징발해서 가져온 것이 아 니었다. 한국전 참전 중공군에 내몽골 주둔 부대가 있었고, 그런 인연으로 몽골의 쌍봉낙타가 한반도까지 출전한 것이다. 해방 후 북한에 진주한 소련군이 낙타털로 짠 담요를 이용했다는 기 록도 있다.

낙타 없는 낙타고지와
낙타산

낙타는 한반도와는 인연이 없는 동물이다. 그런데도 낙타산, 낙 타고지 등 유난히 '낙타'라는 이름을 따다 붙인 지명이 많다. 한 반도에 서식하지도 않았을 뿐 아니라 어디서 구경하기도 힘든 낙타가 산 이름에 많이 등장하는 이유는 무얼까?

강원 철원군 비무장 지대 너머 북한의 낙타고지 뒤로
평강 시내가 손에 잡힐 듯 펼쳐져 있다.

　서울 종로와 성북구를 나누는 낙산은 원래 '낙타산'이라고 불
렀다. 왕실에서 쓸 우유를 공급하는 소들을 이곳에서 키웠는데,
조선 시대에는 우유나 요구르트를 '타락죽'이라고 불렀다. 낙타
유로 만든 유제품을 뜻하는 돌궐어 '토라크'에서 그 이름이 유래
된 것이다.

　평안도 영원군, 함경도 청진에도 낙타산이, 중부 전선 철원을
지키는 청성부대 앞에는 낙타고지가 있다. 공통점은 모두 산등
이 낙타처럼 생겼다는 것이다. 낙타고지 인근은 그 유명한 6.25
전쟁 격전지인 백마고지가 있다. 국군과 중공군은 이 고지를 차
지하기 위하여 치열한 전투를 벌였고, 심한 포격으로 산등성이
가 허옇게 벗겨져 하늘에서 내려다보면 마치 백마白馬가 쓰러져

멸종 위기 심각종으로 분류된 중앙아시아의 야생 쌍봉낙타

누운 듯한 형상을 하였으므로 '백마고지'라고 부르게 되었다. 이
고지에서 1952년 10월 6일부터 열흘간 밤낮으로 열두 차례나 치
열한 쟁탈전이 반복됐다. 수만 명의 인명피해를 주고받은 공방
전 끝에 백마고지는 마침내 한국군 9사단의 점령으로 끝이 났다.

광주 무등산에도 백마능선과 낙타능선, 낙타봉이 있다. 가을
이면 억새가 바람에 흩날리는데 마치 백마의 갈기처럼 보인다
하여 백마능선이라 이름 붙였다.

중국 신장과 몽골 고비사막 극한지에는 아직 극소수 야생 쌍
봉낙타가 서식한다. 혹이 두 개인 몽골 쌍봉낙타는 중동과 사

하라 사막 단봉낙타보다 훨씬 더 긴 털을 가졌다. 대략 중국에 600마리, 몽골에 350마리가 남은 것으로 파악된다.

몽골에선 낙타가 버릴 게 하나 없는 살림 밑천이다. 고기는 먹고 털로는 옷과 담요, 양말을 짠다. 낙타의 젖은 우유보다 철분이 열 배, 비타민 함유량도 세 배 이상 높다.

그러나 현재 낙타는, 특히 쌍봉낙타는 국제자연보전연맹이 정한 '멸종 위기 심각종'으로 분류되고 있다. 1년 강수량이 100밀리미터도 안 되는 사막, 하루 40도 일교차를 견디며 꿋꿋하게 살았던 낙타. 삶이 고달프다고 원망하며 살아가는 사람들에게 용기와 위안을 주었던 낙타가 부디 몽골 초원에서 오래오래 사라지지 않고 살아가길 바랄 뿐이다.

무인 시대의 도화선이 된
비둘기의 몰락

"회색 비둘기 한 마리가 13일 밤부터 대궐 숲에서 울었다. 마치 '각각화도' 또는 '각각궁통개'라고 우는 듯했다. 소리가 몹시 슬프고도 다급했다. 수일 동안 분주하게 오가며 온 성안을 두루 날아다니면서 울어댔다. 어떤 이는 바다에서 왔다고, 어떤 이는 깊은 산중에 그런 새가 있다고 말했다. 또 지난해에는 죽은 자라들이 상류로부터 강을 뒤덮고 떠내려왔다. 강물마저 붉게 변해 사람들이 크게 걱정했다."

"도성의 우물물이 핏빛으로 변했다. 서해 바닷가에 작은 물고기들이 나와 죽었는데 백성들이 다 먹을 수가 없을 정도였다. 또 사비수의 물이 핏빛으로 변했다."

흰색과 검은색 비둘기 한 쌍이 그려진 〈쌍구도〉.
금슬이 좋다고 알려진 비둘기는 으레 두 마리가 다정하게
있는 모습으로 그려진다. 검은 머리가 하얗게 셀 때까지
해로하기를 염원한 것. (궁중유물전시관 소장)

위 두 글은 매우 흡사하다. 망국의 조짐을 적은 역사 기록이라
는 점이 그렇다. 후자는 《삼국사기》 '백제본기' 660년 2월의 기
록. 평행이론이요, 데자뷔다. 그렇다면 처음 기록은 대체 어느
나라 망조인 걸까? 《조선왕조실록》 1592년(선조 25년) 4월 30일
기록이다. 그 무렵 새가 이상하게 울고, 자라가 죽고, 물빛이 변
하는 변괴가 있었다는 것. 1592년 4월 13일(양력 5월 23일)은 왜
군이 부산에 상륙한 날이다. 그날 밤부터 대궐의 비둘기는 진혼
곡을 울렸다. '각자 화를 피해 도망쳐라(각각화도・各各禍逃)' '각
자 활 등으로 무장해라(각각궁통개・各各弓筒介)'. 놀랍게도 야사

나 괴담에 등장하는 것이 아닌 가장 공신력 있는 실록에 나타난
기록이다. 설령 과장이 포함됐더라도 허위를 날조하지는 않았
을 터. 임진왜란의 발발을 알린 것은 선전 포고문이 아닌 비둘기
였다.

비둘기 때문에 살해당한
금강야차 이의민

우리나라에서 비둘기를 관상용으로 기른 사실은 고려 때부터
확인된다. 1170년 무신들이 일으킨 정변 '정중부의 난'에 가담한
이의민은 힘이 장사라서 '금강야차'로 불렸다. 이의민은 1127년
베트남에서 송나라를 거쳐 고려로 망명한 베트남 리李 왕조 이
양혼의 손자다. 이민 3세인 셈. 1196년(명종 26년) 이의민의 아들
이지영이 장군이 됐다. 그는 최충헌의 동생 최충수가 애지중지
키우던 애완 비둘기를 빼앗았다. 화가 난 최충수는 형에게 곧장
그 사실을 알렸고, 이의민 부자는 세력을 키우던 최충헌 형제에
게 살해됐다. 13년간 지속한 이의민 정권이 하루아침에 무너진
순간이었다. 아들의 비둘기 강탈 사건 때문에 어이없게 이의민
이 죽으면서 고려 역사의 물줄기는 바뀌었다. 4대, 62년 최씨 무
인 정권의 서막은 비둘기가 도화선이 됐다.

최충헌에 이어 집권한 최우는 1227년(고종 14년) 12월, 사사롭
게 비둘기와 매 기르는 것을 금지했다. 관직에 있는 자들이 공무

를 돌보지 않았기 때문이다. 당시 고려에서 관상용 비둘기와 매 사냥 열풍이 얼마나 거셌는지 짐작할 수 있는 대목이다.

원나라에 충성을 맹세한다는 뜻으로 '충忠'을 넣어야 했던 충 렬왕 역시 정사를 제대로 돌보지 않고 사냥과 연회에 몰두했다. 재위 3년 차인 1279년 3월, 그는 민간의 비둘기를 빼앗았다가 돌 려줬다. 재위 24년 동안 무려 55번이나 매사냥에 나섰는데 한 해 에 두 번 이상 매사냥을 즐긴 셈이다. 성격 또한 별났다. 산 고니 와 따오기의 배와 등의 털을 뽑은 다음 놓아주고, 매가 달려들어 뜯어먹는 모습을 보고 좋아했다.

충혜왕은 우리나라 역대 왕조 중 최강 막장 군주로 손꼽힌다. 1343년 3월 밤 충혜왕은 애첩 등을 거느리고 민천사 누각에 올 라가 비둘기를 잡다가 불똥이 튀어 절집을 홀랑 불태웠다. 그 는 희대의 패륜아이자 난봉꾼이었다. 조선 연산군과 막상막하 쌍벽을 이뤘다. 결국 충혜왕은 티베트로 귀양간 할아버지 충선 왕처럼 원나라에 의해 귀양 간 두 번째 고려 왕이 됐다. 그가 죽 자 모든 백성들이 기쁨에 겨워 만세를 불렀다는 이야기가 전해 진다.

충혜왕의 동생이었던 공민왕의 비둘기 사랑도 극진했다. 1368년 공민왕은 궁궐 안 수백 곳에서 비둘기를 키우면서 새장 만드는 비용으로 베 1천 필을 사용했고, 사료로 매달 곡식 960킬 로그램을 소비했다. 공민왕이 죽자 그 비둘기는 아들 우왕이 아 끼고 사랑했다.

본격적으로 애완 비둘기 문화가
성행한 것은 영조 때부터

조선 초 비둘기는 다른 동물들과 함께 일본에 외교 선물로 자주 보내졌다. 일본에서도 비둘기는 자생해왔지만 관상용으로 기를 만한 색이 예쁜 비둘기는 영 보기 힘들었기 때문이다. 지금도 일본 공원에는 비둘기보다 까마귀가 더 많다. 1394년 이성계는 일본 구주 절도사 원요준의 부탁으로 집비둘기 세 쌍을 보냈다. 1408년(태종 8년)에는 비둘기 다섯 마리와 염소 두 쌍, 1420년(세종 2년)에는 흰 비둘기와 오리 각각 두 쌍, 까치 다섯 쌍을 줬다. 이후에도 1430년(세종 12년)에는 비둘기와 오리, 거위, 두루미, 염소와 산양, 다람쥐와 까치를, 1431년(세종 13년)에는 큰 개 세 마리와 수탉, 학, 꿩, 비둘기 등을 요구해 일본에 보냈다.

1426년(세종 8년) 4월에는 왕실 농장 상림원의 화초와 집비둘기를 원하는 사람에게 나누어줬다는 기사가 나온다. 관상용 비둘기에 대한 관심이 많았음을 알 수 있는 대목이다. 연산군 때는 응방鷹坊에서 매를 기르는 응사 말고도, 비둘기 전담 사육사가 네 명이나 됐다. 적지 않은 비둘기를 키웠음을 알 수 있다. 1509년(중종 4년)에는 궁궐 옥상에서 집비둘기의 소리를 듣고 이를 쫓아버리라고 신하들이 아뢰었다. 중종은 자신이 기른 애완동물이 아니라면서 "산비둘기가 저절로 날아든 것을 어떻게 쫓아버리는가?"라고 답해 모두를 웃게 만들었다. 1538년(중종 33년)에

지리산에 사는 양비둘기. 멸종 위기 보호종이다.

성주 사고에 화재가 발생해 실록이 모두 불타는 일이 벌어졌는데 이 또한 관청 소속의 노비가 비둘기를 잡으려다가 불을 낸 것으로 밝혀졌다. 광해군 즉위 초 유배됐다가 죽은 임해군은 종친에게 비둘기 상납을 강요하는 등 스스로 자기 무덤을 팠다.

1749년(영조 25년) 궁전 들보에 비둘기가 있는 것을 보고 신하들이 영조에게 애완 비둘기를 키우는지 물었다. 영조는 "밖에서 날아온 것"이라고 말했다. 그 무렵 본격적으로 애완 비둘기 문화가 성행했다. 진귀하고 아름다운 비둘기는 고가에 거래되거나 선물용으로 쓰였다. 재력이 있는 애호가들은 여덟 칸 비둘기집(용대장)을 갖추고, 희귀하고 값비싼 비둘기를 더 많이 사들이려 경쟁했다.

심지어 정조 연간 실학자 유득공은 비둘기의 품종과 사육에 관한 모든 것을 담은 책 《발합경》을 지었다. 그 시절 23종에 달하는 애완용 비둘기 사육 취미는 참 흥미롭다. 유득공의 이종사촌 이옥은 "비둘기란 새는 이미 시각을 깨우쳐주지도, 제사상에도 오르지 못한다"고 꼬집으며 구리철사로 만든 새장 조롱의 값이 수천 전씩이나 한다고 비둘기 관상 문화를 비판했다.

노상추 일기에 나타난
애완 비둘기 문화

순조 연간에 노상추(1746~1829)라는 무인이 살았다. 1780년(정조 4년) 35세의 나이에 무과에 급제해 관직 생활을 시작한 그는 무려 68년간이나 일기를 썼는데, 조선 후기 생활상이 일기 속에 고스란히 담겨 있다. 그의 나이 23세 때 일기 속에 등장하는 비둘기 이야기를 국내 최초로 들여다보자.

"1768년(영조 44년) 3월 4일. 볕이 나고 바람이 조금 불더니 저녁에 흐림. 지난번에 도망갔던 흰 비둘기가 오늘 왔다. 지난 8일 동안 어디에 있었는지 모르겠지만 오늘 또다시 돌아오니 신기하다. 하찮은 새도 보금자리를 찾는구나. 3월 9일 볕이 남. 오후에 지난번에 달아났던 흰 비둘기가 다른 흰 비둘기 두 마리를 데리고 자신의 둥지로 들어왔으니 신기하다."

3월 27일 일기에는 애완 비둘기를 가져간 친척 이야기도 나온다. "구미시 도개면에 사는 박상택 아저씨가 찾아왔는데 '자허두 紫虛頭' 한 마리를 소매에 넣어 가져갔다." 자허두는 집에서 길렀던 애완 비둘기의 한 종류인데 몸통은 희고, 머리와 목은 자줏빛이다. 4월 초사일. "지난 3월 말 박상택 아저씨가 소매에 넣어가

지고 간 자허두 비둘기가 스스로 돌아왔다. 들자니 박 아저씨가 소매에 넣어갔을 때 직접 초곡의 조 찰방 집에 전했다고 한다. 그런데 엿새가 지난 뒤에 찾아서 돌아왔으니 신기하다."

이처럼 노상추의 일기에는 비둘기에 관한 내용이 심심치 않게 등장한다. 마치 오늘날 애견, 애묘인들이 SNS에 올리는 글과 비슷한 인상을 주는데, 서울이 아닌 지방 사대부 집안에서도 애완 비둘기 문화가 폭넓게 퍼져 있었음을 알 수 있는 대목이다.

군주가 공이 많은 늙은 신하에게 내리는 의자와 지팡이. '구장'이라고 부르는데 지팡이 꼭대기에 목각의 비둘기 형상을 장식했다.

우리 선조들은 비둘기를 부부 금슬을 상징하는 새로 생각했다. 비둘기는 한 번 짝을 맺으면 죽기 전까지 바꾸지 않는다. 왕

손 가수로 세상에 널리 알려진 이석이 불렀던 "비둘기처럼 다정한 사람들이라면"으로 시작되는 〈비둘기집〉노래 역시 단란한 집을 비둘기에 비유했다. 비둘기는 부리를 대고 목을 들어 올려 물을 마시는 다른 새들과 달리 물을 마실 때 부리를 대고 빨아 마시는 특성을 지녔다. 그래서 옛 선조들은 비둘기가 목이 메지 않는 새라 하여 장수의 상징으로 여겼다. 조선 시대 왕들은 나이 지긋한 신하들에게 장수를 기원하면서 손잡이에 비둘기를 새긴 지팡이 '구장鳩杖'을 선사했다.

공공의 적,
전 세계적 비둘기의 몰락

비둘기는 오랫동안 인간과 함께 살아온 새다. 서신을 전달하는 통신용 비둘기 '전서구'는 기원전부터 사육했다. 한나라 때 서역 정벌에 나섰던 장건도 통신 수단으로 비둘기를 이용했다. 비둘기가 집을 찾아오는 귀소성이 뛰어났기 때문이다.

서양의 기독교 문화에서 비둘기는 무척 상서로운 존재였다. '노아의 방주'에서 비둘기는 올리브의 어린잎을 물고 돌아와 물이 빠진 것을 노아에게 알렸고, 예수가 세례자 요한에게 세례를 받을 때에는 하늘에서 성령이 비둘기 모양으로 내려왔다. 하지만 이렇게 상서로웠던 비둘기도 서양에서 골칫거리가 된 지 오래다. 비둘기는 어쩌다 이런 신세가 됐을까?

비둘기는 세계적으로 300여 종이 넘는다. 몇 마리 안 남은 토종 양비둘기를 비롯해 도심에서 흔히 보는 집비둘기, 울릉도와 흑산도, 제주도 등 섬에 사는 흑비둘기, 산비둘기라고도 불리는 멧비둘기, 홍도 등 서해 오도에 사는 소수의 염주비둘기 등 한반도에는 모두 7종이 서식하고 있다.

인천 자유 공원의 명소였던 비둘기장

우리나라 수도권에 서식하는 비둘기는 약 150만 마리로 추정된다. 1986년 아시안 게임과 1988년 서울 올림픽 때 각각 집비둘기 3천 마리를 방사한 다음부터 개체수가 급증했는데, 비둘기의 천적인 매나 황조롱이가 도시에서 살 수 없어 개체 수는 계속 늘고 있다. 이는 다른 나라도 마찬가지. 세계 각국에서 비둘기는 '공공의 적'으로 추락하는 잔혹사를 쓰고 있다.

특히 이탈리아 베네치아에 여행을 갈 경우 길 위의 비둘기에게 모이를 주면 안 된다. 산마르코 광장에서 비둘기에게 손으로 모이를 줄 경우 벌금을 부과하기 때문이다. 스위스나 뉴욕에서도 비둘기에게 모이를 주다가는 벌금 폭탄을 맞을 수 있다.

우리나라에서도 일부 지역의 집비둘기는 유해 동물로 지정됐

베네치아 산마르코 광장을 점령한
비둘기들

다. 그야말로 비둘기의 대굴
욕이다.

　하지만 모든 비둘기가 유해
한 것은 아니다. 비둘기는 사
람과 같은 공기를 마시며 살
아가기 때문에 도시의 대기
오염 '경고등' 역할도 한다. 또
고대 올림픽 때부터 '평화의
상징'으로 자리매김하며 올림
픽 정신의 한 징표로 쓰일 때
도 많았다. 1차 세계대전 종
전 후 열린 1920년 벨기에 앤
트워프 올림픽 때도 평화의 상징으로 비둘기를 날려 보냈다.
2018년 평창 동계 올림픽은 남북한 동시 입장과 단일팀 구성으
로 평화 올림픽을 표방했는데, 평화의 징표인 비둘기를 날려 보
내는 대신 1218대의 드론이 비둘기 대형으로 밤하늘을 나는 진
풍경을 연출하기도 했다.

참새잡이 공무원을 특체한 연산군과 참새와의 전쟁을 벌인 마오쩌둥

우리말에는 접두사 '참眞'이 들어간 말이 참 많다. 나쁜 말은 없다. 참말, 참소리, 참살이, 참꽃…… 참꽃은 김소월의 시에서 "사뿐히 즈려 밟고 가시옵던" 진달래를 말한다. 참새도 있다. 참새는 우리나라에서 가장 흔한 텃새다. 양 다리를 모아 총총 뛰는 모습이 앙증맞고 귀엽다. 그러나 참새에 대한 이미지는 매우 이중적이다. 영악한 참새는 가을 농촌 들판의 허수아비를 우습게 안다. 그런가 하면 뒷담화나 입방아를 일삼는 인간 군상을 참새에 빗대기도 한다. 고사성어에 등장하는 참새들도 그리 좋은 뜻은 아니다. "제비나 참새 따위가 어찌 홍곡의 뜻을 알리오"란 말이 특히 유명한데, '홍곡鴻鵠' 즉 기러기와 고니는 참새와 비교할 수 없을 정도로 크다. 평범한 사람이 비범하고 높으신 분의 심중을 알 리 없다는 뜻이다.

우리 곁에서 쉽게 볼 수 있는 참새들

참새는 작은 새다. 한자로 '작雀'. 파자하면, 작은(소小) 새(추隹). 전통문화에서 참새는 길상吉祥의 이미지였다. 예로부터 참새의 작雀과 벼슬을 뜻하는 작爵은 발음이 같아 참새는 곧 벼슬을 상징했다. 참새가 걷는 것을 보면, 과거에 급제한다는 속설도 있었다. 때문에 까치나 참새 그림 〈군작도〉는 벼슬아치들에게 좋은 뇌물이 되기도 했다.

그런가 하면 참새 작은 까치 작鵲과 발음이 같다. 참새는 까치의 상징적 의미인 기쁨을 뜻하기도 했다. '작약雀躍'은 참새 같은 작은 종류의 새가 폴짝폴짝 가볍게 뛰어다니는 모습을 말하며, 기쁜 일이 닥쳤을 때 제 감정을 추스르지 못하고 소리를 지르며 기뻐하는 것을 '환호작약歡呼雀躍'이라고 부르기도 한다.

중국인들이 즐기는 '마작麻雀'은 패를 뒤섞는 소리가 참새들이 대나무 숲속에서 재잘대는 소리와 같다고 해 붙여졌다. '작설차

雀舌茶'는 곡우에서 입하 사이 갓 눈이 튼 차나무의 어린잎으로 만든 녹차다. 잎 모양이 참새의 혓바닥과 닮았다고 나온 말이다.

연산군이 참새 잡는 공무원을
특채한 이유

옛사람들은 참새를 몸의 기를 돋우고 정력에 좋으며 허리와 무릎을 따뜻하게 하는 보양식으로 여겼다. 몸집도 작고 여린 참새가 왜 정력에 좋다는 걸까? 정력이 좋은 사람은 흔히 말하는 코 큰 사람이 아니라 실제로는 목이 굵은 사람이라고 한다. 참새는 목이 굵어서 아예 머리와 목 구별이 되지 않는다. 몸집에 비해 머리가 큰 것도 특징이다. 참새 몸집이 워낙 작아서 먹잘 게 있나 싶기도 하겠지만 실제 참새를 먹어본 사람들은 고소한 맛이 일품이라고 칭송한다. 꿩은 덩치가 커서 살이 많은 편이지만 참새는 고기를 따로 떼어낼 만큼 크지 않다. 그래서 기름에 튀겨 소금에 찍어 먹거나 구기자 등과 함께 죽을 끓여 먹었다. 참새 고기는 특히 가을철이 지나 살이 가득 오른 겨울철에 먹는 게 가장 좋다. 한의학적으로 참새 고기는 원기를 회복시켜주고 피를 맑게 해주며, 신장 및 간 기능 강화에 좋다고 한다. 메뚜기를 많이 먹은 참새는 오골계 세 마리를 줘도 바꾸지 않는다고 하니 그야말로 비아그라 뺨치는 '참새그라'이다.

연산군은 재위 3년째인 1497년 4월 5일, 참새 잡는 사람들에게 품삯을 주는 대신 9급 공무원에 특채했다. 조정 대신들은 매 조련사 응사나 참새 잡이를 특채하는 일이 부당하다고 강력하게 건의했다. 그러나 연산은 예비 응사는 임용을 철회했지만 참새 잡이는 일언지하에 묵살했다.

혹자는 연산이 정력 증진을 위해 참새를 잡아먹었다고 하나 이는 사실이 아니다. 연산군이 사슴 꼬리, 민물 장어, 마늘 백숙 등을 즐겨 먹었으나 참새를 먹었다는 기록은 없는 데다 참새가 아니더라도 잠자리를 비롯해 메뚜기, 귀뚜라미, 베짱이 같은 곤충도 잡아오라고 시킨 적이 많았다. 연산은 아마 참새를 궁궐에서 키우던 사냥매의 먹이로 쓴 듯하다. 이유야 어떻든 연산군 시절에 참새를 잡으면 벼슬을 얻을 수 있었으니 당시에 참새가 남아나지 않았던 모양이다.

그중 어떤 이는 연은전(경복궁 안에 있었던 덕종의 위패 사당) 옥상에 들어와 참새 새끼를 잡았던 것 같다. 그는 이 일 때문에 죄를 지어 노비가 됐다. 중종 때에 이르러 연산군 시절 억울한 일로 옥살이를 하거나 노역에 처한 대부분의 사람을 구제해줬는데, 영의정 정광필이 "연은전의 참새 잡이는 아이들의 짓"이라며 그만 사면해줄 것을 중종에게 건의했지만 중종은 "아이라면 정전正殿에는 오르지 못했을 것"이라고 말하며 "아직은 놓아 주지 말라"고 지시했다.

반면 조선 최고의 '고양이 집사'였던 숙종은 일찍이 기르던 참

변상벽의 〈묘작도〉. 고양이 한 마리가 호기심 어린 눈으로
참새를 쳐다보고 있다. 영조 때 화원인 변상벽은 특히
고양이 그림을 잘 그려 변고양이라는 별명을 얻었다.
(일본 동경국립박물관 소장)

새 새끼가 있었다. 이 참새가 죽자 따로 한 곳에 묻어주도록 했
다. 또 숙종은 우유를 취할 때 송아지가 소리를 지르자 그 까닭
을 묻고는 다시는 우유를 먹지 않았다고 한다. 어려서부터 동물
에게까지 인덕이 있었음을 강조한 대목이다.

마오쩌둥의 참새 소탕 작전이
부른 대기근

중국에서 참새는 한때 엄청난 수난을 당했다. 마오쩌둥은 중국 지도자 중 가장 많은 존경을 받고 있는 사람이다. 그가 벌인 수 많은 정책 중 실패한 대표적 정책이 바로 '참새 소탕 작전'이다. 당시 참새는 인민의 곡식을 뺏는 '계급의 적'이자 해로운 동물로 낙인찍혀 대대적인 박멸 운동 대상이 됐다. 1958년 식량 증산을 위해 쓰촨성 농업 현장을 시찰하던 마오쩌둥은 수확기에 접어 든 벼를 참새들이 쪼아 먹는 것을 보았다. 참새 때문에 농사가 잘되지 않겠다고 생각한 마오쩌둥은 "저 새는 해로운 새다. 참 새를 없애라"고 한마디 던졌다.

명령이 떨어지자 즉각 참새는 쥐, 파리, 모기와 함께 사해四害, 즉 네 가지 나쁜 동물로 규정됐다. 1958년 4월 19일, 베이징에 '참 새 섬멸 총지휘부'가 만들어졌고, 중국 전역에서 새총과 그물, 독극물 등을 동원한 소탕 작전이 펼쳐졌다.

참새가 땅에 내려앉지 못하고 계속 하늘을 날다가 지쳐 죽게 만들기 위해 냄비와 프라이팬, 북을 두드리며 스트레스를 가했 다. 참새 둥지는 허물어졌고, 알은 깨뜨려졌으며, 새끼들은 살해 당했다. 더러는 하늘을 날던 도중에 총에 맞아 떨어졌다. 학교, 작업반, 정부 기관마다 죽인 참새의 양에 따라 표창이 주어졌다. 이렇게 잡힌 참새는 1958년에만 2억 1천만 마리에 달했다. 이런

중국 참새 소탕 작전 당시의 포스터

조직적 참새 잡이의 결과 중국 참새들은 멸종 직전까지 내몰렸
다. 동시에 수백만 마리의 각종 야생 동물들이 죽임을 당해 대거
사라졌다.

그러나 웬걸. 참새를 잡으면 곡식의 수확량이 늘어날 줄 알
았는데 풍년은 고사하고 오히려 눈에 띄게 생산량이 줄었다.
1958년부터 60년까지 중국은 최악의 흉년이 들었고, 1958년 한
해 동안 수백만 명이 굶어 죽었다. 다음해도 쌀 생산량이 적어
굶어 죽는 사람들이 속출했다. 참새를 박멸하니 그동안 참새들
이 잡아먹었던 해충들이 기하급수적으로 늘어났고, 메뚜기 등
이 벼를 갉아먹어 대흉작이 되었던 것이다. 일설에 따르면 3년
간 약 4천만 명의 사람들이 굶주림으로 죽었다고 한다. 사정이

중국 참새 소탕 작전 당시 하루에 잡은 어마어마한 양의 참새

이쯤 되자 마오쩌둥에 대한 비난이 고조됐다.

마오쩌둥은 어쩔 수 없이 참새 박멸 작전을 중단했다. 그리고 은밀하게 소련 흐루쇼프 서기장에게 지원을 요청해 긴급하게 러시아 연해주에서 참새 20여만 마리를 공수해오는 촌극을 연출했다. 하지만 2억 마리나 죽였는데 20만 마리의 참새로는 말 그대로 새 발의 피, 역부족이었다.

결국 마오쩌둥의 참새 소탕 작전은 완전히 실패로 돌아갔다. 이 여파로 그는 권력 퇴진을 압박받아 2선으로 물러날 수밖에 없었다. 그러나 이미 중국 인민 수천만 명이 굶어 죽은 대재앙을 초래한 후였다.

프로이센 왕국의 전제군주 프리드리히 대왕도 비슷한 일을 겪었다. 그는 자기가 좋아하는 버찌를 참새가 먹어 치우자 참새를 모조리 잡아들였다. 그러나 벚나무에 해충이 생기고 나서야 참새의 역할을 깨닫고 다시 보호하게 했다.

동창이 밝았느냐

노고지리 우지진다

참새목에 속하는 참새와 비슷한 새에는 '종다리'가 있다. 종다리가 둥지를 틀고 지저귀기 시작하면, 초봄 가뭄에 들뜬 보리밭을 밟아준다. 종다리가 농민들에게 특정 시기를 알려주었던 셈인 것이다. 산란기 때 아름답게 우는 종다리는 일명 '노고지리'라고 한다. "동창이 밝았느냐 노고지리 우지진다. 소 치는 아해 놈은 상기 아니 일었느냐!"라는 시조에서 보듯 참새는 우리 민족의 서정 속에 깊이 자리 잡은 친근한 동물이다.

우리나라에 서식하는 참새 숫자는 20여 년 전에 비해 3분의 1로 크게 감소했다. 도시나 농촌 어디에서나 볼 수 있던 참새는 이제 각종 농약과 중금속에 쫓겨 개체수가 눈에 띄게 감소했다. 참새가 수확기 농민들에게 다소 피해를 주는 것은 사실

종다리

이다. 하지만 참새는 결코 해로운 새가 아니다. 산림청에 따르면 참새 한 마리가 먹는 해충에 의한 방제 기여도는 수십만 원에 달한다.

중국은 참새 박멸 운동을 벌인 지 40년 만인 지난 2000년, 허가 없이 포획할 수 없는 보호종에 참새를 추가했다. 생태학의 큰 눈으로 보면, 참새는 우리에게 유익한 존재임이 분명하다.

임진왜란에 참전한
원숭이 기병대 300명

정말 인간의 조상은 유인원일까? 인간과 침팬지는 유전적으로 겨우 1.6퍼센트의 차이가 난다고 한다. 어떤 유전자가 다른 걸까? 프랑스 인기 SF 소설이 원작인 영화 〈혹성 탈출〉에는 뛰어난 지능을 가진 유인원들이 등장한다. 과연 영화처럼 지능을 지닌 침팬지가 인간을 지배하는 날이 올까?

1901년 러시아의 생물학자 일리야 이바노비치 이바노프는 최초로 경주마 인공 수정에 성공하며 전 세계를 놀라게 했다. 하지만 이바노프의 과학적 실험은 경주마에서 멈췄어야 했다. 그는 인간과 침팬지를 교배시켜 똑똑한 '휴먼지Humanzee'를 만들려고 했다. 인공 수정으로 새로운 종을 탄생시킬 수 있다고 믿었던 이바노프는 이종 교배 실험을 시도했다. 인간과 침팬지 유전자는 98.4퍼센트가 일치해 이론적으로는 인공 수정이 가능하다는 것

놀라운 지능을 갖게 된 유인원과 이들에게 맞서는 인류의
운명을 다룬 영화 〈혹성 탈출〉의 한 장면

이 그가 실험에 나선 배경이었다. 1922년, 스탈린이 집권하면서
이 엽기적인 실험에 지원을 아끼지 않았다. 스탈린은 인간의 지
능과 동물의 신체 능력을 더한 새로운 종이 탄생한다면, 노동력
과 군사력이 막강해지고 어쩌면 세계를 제패할 수 있는 신자원
을 얻게 될지도 모른다고 생각했다. 정부 지원에 힘입은 이바노
프는 실험에 박차를 가했다. 그는 처음에는 인간의 정자를 암컷
침팬지 난자와 인공 수정을 시도했다. 다행스럽게 이바노프의
섬뜩한 실험은 실패를 거듭했다. 다시 방법을 변경했다. 반대로
인간 난자에 수컷 침팬지 정자를 수정하기에 나섰다. 그는 실제
로 열세 마리 수컷 침팬지를 데려와 인간 여성 다섯 명의 난자를
채취해 인공 수정을 시도했다. 그러던 중 비밀리에 진행되던 실
험이 폭로되면서 외부에 이 사실이 알려졌다. 사람들은 반인륜

적이고 충격적인 실험에 경악을 했고 미치광이 과학자라는 비난을 쏟아냈다. 결국 소비에트 정부는 그에게 모든 죄를 뒤집어씌운 후 카자흐스탄으로 추방했다.

지난 2005년 모스크바 문서 보관소에서 일급 기밀로 유지되던 문서가 공개되면서 이 사건의 전말이 밝혀졌다. 사람과 침팬지의 이종 교배 '휴먼지 프로젝트'는 스탈린의 지시였다고.

원숭이 기병대의
정체는 뭘까?

오래전부터 인류는 호기심 혹은 과학적 목적으로 동물 간 이종 교배를 실험해왔다. 강하고 새로운 동물을 향한 갈망이 빚어낸 결과물이다. 말과 당나귀 교배종인 노새는 역사가 깊다. 가장 잘 알려진 건 수사자와 암호랑이 사이에 태어난 라이거Liger. 1989년 용인 에버랜드에서도 세 마리 라이거가 태어났다. 타이곤Tigon은 수컷 호랑이와 암사자 사이에서 만들어졌다. 라이거보다 체구가 작고 성격이 거친 것으로 유명하다. 이종교배 얼룩말 지브로이드Zebroid도 유명하다.

이처럼 실험을 통해 만들어진 이종 교배 동물은 한둘이 아니다. 이렇게 탄생한 생명체는 대부분 수명이 매우 짧고 야생에 적응하지 못한다고 한다.

한편 중국의 과학자들이 원숭이 뇌에 인간 유전자를 이식해

수컷 호랑이와 암컷 사자 사이에서 태어난 타이곤

논란이 일었다. 2019년 4월 중국 쿤밍동물연구소와 중국 과학아카데미가 인간의 두뇌 발달을 촉진하는 유전자인 'MCPH1'을 열한 마리의 원숭이의 뇌에 이식한 결과, 다섯 마리가 살아남았다고 알려졌다.

임진왜란을 일으킨 도요토미 히데요시가 죽고 왜군이 철수하자, 1599년 4월 명나라의 14만 대군이 본국으로 귀환했다. 이 장면을 그린 〈천조장사전별도〉라는 그림이 전한다. 그런데, 그림 하단에는 '원병 삼백猿兵三百'이라는 깃발 아래 유인원으로 보이는 병사들이 칼을 들고 행군하는 장면이 그려져 있다. 이중환은 《택리지》에서 원숭이 병사가 전투에 참가한 직산 전투 부분을 박진감 있게 묘사했다. 임진왜란 종전 후 150여 년이 지난 다음

〈천조장사전별도〉의 부분 확대본. '원병 삼백'이라 쓰인 깃발 아래
털북숭이 원숭이처럼 보이는 병사들이 그려져 있다.

에 작성한 글이다.

"명나라 양호가 철기병 4천과 원숭이 수백을 매복시켰다. 적
과 거리가 100여 보가 되자, 원숭이들은 말에 채찍을 가해 적진
으로 돌격했다. 왜적들은 원숭이들이 사람인 듯하면서 사람이
아닌지라 모두 의아해하고, 괴이하게 여겨 쳐다만 봤다. 이윽고
철기병으로 짓밟자 혼란에 빠져 조총 하나, 화살 하나 쏴보지도
못하고 붕괴되어 남쪽으로 달아났는데 쓰러진 시체가 들을 덮
었다."

1597년 정유재란이 발발하자 천안 부근에서 명나라 양호 장
군이 승리해 일본군 북진을 차단했다. 적진에 먼저 교란용 원숭
이를 풀어놓아 적을 혼란에 빠지게 한 다음 진영을 무너뜨렸다

는 것. 적진을 종횡무진 돌파한 300마리의 원숭이 부대가 있었다는 이야기다.

연암 박지원이 지은 《경리 양호 치제문》에도 "농원 삼백弄猿三百이 한꺼번에 말을 달렸다"라는 구절이 나온다. 일각에서는 이 같은 사료들을 근거로 300명의 원숭이 기병대가 실제 활약했다고 주장한다. 그리고 〈천조장사전별도〉는 바로 그런 기록을 뒷받침하는 자료로 소개된다.

정말 원숭이들이 말을 타고 왜군과 싸웠을까?

정답은 대략 세 가지 시나리오로 모아진다.

① 원숭이 탈을 써 변장한 병사

② 몸에 털이 많은 중국 주변 소수 민족 병사

③ 원기猿騎, 곧 원숭이처럼 민첩한 마상재馬上才를 익힌 기병들이 전위 부대로 앞장선 것.

《조선왕조실록》1597년 9월 1일 기록에서는 "용맹한 정예 기사騎士를 몰래 뽑아 적병이 미처 대오를 정렬하기 전에 돌격하니 죽은 자가 매우 많았다"라고 직산 전투를 적었다.

사람을 대신하는 동물 무기는 예부터 오늘날 현대전에서도

유용하다. 태국에는 지금도 원숭이를 길들여 코코넛을 따게 한다. 하지만 아무리 원숭이를 훈련시킨다 하더라도 말을 타고 기마 돌격이 가능할 만한 전투 능력이 있을 리 없다. 또 원숭이 공연 '사루마와시猿回し'가 성행할 정도로 원숭이가 흔한 일본에서 원숭이를 보고 놀랄 일도 없다.

문헌상 '원숭이 특공대'는 명나라 이전 송나라 때도 등장했다. 송나라 휘종 5년(1115년) 1월, 원난성 서북 안주에서 복루라는 자가 소수 민족 10여만 명을 규합해 반란을 일으켰다. 북쪽에서는 금나라가 건국하는 등 진퇴양난이었다. 송은 급히 조휼을 진압 책임자로 파견했다. 복루는 대나무와 수목이 빽빽한 산에서 성채를 쌓고 저항했다. 높이가 수백 길이나 되는 험준한 성채는 난공불락이었다. 조휼은 부하 토정을 보내 인근 산에서 원숭이 수십 마리를 잡아오도록 명했다. 그리고 원숭이 등에 횃불을 묶어 풀어줬다. 원숭이가 뜨거워 날뛰자 불은 순식간에 반란군 진영을 태웠다. 조휼은 이 혼란을 틈타 반란을 진압했다. 전투에 투입된 역사상 최초 '원숭이 가미카제 자살 돌격대'였다.

일본 미에현 승마센터의
'말 타는 원숭이' 큐피

연암 박지원이 시문집에서 표현한 '농원 삼백'도 마찬가지다. 이는 실제 말을 탄 원숭이가 아니라 원숭이처럼 동작이 민첩하고 재빠른 병사란 뜻이다. 연암의 아들 박종채가 정리한《과정록》에 의하면 이 글은 1796년(정조 20년) 안의 현감 임기가 만료되어 서울로 돌아와 있던 연암이 당시 좌승지였던 제자 이서구의 부탁으로 지은 것이라 한다. 원래 이서구가 어명으로 명나라 장수 양호와 형개의 제문을 짓게 되었으나, 공무에 바빠 겨를이 없었다. 때문에 연암에게 각각 50운韻으로 초고를 대신 만들어 줄 것을 간절히 부탁해 지었다. 연암은 중국 열하를 오가며 여러 종류의 원숭이를 구경했다. 연암이 원숭이와 원숭이 병사도 모르고 양호 장군을 칭송하는 글을 쓸 리 없다.

임진왜란은 한국전쟁과
흡사한 국제전

임진왜란은 여러 면에서 6.25 한국전쟁과 흡사하다. 전쟁 기미가 뚜렷했는데도 너무 안이하게 대처한 점, 국민을 제쳐놓고 지도자가 북쪽과 남쪽 끝으로 도망간 것도 유사하다. 우리나라 영토가 전장이고 우리가 절대 피해자인데도 강대국만 쳐다보며 휴전과 종전을 맞이한 것도 비슷하다. 흥미롭게도 두 전쟁 모두 다국적군이 참전했다. UN군이 참전한 한국전쟁처럼 임진왜란은 한중일 3국 간의 전쟁만이 아니었다. 동북아를 넘어 아시아

각지 용병들까지 참전한 국제전이었다. 실제 당시 명나라는 여러 나라의 용병을 썼는데, 가급적 한족 대신 주변 국가에서 모병해 파병했다.

1592년(선조 26년) 4월 10일, 병조판서 이항복이 의주에서 원병으로 온 명나라 장수 유정의 부대를 방문했다. 오성 이항복은 '오성과 한음' 이야기로 널리 알려진 명재상이다. 이때 유정이 "조선에선 보지 못한 이국의 특이한 재주를 가진 병사가 많다"라고 자랑하면서 휘하 병사들의 출신지와 무기들을 소개한 장면이 실록에 남아 있다.

"신이 부총병 유정을 문안하였는데, 거느린 섬라暹羅, 도만都蠻, 소서小西, 천축天竺, 육번六番, 득릉국得楞國, 묘자苗子, 서번西番, 삼색三塞, 면국緬國, 파주播州, 당파鏜鈀 등 투화한 사람들을 좌우에 도열해 서게 하고 차례로 각각 자신의 묘기를 자랑하도록 하여 종일 구경시켰습니다."

유정은 원래 명나라 남쪽 국경을 담당한 장수였다. 그의 군대는 쓰촨성을 중심으로 동남아 전역에서 모집한 다민족 부대로 이루어졌는데, 섬라는 태국을, 도만은 명나라 때 쓰촨성 경내에 있었던 소수 민족을, 소서와 천축은 포르투갈이 지배하던 인도 식민지를 일컫는다. 득릉은 미얀마와 태국 국경 산악 지대에 살던 크메르 계통의 몬족, 신출귀몰해 귀병鬼兵이라고 불리는 묘자는 지금의 묘족, 서번은 백인인 윈난 푸미족, 삼색은 티베트 지역, 면국은 미얀마로 유정이 평정했던 버마족, 파주는 구이저우의 한 지방을 말한다. 이렇게 동남아 병사 5천여 명이 압록강을 건너 참전했는데 워낙 독특한 모습 때문에 기록에 남아 있다. 조선에서 그들을 '원숭이 병사'로 표현한 이유는 이 같은 이유에서다.

'조선 호랑이' 먹고 아들 낳은
도요토미 히데요시

1917년 일본의 부호 야마모토 다다사부로는 '조선 호랑이 사냥 대회'를 열었다. 당시 조선은 일제의 쌀 수탈로 쌀값이 폭등하고 농민과 노동자들은 더 이상 이렇게는 못 살겠다며 아우성을 터뜨리던 시기였다. 11월 10일 도쿄에서 출발한 원정대는 호랑이를 정복한다는 뜻의 '정호군征虎軍'이란 이름을 짓고 여덟 개 조로 이뤄진 25명의 '정호군'과 150명의 몰이꾼과 함께 전국 각지로 흩어져 호랑이를 사냥했다. 일제 강점기 대대적인 사냥으로 호랑이가 사라진 것은 맞지만, 이미 조선 시대부터 대대적으로 호랑이를 잡았다. 한반도에서 호랑이가 사라진 이유는 조선의 포호 정책과 일제의 무자비한 호랑이 사냥 결과다.

일본에는 호랑이와 표범이 살지 않았다. 반면 한반도는 담배

피우던 시절부터 호랑이와 함께 살아온 '호랑이의 나라'였다. 단군 신화를 필두로 울산 반구대 암각화에도 호랑이와 표범이 여럿 등장한다. 1990년대 초반까지 비디오를 켜면 어김없이 "호환 마마보다 무서운"이라는 문구가 떴다. 옛날에는 호랑이에게 입는 호환과 천연두(마마)가 가장 큰 공포의 대상이었다. 호환이 심했던 시골 마을에서는 범의 침입에 대비해 아예 마을 전체에 큰 나무를 쪼개어 목책과 울타리를 둘러놓기도 했다.

'개구멍'이란 말의 유래도 호랑이 때문에 생겨났다. 개구멍은 원래 진돗개가 호랑이를 피할 수 있도록 부엌 문턱이나 마루에 구멍을 만든 진도 특유의 색다른 가옥 구조에서 유래됐다.

호랑이에게 물려 죽은 사람 때문에
바쁜 조선인

조선에 호랑이가 얼마나 많았는지는 중국 속담을 봐도 알 수 있다. "조선 사람들은 1년의 반은 호랑이한테 물려죽은 사람의 문상을 다니고, 나머지 절반은 호랑이 사냥을 다닌다." 혹은 "조선에서는 1년의 반은 사람이 호랑이 사냥을 다니고, 나머지 반은 호랑이가 사람을 사냥하러 다닌다"는 것.

국토의 대부분이 산으로 이뤄진 우리나라와 달리 평야가 발달한 중국에서는 호랑이를 보기가 어려웠다. 지금은 중국과 러시아의 영토가 됐지만, 호랑이 주서식지인 동북아는 고구려와

그림 전문가들이 호랑이 그림 중 세계 최고라고 칭송하는
〈송하맹호도〉의 부분 (호암미술관 소장)

발해, 그리고 우리 민족과 근원을 같이한 '오랑캐'의 땅이었다.

호랑이의 주공격 수단이자 힘의 원천은 앞발이다. 목표물을
공격할 때 그 위력은 700~800킬로그램에 달한다. 서양의 최고
맹수인 사자가 400킬로그램에 불과한 것을 보면 호랑이 위력
을 알 만하다. 달리기 또한 시속 70킬로미터 이상이다. 이런 능
력치 때문에 호랑이는 역설적으로 산신령의 상징으로 변주되기

도 했다. 연암 박지원의 소설《호질》처럼 호랑이에 관한 독특한 이야기나 속담, 맹호도 같은 그림, 호랑이의 위력을 빌린 공예품 등이 발달하기도 했다.

호남의 노블레스 오블리주를 상징하는 전남 구례 운조루 솟을대문에는 호랑이 뼈가 걸려 있다. 여기에는 재미있는 이야기가 전해진다. 운조루를 지은 유이주는 맨손으로 호랑이를 잡았을 정도로 힘이 넘치는 무인이었다고 한다. 그래서 이 집 대문에 그가 잡은 호랑이 뼈를 줄줄이 걸어 놓았는데, 호랑이 뼈가 워낙 귀하다 보니 누군가 하나둘 몰래 집어 가 사라졌다. 그 때문에 지금은 호랑이뼈 대신 다른 짐승의 뼈가 걸려 있다.

'사인검四寅劍'은 호랑이의 위력을 빌려 삿된 귀신을 물리친다는 염원이 담긴 귀한 검이다. 호랑이를 상징하는 인년寅年, 인월寅月, 인일寅日, 인시寅時 등 십이간지 인寅자가 네 번 겹치는 시간에 쇳물을 부어 만든 보검이다. 12년마다 제작할 수 있었으니 무척 귀하고 신령스러웠다. 임금은 전쟁 등 큰일에 나서는 장수에게 사인검을 하사해 신임을 주었다. 근래 대통령이 장성 진급자에게 주는 예도인 삼정검은 사인검을 본뜬 것이다.

호랑이 퇴치도. 훗날 초대 구마모토 번주가 되는 가토 기요마사가 조선 출병 때, 자신의
애마를 물어 죽인 호랑이를 찾아 나서 처치했다는 전승을 그렸다. 이 전승은 우키요에나
연극 등에서 활발히 다뤄져, 용맹 과감한 기요마사 상(像)이 정착됐다.

도요토미 히데요시,
몸보신하려 '조선 호랑이' 먹다

임진왜란 때 일본군들은 난생처음 보는 호랑이에 엄청난 인상
을 받았다. 조선 호랑이에게 상당한 경외심을 느꼈을 정도다.
당시 일본 무장들 사이에선 호랑이 고기가 기력을 보충해준다
는 설이 나돌았다. 이미 1425년(세종 7년) 일본에서 온 사신 '중
태'가 호랑이 고기와 쓸개, 뼈를 얻어 간 적도 있었다. 이런 속설
을 믿은 도요토미 히데요시는 조선으로 출병가는 장수 깃카와
히로이에와 시마즈 요시히로에게 호랑이 사냥을 지시했다. 나
이가 들면서 기력이 현저하게 쇠퇴한 히데요시에게는 호랑이

도요토미 히데요시의 초상

고기가 더욱 탐이 났을 터.

　공명심이 강했던 가토 기요마사는 호랑이 사냥에 혈안이 됐다. 임진왜란 당시 일본 무장들이 호랑이를 사냥한 이야기는 여럿 전해진다. 그중에서도 가토 기요마사의 호랑이 사냥이 가장 유명하다. 그는 1592년부터 호랑이와 가죽 다섯 장을 히데요시에게 바쳤다. 다른 상인에게도 호피 한 장을 보냈다. 시마즈 요시히로 역시 히데요시의 명령으로 호랑이 사냥에 나섰는데, 당시의 기록화가 남아 있다. 그는 부하들을 이끌고 산에 들어갔다가 비가 내리는 통에 조총도 못 써먹고 간신히 호랑이 두 마리를 잡는 데 성공한다.

포획한 호랑이 두 마리의 가죽과 고기는 소금에 절여 히데요시에게 보냈다. 이 공로로 감사장을 받았지만 인명 피해가 많아 그 후로는 호랑이 사냥을 금했다.

히데요시는 임진왜란을 일으킨 다음 해 1593년 9월 첩 요도도노로부터 아들을 얻었다. 그의 나이 56세. 뒤늦게 얻은 아들의 이름은 히데요리. 호랑이 고기 효과 때문인지는 모르겠다. 히데요시는 규슈의 다이묘*에게도 학과 백조를 진상하라고 명령했다. 호랑이와 마찬가지로 기력 회복에 도움을 준다는 설이 있었기 때문이다. 그러나 몸보신용으로 조선의 호랑이까지 잡아먹은 히데요시는 그리 오래 살진 못했다. 작은 몸집에 '원숭이'라는 별명으로 불리기도 했던 그는 호랑이 간과 쓸개까지 먹었지만, 임진왜란이 가장 치열했던 1598년 8월 61세의 나이로 사망했다.

임란 종료 후 격화된 일본 내전에서 히데요시의 늦둥이 히데요리는 도쿠가와 이에야스에게 패퇴하고, 1615년 스물셋 젊은 나이로 죽었으며 도요토미 히데요시 가문은 완전히 멸문하게 된다.

• 일본에서 헤이안 시대에 등장하여 19세기 말까지 각 지방의 영토를 다스리고 권력을 행사했던 유력자.

박정희 대통령이 깔고 앉았던
호랑이 가죽의 행방은?

수많은 영웅호걸담 중에는 한 가지 공통점이 있다. 사자나 호랑이 등 맹수의 왕을 죽이고 최고 지존이 되었음을 과시하는 이야기다. 도쿠가와 막부 말기, 사무라이들이 호랑이를 죽이는 그림이 유행했다. 특히 가토 기요마사는 임진왜란 전쟁 영웅으로 우뚝 섰다. 인기 우키요에 화가인 우타가와 쿠니요시는 호랑이 등에 올라탄 기요마사의 창이 호랑이 머리를 내리찍는 그림을 그렸다. 일본인들도 활기찬 분위기를 선호해 맹수의 제왕을 제압한 사무라이 그림을 선호했다.

약자를 누르면 강자가 되지만, 강자를 꺾으면 왕좌에 오른다. 정난을 통해 왕위에 오른 세조는 평생 '호랑이를 잡기 위해 태어난 사람'으로 보인다. 감히 고개를 들어 쳐다볼 수 없는 절대 권력의 상징인 호랑이를 제압함으로써 최고 지존이 되고 싶었다.

권력을 잡자마자 호랑이 가죽을 깔고 앉은 박정희 대통령도 같은 마음이었을 게다. 그는 독재 기간 동안 호랑이 가죽 위에 앉거나 선 여러 사진을 남겼다. 심지어는 절대 권위와 힘의 상징, 산신으로 추앙받던 백두산 호랑이 가죽 위에서 가족사진을 찍기까지 했다.

박정희 대통령 기록 사진에는 표범 가죽도 나온다. 1962년 신

백두산 호랑이 가죽 위에서 사진을 찍은 박정희 전 대통령 일가(1972년).
대통령 재임 동안 호피 위에서 사진 찍기를 즐겼다. (국가기록원 소장)

년 하례회 기념사진에서 부하들은 표피 위에서 사진을 찍었다.
호랑이보다 한 단계 급이 낮은 표범 가죽은 죽어서도 부하들 몫
이었다. 권불십년이요, 열흘 붉은 꽃 없다. 달도 차면 저무는 법.
사람은 죽어서 이름을 남기고, 호랑이는 죽어서 가죽을 남긴다
고 했다. 그랬건만, 박정희 대통령 사후 청와대에 있던 호랑이와
표범 가죽은 행방불명이 됐다. 삼인성호三人成虎, 사람 셋이면 호
랑이도 만든다. 거짓말도 여럿이 하면 곧이 들린다. 행방을 아
는 사람은 둘 중 하나다. 전두환 신군부가 가져갔거나 박근혜 전
대통령.

돌고래 상병, 바다사자 병장,
해병대 말 하사님

맹호 부대, 청룡 부대, 비둘기 부대. 베트남 전쟁에 참전한 대한민국 부대의 이름이다. 이처럼 부대의 이름에 동물의 명칭을 사용한 사례는 많다. 그런데 지금부터 들려줄 이야기는 군대의 상징 동물을 말하는 것이 아니다. 실제 동물로 이루어진 전투 자산을 말하는 거다. 예부터 동물은 인간에 의해 전쟁에 참전해 전투의 도구로 전락하는 일이 잦았다. 고대부터 근대 이전의 전쟁 역사를 살펴보면, 동물들은 흔히 생각하는 운송 수단 정도가 아니라 상상 그 이상으로 전쟁에 이용됐다.

탱크가 없던 시절 코끼리는 적의 견고한 보병 방진을 뚫는 역할을 했다. 동남아와 인도에서 전투 코끼리는 유용한 전략 무기로 쓰였는데, 전성기 100만 명이 살았던 캄보디아 앙코르 왕조는 무려 20만 마리가 넘는 코끼리를 전쟁용으로 키웠다. 동서양을 막론하고 훈련시킨 비둘기 '전서구'는 오늘날까지 군 통신에 이용한다. 불과 한 세기 전, 1차 세계대전은 역대 최대 규모로 동물이 동원된 전쟁이었다.

육지에 군견이 있다면 바다에는 군용 돌고래와 바다사자가 그 일을 한다. 냉전 시대 구소련 해군은 돌고래를 가미카제 '자살 무기'로 사용했다. 돌고래는 자신의 등에 폭탄을 묶은 채 목표물에 부딪혀 자폭하게끔 훈련받았다. 또 기뢰를 탐색하고 시험 발사된 미사일을 찾거나 회수하는 일을 맡기도 했다.

미군은 6.25 한국전쟁이 끝난 후, 바닷속 숨겨진 기뢰나 적 잠수요원을 찾아내는 동물 프로그램을 운용했다. 돌고래 부대가 처음으로 실전에 투입된 것은 베트남 전쟁이었다. 탄약고가 설

대테러 작전을 수행하는 미군의 돌고래

치된 캄란만 부두에 다섯 마리가 투입돼 수중으로 침투하는 적 잠수요원을 감시하는 임무를 수행했다. 미 해군 대테러 작전 부대는 다섯 개 팀에서 병코돌고래 90마리, 캘리포니아바다사 자 50마리를 보유하고 있다. 명령이 하달되면 수송기를 이용해 72시간 내 지구상 어느 바다라도 돌고래와 바다사자를 실전 배 치할 능력을 갖췄다.

2003년 미국의 이라크 침공 때에는 페르시아만에 돌고래 부대 가 가장 먼저 투입되어 해상로를 점검했다. 지난 2011년 2월, 천 안함 침몰 사건 후 처음 열린 '한미 연합 독수리 훈련'에서도 미 해병대는 돌고래를 군사 작전에 투입하고자 큰 돌고래 네 마리 의 반입 건으로 우리나라 정부에 협조를 구했던 적이 있다. 돌고 래들은 포항 청림동 신항 해군 기지에 수용돼 있다가 작전이 시 행되면 약 2킬로미터 떨어진 바다로 투입될 예정이었다. 기뢰 제 거, 함정 호위 등의 임무를 수행하는 '돌고래 특공대'는 훈련 방식 과 작전 수행 과정의 위험성 때문에 세계적으로 논란거리다.

6.25 전쟁 속에 사라진
신설동 경마장

몽골군에 말이 없었으면 과연 칭기즈칸은 세계를 제패할 수 있 었을까? 사람은 죽어서 이름을 남기고, 동물은 죽어서 가죽을 남긴다고 한다. 하지만 간혹 이름을 남기는 위대한 동물들도 있다. 이 동물들은 역사에 길이 남을 뿐만 아니라 사람들에게 진한 감동을 선사한다.

1997년 《LIFE》지는 '우리들의 영웅들'이라는 특별판을 발행했다. 여기에는 워싱턴, 링컨, 제퍼슨 대통령을 포함해 마틴 루터 킹과 마더 테레사 등 위대한 인물 100명이 다뤄졌다. 그런데 수많은 인물들 사이에 의문의 말 한 마리가 어깨를 나란히 했다. '레크레스'라는 이름의 작은 암말. 믿기 힘든 이야기다.

레크레스는 한국전쟁이 한창이던 1952년 10월 26일 미 해병대에 '입대'했고 즉시 전장에 투입되어 탄약을 나르는 임무를 수행했다. 최말단 사병에서 하사관까지 진급한 레크레스는 모든 전우들의 인기를 독점했다. 식탐도 대단했다. 여가 때면 전우들과 모닝커피를 마시는 것을 가장 즐겼고 스크램블 에그와 팬케이크, 콜라, 심지어 맥주까지 좋아했다. 전쟁 중 입은 부상으로 상이용사에게 주어지는 최고의 영예인 퍼플 하트 훈장을 비롯 대통령 표창장과 국방부 종군기장을 수상하기도 했다. 전쟁이 끝나자 레크레스는 미국으로 이주해 결혼을 하고 새끼 셋을 낳았다. 모두 엄마를 닮아 용감했고 매력적이었다. 1960년 캠프 펜들턴에서 영광의 전역식을 가진 레크레스는 1968년 5월 13일 노환으로 눈을 감았다. 영화 〈워 호스〉가 1차 세계대전 버전이라면, 레크레스는 한국전의 숨은 영웅이었다.

사실 레크레스의 고향은 제주다. 몽골 암말이며 본래 이름은

한국전쟁 때 활약한 명마 레크레스

'아침해'였다. 서울 신설동 경마장에서 트랙을 질주하던 경주마
에서 미 해병대 전투 투입용 말로 직분이 바뀐 것.

　우리나라 경마장은 1928년 9월 20일 경성 경마장이 효시인
데, 1950년 6월 25일 일요일 새벽 기습적으로 북한군이 남침을
했다. 당시 전방에서는 치열한 전투가 벌어지고 있었다. 신설동
경마장에서는 평소와 다름없이 일요 경마가 열렸다. 불안한 조
짐이 나타난 것은 제4경주가 시작될 무렵. 정체불명의 프로펠
러 비행기 한 대가 경마장 상공에 나타나 전단지를 살포하고 사
라졌는데, 전단을 주워 읽은 사람들은 그 비행기가 북한 정찰기
였다는 사실을 알고 충격에 빠졌다. 곧 확성기를 단 군용 지프가
나타나 장병들의 즉시 귀대를 명령하고, 시민들은 동요하지 말

광복 직후 서울 신설동 경마장 모습

라고 방송했다. 경마장에 있던 사람들은 그제서야 전쟁이 터졌다는 사실을 알게 됐다. 서울을 점령한 북한 인민군은 신설동 경마장을 탱크와 차량 등 군 장비를 보관하는 병참 기지로 활용했다. 이 때문에 경마장은 UN군의 집중 폭격 대상이 됐다. 경마장에 있던 경주마 200여 마리는 인민군이 징발해갔다. 신설동 경마장은 1951년 서울 재탈환 후 UN군의 비행장으로 사용됐고, 뚝섬 경마장은 1954년 5월 8일에 개장했다.

경마장의 경주마 '아침해'가 전장에 투입되어 '레크레스'가 된 계기는 이렇다. 1952년 10월경 신설동 경마장 인근에 '김혁문'이라는 한 청년이 살고 있었다. 이 청년이 아침해의 주인이었는데, 당시 수송용 군마를 구하던 미 해병 1사단 5연대 무반동총

화기 소대의 에릭 피터슨 중위가 250달러에 청년으로부터 아침
해를 샀다. 미군은 산악 지대가 많은 한국 지형에서 탄약 보급
의 어려움을 겪었다. 청년이 사랑하는 말을 팔았던 까닭은 지뢰
로 인해 다리를 잃은 여동생의 의족을 사주기 위해서였다. 주인
이 바뀐 1952년 10월 26일이 아침해의 입대일이 됐고, 미 해병은
이 말이 전투 소음에 반응하지 않도록 특별훈련을 시켰다.

한국전쟁의 용감한 영웅,
'레크레스' 하사를 아시나요?

전쟁이 막바지로 치닫던 1953년. 그해 3월 미 해병 1사단과 한국
해병 연대는 연천에서 중공군 120사단 등과 맞붙었다. 이른바
네바다(베가스) 전투. 26일부터 30일까지 닷새 동안 전투에서 중
공군은 1351명의 전사자와 3631명의 부상자가 발생했다. 미군과
한국 해병도 약 300여 명의 인명 피해를 입었다. '아침해'는 탄약
운송을 도왔다. 수십 킬로그램의 75밀리미터 무반동총 탄약을
짊어지고 급경사 산비탈을 오르내렸다. 전투 초반 3일 동안 하
루에 51번이나 최전선 고지까지 탄약을 날랐다. 심지어는 탄약
이 필요하다는 병장의 외침을 듣고 혼자 보급 기지를 다녀오기
도 했다.

　전투 4일차 '아침해'는 포탄 파편에 왼쪽 눈 부근과 왼쪽 옆
구리를 맞아 부상을 당하는데, 총알이 빗발치고 포연이 난무

하는 상황에서도 꿋꿋하게 탄약을 나르는 모습에 전우들은 'Reckless(겁이 없다는 뜻)'라는 별명을 붙여줬다. 레크레스는 그 이름처럼 '무모하도록' 용감했다. 철조망도 잘 넘었다. 해병들은 이런 레크레스를 무척 아꼈다. 행여 레크레스가 다칠까 봐 자신이 입고 있던 방탄조끼를 벗어줄 정도였다.

레크레스가 운송한 4톤 무게 386발의 로켓 포탄은 당시 조달된 탄약의 95퍼센트에 달하는 양이다. 그에 반해 미 해병대가 나른 포탄은 겨우 5퍼센트에 그쳤다. 전투에서 레크레스의 공로를 짐작할 수 있는 부분이다. 그 와중에 전선에서 부상당한 병사가 있으면 그들을 싣고 산에서 내려와 안전하게 내려놓고, 다시 탄약을 싣고 전선으로 돌아갔다. 레크레스는 닷새간 치열한 전투를 승리로 이끄는 데 크게 기여했다.

1950년대《새터데이 이브닝 포스트》와《라이프 매거진》등 미 언론은 '해병마 레크레스Marine Horse Reckless'의 특집 기사를 경쟁적으로 실었다. 레크레스는 전투가 종료된 후 상병, 1954년에 병장으로 진급했다. 정전 협정 후 전우들과 함께 미국에 오게 된 레크레스는 미국의 가장 용감한 전마로 사랑을 받았다. 1957년과 59년, 64년에 차례로 낳은 새끼들의 이름 역시 '피어리스'(Fearless 용감) '돈트리스'(Dauntless 불굴) 등 한결같이 모전자전 이름이었다.

1959년 8월 31일, 레크레스는 미 역사상 최초 하사관으로 진급한 군마가 됐다. 군악대와 19발의 예포까지 동원됐다 1700여 명

미국 버지니아주 관티코 해병대 본부에 있는 레크레스의 동상

의 해병이 퍼레이드까지 하면서 진급을 축하했다. 1960년 성대한 전역식을 가진 레크레스는 은퇴 연금으로 곡식을 선물 받았다. 1968년 5월 레크레스가 죽자 미 해병대는 참전 군인을 대하듯 엄숙하게 정식 장례식을 치러주었고 비석을 세워 마지막까지 최대한 예우를 다했다.

　2013년 7월, 한국전 정전 60주년 행사의 일환으로 미 국방부는 버지니아 관티코 해병대 본부에서 레크레스를 위한 기념관 헌정식을 가졌다. 헌정사는 이랬다. "레크레스는 말이 아니었다. 레크레스는 해병대였다!She wasn't a horse. She was a Marine!". 추모 웹사이트(www.sgtreckless.com)에 한 미국 네티즌은 이런 댓글을 남기기도 했다. "스필버그 감독님, 이제 영화 '레크레스'를 만들 차례에요."

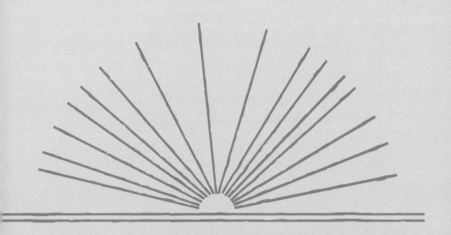

3부
한중일을 사로잡은 동물의 왕국

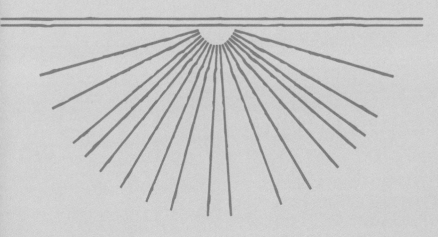

나는 대통령, 왕, 공주의
고양이로다

'짬 타이거'라고 들어는 봤나? 장병들이 남긴 '짬(잔반)'을 얻어먹고 사는 군부대 주변 길고양이를 일컫는 말이다. 살찐 몸집이 호랑이만 해서 붙은 별칭이다. 현역병보다 군부대에서 오래 생활하다 보니 자연스레 '냥병장' 또는 '냥하사'라고 불린다. 사실 이런 '짬 타이거'는 로마 시대부터 존재했다. 조선 말기에도 함경도 북병영에서 대접받던 '짬 타이거'가 있었다. 요즘 군단장급인 북병사로부터 직접 급료 조로 매일 밥 한 그릇, 국 한 그릇을 얻어먹으며 새끼와 생활했다. 이처럼 고양이는 개 못지않게 인간과 함께 어울려 살아왔다.

고대 이집트에서는 고양이를 신으로 숭배했다. 스핑크스는 인간의 얼굴에 고양이 또는 사자의 몸을 하고 있다. 고양이는 주인이 죽으면 함께 무덤에 넣었다. 미라로 만들면 함께 사후 세계로 갈 수 있다고 믿었기 때문이다. 나일강을 오르내리는 배에도 고양이를 태웠다. 식량을 축내고 밧줄과 목재를 갉아먹는 쥐를 잡기 위해서다.

고양이를 신성시했던 이집트와 달리 기독교 문화권에서는 고양이를 죄악시했다. '공포의 검은 고양이'는 기독교 문화에서 전파됐다. 검은 고양이는 악마나 마녀가 변한 사악하고 불길한 짐승으로 간주됐다.

이슬람 문화권에서는 어땠을까? 이슬람 문화권은 애완동물로 개보다 고양이를 더 선호한다. 여기엔 여러 설이 있는데, 이슬람교 창시자 무함마드가 박해를 피해 동굴로 숨어들었을 때 개가 계속 짖어 험한 꼴을 당할 뻔했다는 이야기가 앞줄에 선다. 이슬람법은 개를 정결치 못한 동물로 규정한다. 개의 침은 하람(금기 사항)으로 여겨 개가 핥은 음식은 부정하고, 개가 마신 물은 목욕물로 써도 안 된다. 개고기는 당연히 먹지 않는다. 예배 장소에 개가 들어오면 그 예배는 무효가 된다. 심지어 개가 있는 집에는 천사도 오지 않는다고 믿는다. 그래서인지 개를 의미하는 아랍어 '칼브kalb'는 타인을 욕할 때 주로 사용된다.

이와 달리 고양이는 무슬림에게 애완동물로 사랑받는다. 잠이 든 무함마드를 뱀이 물려고 하자 고양이가 뱀을 물리쳐 막아준 뒤부터 고양이를 특별한 동물로 여겨 아꼈다는 설이 있다. 고양이는 개와 달리 깨끗한 동물로 취급하며, 모스크 건물 안에서

터키 이스탄불의 한 모스크에서는 길고양이들이
자유롭게 모스크에 들어와 쉴 수 있도록 했다.

자유롭게 돌아다녀도 그다지 개의치 않는다.

당 현종과 양귀비가
좋아한 고양이

전 세계 고양이는 40여 종에 이른다. 한국, 중국, 일본, 싱가포르
에 서식하는 고양이는 유전적으로 태국 원산인 샴고양이와 유
사하다. 그렇다면 우리나라에 고양이는 언제 들어왔을까?

대개 5세기 전후 농경이 본격화되면서 불교와 함께 들어왔다
고 여긴다. 고양이는 우리 선조들에게 이로운 동물이었다. 농경

태국 원산의 샴고양이

사회에서 곡식을 탐내는 쥐를 잡아주는 고마운 짐승이었니까. 춘추 전국 시대에 쓰인 《논어》에 개는 등장하지만 가축 개념이 강하며, 고양이는 한 차례도 등장하지 않는다. 중국에서 고양이가 애완동물로 자리 잡은 때는 당나라 시절부터다. 고양이는 중국과 우리나라 왕실에서 종종 애완동물로 '간택'됐다. 특히 적막한 구중궁궐에서 한가하고 무료한 공주와 후궁들에게 인기가 높았다. 이 때문에 오늘날까지 전해지는 고양이에 관한 에피소드도 많다.

당나라 고종 황제의 황후인 측천무후는 숙비 소씨를 괴롭혀 죽게 만들었는데, 소숙비가 죽으면서 자신은 내세에 고양이로 태어나겠다고, 무측천이 쥐로 태어나면 죽을 때까지 쫓겠노라 저주를 퍼붓기도 했다. 무측천은 고양이를 특히 무서워해 무측천이 살아 있을 때는 궁중에서 고양이를 기르는 것이 금지될 정도였다. 무후가 쥐띠였기 때문이란 해석도 있다. 당 현종에게 총애를 받던 양귀비 역시 개와 고양이를 길렀다. 당 무종은 좋아하는 동물들에게 아호를 붙여주었는데, 고양이의 아호는 서장鼠將, 즉 쥐 잡는 장수였다.

　일본은 세계 최고의 애묘 국가다. 889년 헤이안 시대 우다 천황의 일기에 당나라에서 들여온 네 마리 고양이에 관한 기록이 있는데, 그는 일기에서 5년째 검은 고양이를 키우는 것을 자랑했다. 그도 그럴 것이 일본에서 고양이는 한때 요물로 인식됐다. 오래 산 고양이에겐 영묘한 힘이 생겨 꼬리 둘 달린 요괴 '네코마타猫股'로 변신한다는 속설이 대표적이다. 때문에 애묘 문화가 꽃핀 17~18세기 에도 막부 시절에는 종종 고양이 꼬리를 자르는 일도 있었다. 현재 일본 고양이의 대표적 특징으로 자리 잡은 꼬리가 짧은 종이 바로 여기에서 유래됐다.

　이런 풍습은 비단 일본에만 있었던 건 아니다. 조선 선조 연간에 실학의 선구자인 이수광이 명나라에 갔을 때 고양이를 순

복을 불러들인다는 일본의 마네키네코

송나라 시절 애완 고양이. 화가 주문구의 그림이다.

하게 만들려고 꼬리를 자르는 풍습을 보았다. 꼬리는 정월 첫
인일, 즉 호랑이날 잘라야 효험이 있다는 속설이 있었는데, 꼬
리 잘린 고양이는 병아리가 곁에 있어도 해치지 않았다. 고양이
가 얼굴을 씻고 귀까지 닦으면 손님이 온다는 이야기가 그가 쓴
《지봉유설》에 담겨 있다.

800만 종류의 신을 믿는다는 일본인의 삶에는 다양한 엔기모
노緣起物, 즉 길조를 비는 주술적 물건들이 존재한다. 행복을 부

르고, 운수가 대통하고, 소원을 이뤄지게 하는 것들이다. 대표적인 게 바로 마네키네코招き猫, 한쪽 팔을 들고 흔드는 고양이 인형이다.

한때 요물로 인식되던 고양이가 복을 부르는 동물로 새롭게 이미지를 바꿀 수 있었던 계기는 이 마네키네코의 힘이 컸다. 돈과 손님을 불러들인다고 믿어 일본 어디를 가든 가게 계산대 위에서 이 인형을 볼 수 있었기 때문. 1974년 출시된 일본 유명 고양이 캐릭터 '헬로키티'도 한몫했다. 일본 미에현 이세시에서는 매년 가을 복고양이 축제를 열기도 한다.

고양이를 끼고 살다가
왕에게 혼난 숙명공주

조선 시대를 통틀어 대놓고 반려동물을 길렀던 왕은 드물다. 대부분 왕권이 신권을 압도한 전제 군주적 임금만이 누렸던 특권이었다. 성종은 어렸을 때부터 온갖 동물을 좋아했다. 원숭이를 기르거나 심지어 낙타까지 수입해 들여오려 했고, 고니 등 여러 가지 새를 한 쌍씩 바치라고 다그치기도 했다. 그때마다 신하들은 반대 입장을 표하면서 왕이 축생에 관심을 쏟다간 망국의 길로 빠진다고 진언했다.

연산군 역시 애완견 발발이 견종과 고양이를 좋아했다. 《조선왕조실록》 1504년 3월 9일(연산군 10년) 기록에는 "내관 임세

무 등이 사옹원에서 쥐를 잡다가 고양이를 놓쳤으니 금부에서
형장 심문하도록 하라"는 기록이 있다. 사옹원司饔院은 대궐 안의
음식 준비를 책임지는 관아다. 그곳에 쥐가 돌아다니니 내시들
이 연산군이 기르던 고양이로 쥐를 잡으려다가 그만 잃어버린
모양이다. 결국 연산군은 화가 나서 매를 치라고 명령했다. 발
발이와 고양이는 아마 연산군보다 연산의 총애를 받은 장녹수
가 애지중지했을 가능성이 높다.

　고양이 중에서도 황금빛 고양이는 가치가 높았다. '금묘金猫'가
오늘날 '코리안 숏헤어'가 맞는지는 모르겠지만, 양녕대군은 세
자 시절 금묘를 얻으려고 신효창을 협박했다. 신효창은 관찰사
등을 역임한 고위 대신이었다. 신하의 집에서 왕세자가 고양이
를 내놓으라고 채신없이 닦달한 것이다. 훗날 양녕대군은 이 일
이 문제가 되자 "황금빛 고양이가 드물다고 해서 보고 돌려주려
한 것뿐"이라며 태연하게 둘러댔다.

　조선 최고의 고양이 '덕후'는 단연 효종의 셋째 딸 숙명공주
다. 공주가 고양이만 좋아한다고 꾸중하는 효종의 편지가 전해
질 정도다. "딸아, 너는 어째 시집가서도 고양이만 끌어안고 있
느냐. 행여 감기 걸렸거든 약이나 잘 먹어라." 감기 걱정보다는
고양이 지적이 앞선다. 숙명공주의 어머니 인선왕후 역시 잔소
리를 늘어놓는다. "네 여동생(숙휘공주)은 벌써 임신했다. 요즘

조선 시대 화가 변상벽의 그림 〈국정추묘〉

아기 베개에 수를 놓는다고 수선 떨고 있는데, 너는 어쩌자고 고
양이만 좋아하느냐?" 시집가서도 고양이만 끼고 사는 공주가 얼
마나 답답했으면 이런 편지를 보냈을까 싶다.

　숙명공주는 열세 살에 열한 살 청평위 심익현과 결혼했다. 고
양이만 애지중지하며 살았을 때는 아직 아이를 낳기 전이었다.
친정 부모님의 성화에 못 이긴 것인지, 나이가 차서 그런지 숙명

은 편지를 받고 바로 아이를 가졌다. 열아홉 살이 되어 첫아들인 심정보와 이듬해 둘째 아들 심정협을 낳았다. 현종의 한 살 위 누나이기도 하다. 효종의 손자인 숙종도 '고양이 덕후'였던 것을 보면 고양이 사랑은 집안 내력인 것 같다. 숙종의 애묘 DNA는 고모 숙명공주에게 영향을 받은 것일까?

조선 왕 중
최고 애묘 집사는 숙종

조선 후기 가장 막강한 권력을 휘두른 임금은 숙종이다. 아들 영조(52년 재위)에 이어 두 번째 장기 집권자였다. 그는 46년간이나 임금 자리에 있었다. 이런 막강한 군주도 못 말리는 애묘가였다. 황금빛 고양이에게 '금손이'란 이름을 지어주고는 항상 곁에 두고 쓰담쓰담하면서 정사를 보았다. 수라상을 받을 때도 손수 고기반찬을 집어서 먹여줬을 정도라고 한다. 요즘 말로 '금손이'는 퍼스트 캣, 왕이 오히려 고양이 집사였던 것. 세 차례 큰 당파 싸움을 비롯해 장희빈의 폐위 등 수많은 풍파를 겪었던 숙종에게 고양이만이 위로가 됐던 것일까?

　1720년, 숙종이 세상을 떠나자 주인을 따라 식음을 전폐하던 '금손이'는 결국 숙종의 뒤를 따랐다. 숙종이 승하한 지 20일째였다. 이를 안타깝게 여겨 숙종의 두 번째 계비 인원왕후 김씨가 숙종 무덤 옆에 고양이를 묻어줬다.

실학의 태두 이익은《성호사설》에 다음과 같은 기록을 남겼다. "숙종대왕이 일찍이 금묘 한 마리를 길렀다. 임금이 세상을 떠나자 그 고양이 역시 밥을 먹지 않고 죽으므로 묘 곁에 묻어주었다. 대저 '개와 말도 주인을 생각한다'는 말은 옛적부터 있다. 하지만, 고양이의 성질은 매우 사납다. 비록 여러 해를 길들여 친하게 만들었다 해도 하루아침만 제 비위에 틀리면 갑자기 주인도 아는 체하지 않고 가버린다. 그런데 이 금묘는 도화견桃花犬(송나라 태종의 애완견)에 비하면 더욱 이상하다." 까칠한 성격의 고양이가 주인인 숙종이 죽자 따라 죽은 것을 기이하게 여긴 것이다.

숙종의 고양이 사랑은 아들 영조에게까지 영향을 미쳤나 보다. 그래서인지 실록에는 고양이를 아끼는 영조의 모습이 기록으로 남아 있다. 1737년(영조 13년) 5월 24일, 영조는 팔에 통증이 왔다. 어의는 고양이 생가죽으로 찜질을 하면 낫는다며 직접 시험해보기를 권했다. 어의치고는 비과학적이다. 하지만 영조는 "어릴 때부터 고양이를 봐서 그런지 차마 고양이를 죽일 수가 없소"라며 거절했다. 어의는 고양이 생가죽 처방을 여러 번 권했으나 영조는 끝내 허락하지 않았다.

그로부터 27년 후 영조는 "내가 고양이 가죽을 썼다면 온 나라가 본받아서 고양이는 씨가 말랐을 것"이라고 술회했다. (1764년, 영조 40년 4월 24일). 그 무렵 민간 요법에 의하면 고양이 고기가 담증에 좋고, 고양이 가죽이 신경통에 특효라는 소문이 퍼져 있었다. 만약 영조가 어의의 권유를 받아들였다면, 조선 시대 애꿎은 고양이들은 정말 씨가 말랐을 거다. 조선 말에는 콜레라가 돌자 고양이 그림을 대문에 붙이거나, 고양이 수염을 태워서 먹기도 했다. 지금도 시골의 건강원에서는 '나비탕'이라고 해서 고양이를 한약재로 쓰는 경우가 간혹 눈에 띈다.

《조선왕조실록》에는 길고양이가 궁궐에 들어와 사고를 치는 기록도 엿보이는데, 특히 숙종에서 정조 연간까지 유독 많이 나타난다. 종묘 제사 때도 고양이가 제사상 주변에 돌아다녀 담당 관원이 곤욕을 치른 일이 있다. 정조 때는 신하들과 토론 중에 고양이가 난간을 타고 지붕 처마로 올라 다니기도 했다. 정조는 "고양이도 생명인데 상하게 하는 것을 보고 싶지 않다"며 쫓아버리도록 했다.

문재인 대통령의 반려묘는 청와대에 입성해 최초의 '대통냥'이 됐다. 조선 숙종 임금이 주워 키운 금손이처럼 유기묘에서 '묘생 역전'을 이뤄낸 두 번째 주인공이다. 링컨 대통령 역시 "나는 개와 고양이를 제대로 대접해주지 않는 인간의 종교에는 별 흥미가 없다"는 말을 남기기도 했다.

전 세계적으로 약 6억 마리의 고양이가 지구에서 인간과 함께 살아간다. 15년여 전만 해도 길 위에 사는 고양이는 '도둑 고양

문재인 대통령이 키우는 '대통냥' 쩡쩡이

이'라는 불명예스러운 이름으로 불렸다. 그때에 비하면 고양이
에 대한 인식이 좋아진 요즘이지만 잊을 만하면 유기묘 학대 사
건이 뉴스에 왕왕 보도되기도 한다. 고양이를 우리와 함께 지구
를 나눠 쓰는 존엄한 생명체로 보게 될 날은 언제쯤일까?

소리에 놀라지 않는
사자처럼

1780년 연암 박지원은 《열하일기》에서 사자를 못 본 것을 매우 유감으로 생각해 이런 글을 남겼다.

"흡사 가정에서 기르는 금빛 털을 지닌 삽살개처럼 생겼다. 여러 짐승이 이를 보면 무서워 엎드리고 감히 쳐다보지도 못한다. 기가 질리는 까닭이다. 100년 이래로 사자를 진상한 자가 없었다."

그는 청 건륭제*의 70회 생일 선물로 들어온 러시아 보르조이 수렵견, 황금 원숭이, 표범, 공작 등 수많은 동물을 봤지만 사자만은 구경 못한 것을 아쉬워했다.

* 청나라의 6대 황제로 할아버지 강희제의 뜻을 이어 청나라의 영토를 최대로 넓히고 경제, 문화의 번영을 가져왔으며 서양과 교류해 청나라 최전성기를 이룩했다.

삼국 시대부터 조선 때까지 중국을 오가던 수많은 우리나라 사람들은 코끼리에서부터 낙타, 타조, 앵무새까지 다양한 동물을 구경한 기록을 남겼다. 어떤 동물은 외교 수단으로 한중일 삼국 간 또는 멀리 동남아에서 들여오기도 했다.

그러나 유독 사자에 대한 목격담은 전무하다. 연암 박지원의 지적처럼, 중국에서도 100년 동안 사자를 볼 수 있는 기회가 없었기 때문이다. 중국 역사를 통틀어 모두 21번 사자를 공물로 받은 기록이 나온다고 한다. 청나라 강희제 17년(1678년), 포르투갈 사람이 가져온 게 마지막이었다. 중국 역사상 가장 위대한 황제로 꼽히는 강희제는 이 사자를 강남 순방 때 배에 싣고 다니며 자랑했다.

수호신으로서의 사자 또는 사자상의 문화 원형은 '그리핀'*에서 출발한다. 최초의 초원 제국 스키타이 왕조의 숭배 대상이었다. 스키타이 유물 중에는 사자가 다른 동물을 공격하는 모양이 많이 남아 있다. 동북아에 사자가 등장한 것은 실크로드를 개척한 한무제 이후 후한 시기부터다. 서기 87년, 안식국(옛날 북부 이란 지방에 있었던 나라)에서 온 사신이 최초로 사자를 바쳤다.(《후한서》'서역전'). 이후 소륵국(한·당 때 현 카슈가르에 있었던 나라), 월지국(현 아프가니스탄 부근에 있었던 나라) 등에서 중국에 바쳤

• 그리스의 머나먼 북쪽에 산다고 알려진 상상의 동물. 몸은 사자이고, 머리와 날개는 독수리이며, 등은 쇠로 덮여 있는 괴물이다.

그리핀

으며 생김새를 묘사한 구체적 기록도 남아 있다. 후한 때 들어온 사자는 주로 중앙아시아 파미르 고원 서쪽 지역에서 왔음을 알 수 있다.

　한나라 멸망 후 중국은 근 400년간 전란의 시기를 맞았다. 무력으로 천하를 얻은 당나라는 북방 선비족 혈통을 지녔다는 단점을 감추기 위해 중원 한족 문화를 적극 선양했다. 그래서 용을 일부러 떠받들었지만, 불교와 결합해 맹수라기보다는 '착한 사자' 이미지가 퍼지기 시작했다.

불교가 성행한 당나라 때부터
사자상이 유행

당나라 때부터 불교의 영향력이 증가하면서 많은 사자상이 세워지기 시작했다. 사자는 벽사호법辟邪護法, 즉 사악한 기운을 물리치고 불법을 수호하는 신령한 힘을 지니고 있다고 여겼는데, 사자라는 상징성 때문에 민간에서도 액운을 막는 영물로 생각했다. 사자상은 제왕이나 재상의 관저, 관청과 민가에도 속속 세워졌다. 종류도 돌로 조각하거나 동으로 주조된 사자상 등 다양해졌다.

최초의 사자상은 후한 때 나타났다. 처음에는 능을 지키는 용도였다. 중앙아시아에도 이 같은 습속이 있었다. 그러나 중국의 사자상은 그리핀과 큰 차이가 있다. 용의 영향을 받아 모습이 뒤섞였다.

서역에서 공물로 들여온 사자는 주로 황실 내원에만 갇혀 살았다. 그러다 보니 민간에서는 진짜 사자 모습을 잘 몰랐다. 심지어 청나라 건륭제 때 권세 있던 신하들조차 한 번도 사자를 보지 못했다고 탄식할 정도였다.

진짜 사자를 보지 못한 장인들은 그저 그리핀 형상이나 사자와 닮은 개의 한 품종 티베탄 마스티프를 보고 조형을 만들 수밖에 없었다. 당시의 사자 그림이나 조형물을 보면 장인들이 사자견 오獒와 실제 사자를 구분하지 못했음을 알 수 있다. 이 때문에 사자상은 갈수록 더 맹수 같지 않고 '개'처럼 순하게 바뀌었다. 명나라 때는 사자상이 더욱 유행하면서 의문의 패배를 당한 동물이 생겼다. 바로 거북의 몰락이다.

거북은 원래 용, 봉, 기린과 함께 네 가지 영물에 속했다. 집 앞에 거북을 조각하여 길상을 추구하는 것은 드문 일이 아니었다. 하지만 명나라 영락제*가 권력을 찬탈한 후에 건문제에 충성하던 신하를 오귀烏龜, 즉 거북이라 칭하고 그 후손을 모조리 '귀자龜子'라 부르며 영원히 천한 업에 종사하게 하면서 거북이는 재수 없이 버려지게 됐고 그 빈자리를 사자상이 차지하게 됐다.

명나라 시절 자금성 문 앞에는 호랑이와 표범, 코끼리 등을 두어 성문을 지키게 했다. 그런데 왜 호랑이와 표범은 두면서 더 용맹하다는 사자는 두지 않았을까? 그것은 사자가 너무 비쌌기 때문이었다.

1478년(성종 9년) 사마르칸트(현 우즈베키스탄)에서 명 성화제에게 사자를 바치기도 했는데, 조공 책봉 무역 제도의 기본은 'Give and Take'다. 대개 조공을 받으면 조공품의 세 배에 달하는 답례품을 줘야 체면이 선다. 결국 조공을 바치는 쪽이 훨씬 유리한 교역인 셈이다. 성화제는 종전의 예에 따라 하사품을 내렸는데, 사신은 길이 멀다며 불만을 표시했다. 육로로 돌아가려

• 중국 명나라의 3대 황제로 공격적인 대외 정책을 추진했다. 난을 일으켜 2대 황제 건문제를 몰아내고 황제가 되었다.

북경 자금성 사자상. 자세히 보면 방울 달린 개 목걸이를 하고 있다.

면 중간에 험난한 곳이 많아 해상으로 가고 싶다고 했고, 또 가는 길에 톈진에서 소금을 사게 해달라고 청했다. 그러나 중간에 소란이 일어 결국 황제는 다시 병력을 보내 사신을 광저우까지 보낸 다음 쫓아냈다.

1484년(성종 15년)에는 위구르스탄을 지배하던 칸이 명에 사자 두 마리를 보냈다. 명은 한 마리당 표범보다 다섯 필을 더해 고급 비단 여덟 필을 답례품으로 보냈다. 한 필은 지금 단위로 환산했을 때 길이 16.35미터, 너비 32.7센티미터다. 사자 가격이 아주 비싼 셈이다. 대가는 컸지만 아무런 실용 가치는 없었다. 다음 홍치제 때 이르러서는 더 이상 사자를 진공하지 말라고 했다.

구례 화엄사의 국보 제35호 사사자삼층석탑의 사자상

혜초《왕오천축국전》에
등장하는 사자

사자와 코끼리는 불교에서 쌍벽을 이룬다. 어떤 때는 부처님 그
자체를 상징하기도 한다. 부처님 말씀이 악귀를 물리칠 정도로
강력하다는 '사자후', 설법할 때 앉는 자리를 '사자좌'라고 말하는
것과 같은 맥락이다. 천상천하에서 가장 높은 지위에 있는 분이
라는 이유에서다. 대승불교*에서 지혜를 상징하는 문수보살은
사자를 타고 다닌다. 이 또한 사자를 상서로운 동물로 여겼기 때
문이리라.

 • 불교 유파의 하나인 대승의 교법. 대승大乘이란 '큰 수레'를 뜻하는 범어
 '마하야나'의 한역이다. 이론적으로는 공과 중도 사상을 표방하며, 보살의 수
 양 방법으로 '위로는 진리를 구하고, 아래로는 중생을 구제하기 위해 이기적
 인 집착을 버릴 것'을 강조한다.

우리나라에서도 불교의 전래와 함께 불교 미술품에 사자가 표현되기 시작한다. 야차나 건달바, 아수라 등 불법을 지키는 여덟 신인 '팔부신중' 모습에 함께 나타나거나 사자 석탑, 쌍사자 석등과 같은 조각품에서 독특한 사자상을 볼 수 있다. 사자상은 점차 괘릉 등 왕릉을 지키거나 왕성을 호위하는 역할까지 확대됐다. 신성함과 절대적 힘, 그리고 위엄을 나타내기 위해서였다. 사자상은 특히 발해의 유적에서 많이 보인다. 고려 시대 귀족은 사자의 문양을 청자 등 일상 용품에서도 사용했다.

그렇다면 우리나라에서 사자를 처음 본 사람은 누구일까? 신라 시대 우리나라 최초의 세계인이자 배낭 여행자 혜초 스님이 유력하다. 8세기 후반, 천축이라 불린 인도를 여행하고 《왕오천축국전》을 남긴 과정에서 사자를 목격했을 가능성이 크다.

인도 국가의 휘장에 등장하는 사자는 기원전 3세기경 인도 마우리아 왕조의 3대 왕 아소카왕의 석주 꼭대기에 있는 사자상에서 나왔다. 불교로 개종한 아소카왕이 돌기둥을 세우고 그 위에 네 마리 사자상을 세웠는데, 이 사실은 혜초 스님의 《왕

아소카왕 석주 꼭대기에 있는
사자상

오천축국전》에도 기록되어 있다. "며칠 걸려 바라나시에 이르렀다. 이곳에는 부처의 다섯 제자 모습이 새겨진 탑이 있다. 또 사자가 올라타고 있는 돌기둥이 있다. 대단히 커서 다섯 아름이나되고, 무늬가 섬세하다"라고 적었다.

9세기 최치원이 지은 《향악잡영》에는 "(사자가) 사막을 건너 수만 리를 걸어오느라 먼지를 잔뜩 뒤집어썼구나. 굳센 그 기상 어찌 온갖 짐승 재주와 같을쏘냐!"라는 구절이 있다. 최치원이 '북청 사자놀이'처럼 서역에서 들어온 사자춤을 보고 지은 시라고 한다. 최치원은 당나라 체류 시절 실물 사자를 봤거나, 적어도 사자 연희를 목격했을 가능성이 크다.

우리나라에서 사자를
처음 본 사람은?

사자춤은 당·송대 궁정에서 다채롭게 공연됐다. 중앙아시아 출신 조련사가 사자를 훈련시켜 묘기를 부리거나 혹은 사자로 분장해 춤을 췄는데, 황제의 생일잔치나 설날 같은 명절 단골 축하 프로그램이었다. 공연 시에는 140여 명의 합창단의 '태평악'이라는 노래에 맞춰 흥을 돋우었다.

명대 이후 사자춤은 궁정보다는 주로 민간에서 활발해졌다. 명·청대는 '백희百戱'라 하여 서커스의 잡기와 연극성이 비교적 강한 연희에 사자춤이 등장했다. 지금도 사자춤은 중국에서 가

북청 사자놀이는 함경남도 북청군에서 정월대보름에 행해지던 놀이로
서역으로부터 들어와 우리의 전통 놀이 문화로 자리를 굳혔다.

장 큰 대중 민속 춤이다.

　조선 시대에도 중국 사신의 영접 때 평양이나 서울 광화문에
산대山臺를 가설하고 '산대놀음(탈을 쓰고 큰길가나 빈터에 만든 무
대에서 하는 복합적인 구성)'을 공연했다.

　사자춤은 중국이나 한국뿐만 아니라 일본, 인도, 인도네시아
등 여러 곳에서 전한다. 대만 사자춤은 사자와 용을 이용해 역
동적인 몸짓을 보여준다는 점에서 조금 차이가 있다. 일본 일부
지역에서도 사자춤 '시시마이獅子舞'가 전승된다. 한 예로 시가현
의 한 마을에서는 해마다 새해 첫날 액막이로 재난을 막고 복을
기원하는 주술적 목적으로 사자춤을 춘다. 오키나와(과거 유구

국)의 사자춤은 '북청 사자놀이'와 판박이다. 북청 사자놀이는 탈춤과 우스꽝스러운 재담으로 악귀를 몰아내고 양반들의 탐욕과 악덕을 비판한다. 혀를 빼어 문 희화적인 탈, 긴 털로 덮인 사자 모양, 공연 내용 등을 근거로 북청 사자놀이가 '사자견 놀이'에서 비롯됐다는 목소리도 있다.

사자견은 목에 수사자와 비슷한 갈기가 있어 일명 '사자개'라고 불리는 명견이며 티베트와 중앙아시아 고산 지대가 원산지다. 얼굴은 사자 형상이지만 털이 길고 귀가 늘어졌으며 꼬리가 말려 올라가 있다. 진짜 사자는 수사자의 갈기를 제외하고는 털이 길지 않다. 꼬리 역시 소꼬리처럼 내려가 있고, 귀는 고양이처럼 쫑긋하다.

불경 가운데 가장 먼저 이루어진 초기 경전 수타니파타에는 이런 구절이 있다. "소리에 놀라지 않는 사자처럼, 그물에 걸리지 않는 바람처럼, 진흙에 더럽혀지지 않는 연꽃처럼, 무소의 뿔처럼 혼자서 갈지어다." 뭇 짐승의 왕인 사자의 근엄하고도 용맹스러운 기질이 잘 드러나는 대목이다.

조선 시대, 제주도에
원숭이가 살았나?

우리나라에는 원숭이가 없었다고 생각하는 이들이 많다. 그러나 선사 시대까지만 해도 한반도에는 원숭이가 살았다. 이후 어느 순간 원숭이는 자취를 감추었는데 한반도에서 보기 힘들어진 원숭이가 다시 나타나게 된 건 외교 선물로 원숭이를 받으면서부터다. 조선은 명나라에 매와 사냥개 등을 보냈고 명과 일본, 유구국으로부터는 원숭이와 공작 등을 받았다. 1394년(태조 3년) 7월 13일 일본 사신이 왜구에게 잡혀간 백성 659명을 돌려보내며, 이성계에게 원숭이를 바쳤다. 조선 개국 초, 일본은 조선과 유화책을 쓰기 위한 선물로 원숭이를 택한 것이다. 그렇게 조선에 들어온 원숭이는 주로 왕실 상림원에서 키웠는데, 태종 연간에는 원숭이 수가 늘어 궁 밖으로 분양을 보내기도 했다. 더러는 우리를 탈출한 원숭이가 야생화되기도 했다.

한중일을 사로잡은 동물의 왕국

게잠이원숭이

1408년 4월 18일에는 태종이 태평관에서 명나라 사신 황엄에게 잔치를 베풀었다. 황엄은 답례로 수컷 원숭이 두 마리와 암컷 원숭이 한 마리를 바쳤는데, 《조선왕조실록》 1410년 5월 17일 기사에는 "일본인들이 잇달아 원숭이를 바쳐 그동안은 사복시(임금의 말 등을 관리하던 곳)에서 기르게 했는데, 이제부터는 각 진鎭에 나눠 준다"는 내용이 있다. 이 기록으로 보아 일본은 꾸준하게 조선에 원숭이를 보냈던 것 같다.

세종 때는 제주도에서 원숭이를 사로잡아 바쳤다는 기록이 눈길을 끈다. 세종은 원숭이들을 잘 기르고 번식시키라는 명을 내렸는데, 그렇다면 세종 연간 제주도에는 원숭이가 계속 살았던 걸까? 만약 그랬다면 그 원숭이들은 아마 동남아 지역에 주로 서식했던 긴꼬리원숭이과의 일종인 게잠이원숭이가 아닐까 추정된다.

1434년(세종 16년) 4월 11일, 세종이 전라도 감사에게 지시한 기록을 먼저 살펴보자. "김인이 제주목사로 있을 때 원숭이 여섯 마리를 잡아 길들여 지금의 목사 이붕에게 전해주고 왔다. 굳이 이 원숭이를 육지로 보낼 필요가 없다. 다만 기르기를 원하는 사람이 있으면, 잘 돌본다는 약속을 받고 육지로 가지고 나와서 풀이 무성한 섬이나 바닷가에서 기르게 하라. 또 사람들이 잡아가지 못하게 하고 번식에 힘써라"라는 내용이다.

제주도의 원숭이는
필리핀 원숭이

언뜻 실록만 보면 처음부터 제주도에 자생했던 원숭이였는지, 일본 등 외지에서 들여와 풀어놓았다가 다시 잡아들인 것인지 판단할 수 없다. 어찌 됐든 제주목사가 '잡아서 길들였다'고 하니 원래 사육하던 원숭이는 아닌 것 같다. 또한 "원숭이를 잘 키우고 번식시키라"는 세종의 지시로 보아 당시만 해도 원숭이를 귀한 동물로 여겼던 것으로 보인다.

2년 뒤 1436년(세종 18년) 6월 16일에는 제주 안무사 최해산이 원숭이 한 쌍을 바쳐 궁에서 기르다 인천 용유도에 방사했다는 기록이 있다. 최해산은 고려 말 화포를 개발해 금강 하구 진포에서 왜구를 격멸한 최무선의 아들이다. 제주도에서 원숭이 여섯 마리를 잡은 지 얼마 지나지 않은 때였다. 최해산이 바친 두 마리를 포함해 2년 사이에 여덟 마리의 원숭이가 생포된 것으로 보아 제법 많은 개체가 서식했던 것 같다. 제주도에서는 원숭이 날*을 '납날'이라고 부른다. 예전 납날에는 나무(낭)를 자르지 않았는데, 납날에 자른 목재로 집을 지으면 좀이 많이 슬게 된다는 속설 때문이다. 이런 전승은 제주도에 원숭이가 살았다는 반증이 아닐까?

실록에서 태종과 세종이 지시한 내용을 잘 살펴보면 두 가지 특이점을 알 수 있다. 원숭이를 바닷가 수군 진영인 진에 나눠 줬다는 것과 현재 인천공항이 들어선 용유도 등 섬에 방사했다는 것. 모두 바다와 연관이 있다. 왜 하필 풀이 무성한 섬이나 갯가에 원숭이를 놓아주라고 했을까?

상식적으로 원숭이가 서식하는 장소는 숲속이다. 그런데 긴꼬리원숭이과 중 '게잡이원숭이'라는 종은 과일이나 농작물을 먹기도 하지만 어패류가 주식이다. 게잡이원숭이 중 하나인 필리핀 원숭이는 주로 저지대나 열대 지역 바닷가에 만들어진 맹그로브 숲에 살며 게나 조개를 잡아먹는다. 주요 서식지는 동남아시아 지역인데 필리핀은 물론 보르네오 섬, 말레이시아, 홍콩에도 서식한다.

* 십이지의 제9위인 신(申)을 가리키는 세시풍속. '잔나비날'이라고도 하는데 원숭이를 '잔나비'라고도 하기 때문이다.

원숭이가 나뭇가지를 도구 삼아 게를 잡는 장면을 그린 〈안하이갑도〉.
게 두 마리는 소과小科, 대과大科를 뜻한다.
과거에 급제해 높은 벼슬에 오르고자 하는 소망을 담았다.
조선 후기 작자 미상. (고려대박물관 소장)

청자모자원숭이형 연적. 국보 제270호로 지정된 고려청자의 기념비적 걸작.
고려 시대에 연적뿐 아니라 벼루, 그림 등에 원숭이가 자주 나오는 까닭은 원숭이
후狨자와 제후를 뜻하는 임금 후侯자가 발음이 같아서 대대로 큰 벼슬을 누린다는
'배배봉후輩輩封侯'를 지향하는 뜻을 담고 있어서다. (간송미술관 소장)

　　한반도에서 원숭이가 사라진 이유는 겨울이 춥고 긴 데다 표
범, 호랑이 등 상위 포식자가 많았기 때문일 것이다. 이에 반해
제주도는 육지에 비해 기후가 온화하고 맹수가 없다. 당시 어떤
경로로 원숭이가 제주도에 유입됐든 조선 초기 제주에는 야생
원숭이가 서식했을 가능성이 매우 높다.

5년간 야생으로 살던
해남 가학산 원숭이

한때 전남 해남 지역을 떠들썩하게 만든 일본원숭이가 있었다. 2001년 영암의 한 놀이 시설을 탈출한 원숭이는 약 7킬로미터 떨어진 가학산으로 도망쳤다. 등산객들이 주는 음식을 받아먹거나 산속 열매를 따먹으며 가학산에 정착한 원숭이는 눈치 백단에 날쌔기까지 해 붙잡는 게 쉽지 않았고, 붙잡기 위한 시도를 하면 할수록 성격이 더 사나워져갔다. 등산객을 공격하는 등 골칫거리로 찍혀 한때는 목격되면 사살한다는 얘기까지 나돌았는데 가까스로 생포하는 데 성공했다. 무려 5년 만이다. 일본원숭이는 추위에 강한데 가학산 원숭이가 무려 5년간이나 야생에 적응하며 생존할 수 있었던 것도 일본원숭이 특유의 기질 때문이다. 이 원숭이는 생포 뒤 '해남이'란 이름을 얻었고, 남원랜드 동물원을 탈출해 2년간 야생으로 살다가 붙잡힌 수컷 원숭이 '남원이'와 2007년 신방을 꾸몄다. 같은 처지였던 두 원숭이는 지금은 두 마리 새끼까지 낳고 손자 손녀 등 3대를 이뤄 잘 지내고 있다.

'해남이'와 '남원이'는 시설에서 살던 원숭이도 야생에서의 생존 가능성이 매우 높다는 사실을 보여주는 사례다. 아마 세종 시절 제주도에 정착했던 게잡이원숭이 역시 제주에 적응하며 꽤 오랫동안 살지 않았을까?

현재는 해안 매립으로 사라져버린 일명 원숭이섬 낙섬

　　전국 140만 개 지명 중 '용'과 관련한 지명은 많지만 '원숭이'와 관련한 지명은 겨우 여덟 개밖에 없다. 경남 거창과 함양에 걸친 금원산이 대표적이다. 금원산 입구에 들어선 등산객들은 익살스러운 표정의 황금 원숭이 조각상을 볼 수 있는데, 옛날 이 산에 금빛이 도는 원숭이가 하도 날뛰자 한 도사가 원암猿岩이라는 바위 속에 가두었다는 전설이 산 이름의 유래가 됐다.

　　조선 초 지리지 《동국여지승람》에는 원숭이 원猿 자가 든 지명이 몇 군데 나오는데 모두 남해안 지역이다. 한반도에 살던 원숭이가 주로 해안 지역에 서식했던 게잡이원숭이라는 가설을 굳혀준다. 전남 진도는 백제 때 도산현徒山縣, 원숭이산猿山이라고도 불렸으며, 백제 성왕 때 전남 여수는 원숭이 마을(원촌현)로 불렸

다는 기록도 눈길을 끈다. 인천도호부에는 봄과 가을에 해신에
게 제사를 지낸 원숭이섬猿島이 있었다고 기재돼 있다. 소섬(우
도), 노루섬(장도) 등 짐승 이름의 지명은 많지만, 상대적으로 원
숭이 이름을 가진 섬은 드물다. 지금은 해안 매립으로 흔적도 없
이 사라진 인천시 남구 용현 5동 낙섬이 바로 원숭이섬이었다.

원숭이 때문에
곤혹을 치른 성종

일본의 원숭이 선물은 세종 이후에도 쭉 이어졌다. 문종 즉위년
(1450년)에 두 마리를, 1468년(세조 14년)에도 원숭이와 말 한 마
리를 보냈다. 누구보다 원숭이 때문에 체면을 구긴 임금은 성종
이다. 1477년(성종 8년) 11월 4일 기록을 살펴보자. 유구국에서
원숭이를 바치자, 사복시에서 "원숭이에게 옷과 흙집을 마련해
주자"고 청했다. 음력 11월이면 양력 1월로 가장 추울 때다. 원숭
이를 애지중지하던 성종은 즉시 윤허했다. 그러자 손비장이 득
달같이 "아니 되옵니다"를 외쳤다. 그는 "원숭이는 상서롭지 못
한 짐승인데, 사람 옷을 입힐 수는 없습니다. 또 원숭이에게 입
힐 옷 한 벌이면 백성 한 사람이 추위에 얼지 않도록 할 수 있습
니다"라고 간언했다. 또 "사관들이 이를 기록으로 남기면 후세
들이 어떻게 생각하겠습니까?"라며 성종을 압박했다.

승정원의 정3품 당상관직인 좌부승지였던 손비장은《조선왕

조실록》 중 〈세조실록〉과 〈예종실록〉을 편찬한 문신이었다. 성
종은 "내가 애완동물을 좋아해서 그런 것은 아니네"라며 한발 물
러섰다. 그리고는 "외국에서 선물로 보낸 것을 얼어 죽게 하는
것은 예의가 아니다. 또 내가 사람의 옷을 주라고 한 것이 아니
다. 그저 사슴 가죽으로 원숭이 옷을 해 입히라고 했는데, 경이
잘못 들었다"라며 궁색한 변명으로 체면을 구겼다.

　해가 바뀌어 이듬해 1478년(성종 9년) 8월 10일, 성종은 원숭이
문제에 대해 공식적으로 유감을 표했다. "지난번 내가 왜인에게
원숭이를 받았는데, 곧 뉘우치고 예조에 명해 다시는 바치지 못
하게 했다. 내가 원숭이를 받은 것은 진실로 잘못이다"라며 정중
히 사과했다.

　사실 성종의 동물 사랑은 유별날 정도였다. 성종이 기른 동물
들을 꼽아보면, 거의 동물원 수준이다. 앵무새, 백조, 공작, 노
루, 사슴 등 수많은 동물을 키웠다. 그러나 낙타만큼은 중국에서
수입하는 데 실패했다.

　연산군 역시 개와 고양이, 양은 좋아했지만 아버지 성종과 달
리 원숭이는 좋아하지 않았다. 일본에서 원숭이를 선물로 보내
자 "선왕(성종) 때 앵무새를 받은 적이 있는데, 비용만 많이 들고
아무런 쓸모도 없었다. 구리나 철과 같이 꼭 필요한 물건도 값을
대기 힘들어서 무역을 모두 중지했는데 무익한 짐승을 왜 받는
가? 도로 돌려보내고 잘 이르도록 하라"는 의외의 개념 발언을
한 적도 있다. (1502년 11월 14일).

이에 조정은 외교 결례를 들어 원숭이 반환 여부를 놓고 같은 해 12월 14일까지 한 달간이나 격론을 벌였다. 결국 원숭이는 돌려보냈다. 이듬해 3월 6일 일본 승려 의홍이 원숭이와 말을 바치자 말만 받고 원숭이는 돌려보냈다. 또 1599년(선조 32년) 2월에도 명나라가 예물로 전한 원숭이를 되돌려줄 방법을 논의했다. 한반도에 정착할 수도 있었던 원숭이는 어느새 '쓸모없는 짐승'이 되어 돌려보내지면서 그 숫자가 현저히 줄었다.

나는 네가 지난 겨울에
시치미 뗀 일을 알고 있다

매나 독수리를 길들여 들짐승을 잡는 매사냥은 신석기 시대부터 비롯된 사냥 방식의 하나다. 처음에는 토끼, 꿩 등 고기를 얻기 위한 수단이었으나 점차 매의 빠른 공격술과 멋진 비행술을 즐기는 스포츠로 발전했다. 매는 쏜살같이 날아서 순식간에 살아 있는 먹이를 낚아챈다. 공격 각도는 45도, 시력은 사람의 열 배에 달한다. 하늘로 치솟다가 먹이를 덮치는 순간엔 시속 300킬로미터의 속도로 먹잇감을 향해 내리꽂힌다. 이러한 매의 날렵한 공격술 때문에 지금도 공군 전투기나 미사일 등에는 맹금류의 이름을 자주 붙인다. '보라매'가 대한민국 공군의 상징이 된 것처럼.

매사냥은 유네스코 인류무형문화유산으로 우리나라를 비롯해 아랍에미리트, 몽골, 프랑스, 스페인 등 동서양 11개국이 공

최고의 사냥꾼, 송골매

유하는 전통문화다. 매사냥은 고려 시대 몽골로부터 전해진 것으로 오해들 하지만, 우리는 몽골과 더불어 동북아에서 오랜 매사냥의 뿌리를 갖고 있다. 우리나라에는 참매와 새매, 송골매 등 여러 종류의 매가 살았는데, 일찍이 삼국 시대부터 영리하고 사냥 능력이 뛰어난 명품 매로 통했다. '해동청海東靑'은 송골매 중 최고의 매로 꼽혔는데 일반 매보다 덩치가 크고, 바닷새를 사냥할 만큼 힘과 스피드를 갖췄다.

북방 민족인 발해, 거란, 여진은 모두 매사냥을 최고로 쳤다. 거란족(요나라)과 만주족(여진과 후금, 청)의 해묵은 원한에는 해동청을 둘러싼 갈등도 크게 작용했다. 요나라의 건국자 '야율아보기'는 초원을 나는 매를 뜻한다. 사냥을 좋아했던 요나라 천조

거란의 매사냥을 묘사한 그림

제는 매번 사냥을 떠날 때마다 매와 사냥개를 데려갔는데, 그는 여진족에게 너무 많은 해동청을 바치도록 무리한 요구를 해 원성을 샀다. 여진의 아골타는 결국 요나라에 반기를 들었고 금나라를 세웠다. 요나라는 결국 매사냥 때문에 멸망한 셈이다.

　칭기즈칸은 매사냥을 병사들의 필수 교육 과목으로도 삼았다. 마르코 폴로는 몽골에 대해 "왕 밑에는 1만의 매사냥꾼으로 편성된 군대가 있어 그들이 사냥한 것으로 전 국민의 식량을 조달했다"고 《동방견문록》에 적었다.

떴다!
세계 최고의 매, 해동청

매사냥에 푹 빠진 군주들의 일화 역시 셀 수 없이 많다. 일찍이 백제 아신왕은 성품이 호매하여 매사냥을 좋아했고, 살생을 금지한 백제 법왕은 기르던 매를 놓아주었다. 신라 진평왕 역시 매사냥에 푹 빠져 병부령 김후직 등 신하들이 걱정했다는 기록도 보인다. 신라 말 경명왕도 매사냥을 즐겼다. 당나라 태종 이세민은 매사냥을 말리는 신하들에게 들킬까 봐 아끼는 매를 곤룡포 속에 숨겼다가 매가 죽어버린 일도 있었다.

특히 우리나라의 매는 중국뿐 아니라 일본에서도 탐을 냈다. 355년 백제의 왕족으로 알려진 주군이 일본에 매사냥 기법을 전파한 이후로 매사냥은 일본 왕실과 귀족의 스포츠로 인기가 높았다.

도쿠가와 이에야스는 "멀리까지 매사냥을 나가 시원한 바람을 맞으며 달리면 손발이 민첩해지고, 식욕도 증진되며, 잠도 잘 온다"며 매사냥을 즐겼다. 얼마나 좋아했으면 1616년 1월 매사냥 도중에 쓰러져 석 달 후 죽었다. 지금도 그의 동상 왼팔에는 매 한 마리가 얹어져 있다.

매사냥에는 사냥한 먹잇감을 물어오는 사냥개가 필수적으로 따른다. 일본에서는 우리 매뿐 아니라 사냥개를 얻기 위해서도 노력했다. 임진왜란 때는 포로로 잡은 함경 감사 유영립의 어머니를 석방해주는 대가로 매를 받기도 했다.

매사냥은 특히 몽골 간섭기 고려 때 가장 성행했다. 충렬왕은 매 사육과 조련을 전담하는 관청인 '응방'을 설치했는데, 툭하면 대규모로 매사냥에 나서 백성에 끼치는 폐해가 심했다. 사냥 실력이 뛰어난 매는 원나라에 보낸 적도 여러 번이다. 고려 상류층 사이에서도 매사냥이 성행했다. '일응이마삼첩一鷹二馬三妾'이라는 말이 괜히 나온 게 아니다. 그 재미가 어찌나 쏠쏠한지 매사냥을 승마와 연애를 제치고 풍류의 으뜸으로 삼았다. 길들인 매를 도둑맞는 일도 잦았다. '시치미'는 매의 소유주를 표시한 인식표를 부르는 말이었는데, 매에게 붙여둔 시치미를 누군가 몰래 떼어버리면 매의 주인이 누구인지 알 수 없게 된다. 이 때문에 '시치미를 뗀다'는 말까지 나온 것이다.

《고려사》충렬왕 편은 고려사인지 원사인지를 분간하기 힘들 정도로 원나라 기록이 많다. 충렬왕은 아마도 우리나라 역사상 최초로 포도주를 마신 왕일 것이다. 1285년(충렬왕 11년) 8월 28일에 "원 황제(쿠빌라이 칸)가 고려왕에게 포도주를 줬다"라고 적은 첫 공식 기록이 있다. 그 포도주가 실크로드를 넘어온 포도주인지는 알 수 없지만, 이후 원 황실에서 포도주를 하사했다는 기록은 계속 나온다.

'강무'라고 쓰고
'임금님배 사냥 대회'라고 읽는다

조선 시대 사냥을 즐긴 왕은 태종, 세조, 성종 등이 대표적이다. 애당초 '왕의 사냥' 행사는 그냥 재미로 하는 것이 아니었다. 왕이 궁 밖에 사냥을 나가는 일을 가리켜 무예를 강습한다는 뜻으로 강무講武라 했다. 강무는 사냥 형식을 띤 왕의 지휘 훈련이자 종합 진법 훈련의 성격을 띠었다. 따라서 왕을 비롯해 왕자나 문무 대신까지 고루 참석했다. 기본적으로 적게는 3천 명에서 1만 명의 군사들이 참여한 가운데 1주일에서 15일 정도 진행했다. 요즘의 한미 연합 군사 훈련 정도가 되겠다. 강무는 세조 때까지 매우 활발하게 시행됐다가 성종 연간부터는 2~3일 단기간 일정으로 열리는 소규모 강무 행사인 타위打圍 위주로 바뀌었다.

강무 활동을 빙자한 사냥은 몰이꾼을 동원해 짐승을 몰아놓고 활을 쏘는 사렵射獵, 매와 사냥개를 활용한 응렵鷹獵, 사냥개를 통한 견렵犬獵 등으로 이뤄졌다. 주로 한양 근거리 황해도 구월산 주변, 강원도 철원, 충청도 서산, 경기도 여주 일대에서 진행했다. 왕의 신변 보호와 거리상 문제도 있고, 너무 오랜 기간 국정을 비울 수 없었기 때문. 또 백성의 피해를 최소화하기 위해 주로 농한기에 실시했다. 가을 추수를 마치고 양력 10월~11월, 3~4월 사이에 열었다. 잡은 짐승 중 특별히 좋은 것은 종묘 등의 제사에 올리고, 나머지는 바비큐 파티를 열어 나눠 먹었다.

서산시 부석면 도비산은 태종이 군사들과 함께 강무를 닦던 장소였다.

사실 강무는 군사 훈련, 백성에 피해를 주는 호랑이 등 짐승 제거, 지방 수령 및 백성과의 대화 효과라는 표면상 목적보다 병폐가 더 많았다. 왕조 시대 임금님 행차에 조용할 리 없는 법. 수행원들은 물론 사냥 가는 지역의 수령은 임금이 행차한다니 당연히 초긴장 상태였을 것이고, 더욱이 그 지역 백성들은 왕의 사냥 준비를 도맡아 해야 해 고생이 이만저만 아니었다. 게다가 많은 군사들이 동원되어 몰이꾼 역할을 했으므로 여기에도 막대한 비용이 들었다.

사냥을 즐긴 왕일수록 수렵에 반대하는 상소가 비례했다. 수많은 인원이 움직이다 보니 사고 위험도 높았다. 1431년(세종 13년) 2월 20일 포천 강무 때는 혹독한 날씨 속에 진눈깨비까지 내렸다. 26명이 얼어 죽고, 우마 70마리가 죽는 대참사가 벌어졌다. 강무 중에 호랑이에게 물려 죽는 사고도 빈번했다. 태종은 통금도 해제되기 전, 동대문 문 여는 시간도 앞당기게 하고 새벽 댓바람부터 말을 타고 달려 사냥에 나갔다. 세종의 강무는 휴식과 휴가 차원에서 이뤄졌다. 세조는 호랑이와의 전쟁을 선포했다.

성종은 초기에는 강무 횟수를 줄이고자 노력했다. 그러나 재위 후반기로 갈수록 매사냥만큼은 흉년이라도 꼭 행하려는 의지를 보였다. 저녁에는 궁궐 후원에서 해동청을 데리고 매사냥 연습을 할 정도로 열성이었다. 그러다가 매를 잃어버려 방을 붙여 찾는 해프닝까지 벌였다. 경릉과 창릉에서 제사 지낼 때 호랑이가 말을 물어 죽이자 이를 구실로 사냥을 벌이기도 했다.

연산군은 병적인 사냥 놀음에 빠졌다. 밤에는 물론 정해진 기간, 장소가 아닌 곳에서도 빈번하게 했다. 사냥 폐지를 주장하는 상소에도 아랑곳하지 않았다. 아버지 성종의 제삿날에도 사냥을 나갔고, 사냥에 반대하거나 준비를 제대로 못한 자들을 처벌하기도 했다. 연산군 때 매를 다루는 응사는 좌우 응방에 400명씩 도합 800명에 달했다. 이 응방은 1715년(숙종 41년)에 이르러서야 완전히 폐지됐다.

카자흐스탄, 맹금류 사냥대회

중앙아시아의 초원 국가 카자흐스탄에서는 해마다 맹금류 사냥

카자흐스탄은 해마다 맹금류 사냥 대회를 연다.

대회가 열리는데, 대회는 검독수리, 참수리, 흰꽁수리매 부문으로 나눠 진행된다. 현재 헝가리, 슬로바키아, 터키, 러시아, 몽골, 우즈베키스탄, 키르기스스탄 등 다양한 나라에서 참가하고 있다. 카자흐스탄을 세운 카자흐족은 말을 타고 달리며 검독수리를 이용해 사냥을 하던 민족이었다. 몽골 타타르(달단)족에서 시작한 매사냥 전통은 이처럼 서몽골 지역과 중앙아시아 지역 국가들에서 여전히 사랑받고 있는 셈이다.

카자흐족이 아끼는 검독수리는 맹금류의 지존으로 꼽히는데, 몸무게는 5~7킬로그램에 불과하지만 토끼, 여우 등 작은 동물은 한 번에 사냥하고 덩치가 큰 산양도 절벽 아래로 떨어뜨려 잡는 등 사냥 솜씨가 예사롭지 않다. 독수리의 '독禿'은 '대머리'라는 뜻인데, 머리 깃털이 많으면 사체의 부드러운 부분을 먼저 먹기

검독수리는 일반 독수리와 달리 대머리가 아니다.

위해 내장을 먹는 과정에서 이물질이 묻어 질병에 노출될 수 있다. 이를 방지하기 위해 독수리는 여느 새들과 달리 대머리로 진화했다. 그러나 검독수리나 참수리는 대머리가 아니다. 죽은 동물보다는 매처럼 살아 있는 동물을 좋아하기 때문이다.

최근 중동에서는 매사냥이 부의 상징이자 왕족과 부호들의 고급 취미로 꼽히고 있다. 옛날과 다른 점이 있다면 낙타 대신 지프차를 이용해 장거리 사냥을 다닌다는 것. 사우디아라비아의 국조國鳥이기도 한 매는 몸값 또한 상상을 초월한다. 중동에서 매 한 마리 가격은 대략 3천만 원 안팎이다. 희귀종은 수억 원을 호가하기도 한다. 사우디의 한 왕자는 비행기에 80마리의 매를 태워 화제가 되기도 했다. 안대로 매의 눈을 가리고 좌석에 앉힌 진풍경이 연출됐는데, 실제로 카타르항공, 에티하드항공,

여객기 좌석 한 자리씩을 차지한 80마리의 매

에미레이트 항공 같은 중동 국적 항공사들은 이코노미 클래스
에 한해 매의 탑승을 허용한다. 단, '매 전용 여권'은 필요하다고
한다. 매를 향한 중동인들의 사랑을 엿볼 수 있는 대목이다.

돈 맛을 알아버린
북경의 코끼리

'상상想像'이라는 말은 원래 '상상想象'에서 나왔다. 오래전 중국 황하 주변에는 코끼리가 살았다. 점차 기온이 떨어지고, 귀한 상아를 얻기 위해 인간들이 코끼리를 살육하면서 중국 대륙에서 코끼리는 빠르게 사라져갔다. 그래서 코끼리를 실제로 볼 수 없으니 코끼리 뼈만 가지고 머릿속으로 그려내는 행위, 즉 상상을 하기 시작했던 것. 중국의 생태사를 다룬 《코끼리의 후퇴》라는 책에도 관련 내용이 나온다. 4천 년 전만 해도 북경 지역에는 코끼리가 살았지만 점점 남하해 이제는 윈난성 일부에서만 코끼리를 볼 수 있다.

생텍쥐페리의 《어린왕자》에 나오는 모자 그림에서도 상상력의 프레임을 테스트할 수 있다. 다음의 그림을 한번 보라. 어른

생텍쥐페리의 《어린 왕자》에 나오는 모자 그림

들은 대부분 그림을 보고 '모자'라고 대답한다. 반면 어린 왕자
는 보아뱀이 코끼리를 삼킨 것이라고 말한다. '모자'를 닮은 이
그림의 해석을 두고 어른들의 상상력이 빈곤하다는 의미는 될
수 있을지언정, 어린 왕자의 생각이 꼭 맞다고 주장할 수도 없
다. 가장 중요한 것은 고정관념을 뛰어넘어 보이지 않는 것을 상
상해내는 열린 마음이다. 전체를 보지 못하고 자신이 알고 있는
한 부분이 진리인 것처럼 고집하다가는 '장님이 코끼리를 만지
는' 차원에서 크게 벗어날 수 없다.

　　한때 '코끼리 냉장고에 넣기'라는 썰렁 개그가 유행한 적이 있
다. 직업별, 전공별, 대통령 통치 스타일별로 다양한 방법이 동
원됐다. 그중 예나 지금이나 변함없는 것은 '갑'의 우월적 지위
를 이용해 '을'에게 시킨다는 자조 섞인 이야기다. 왜 우리의 냉

장고는 언제나 정해진 크기로만 머릿속에 회자될까? 소설가 이시백의 제안처럼 키가 큰 코끼리에겐 기다란 냉장고를, 뚱뚱한 기린에겐 폭이 넓은 냉장고를 마련해야 한다. 상상 속에서는 모든 일이 가능하다. 그래서 상상은 힘이 세다.

조선 태종 때 귀양간 코끼리의
출신지를 찾아

1500년 전 제작된 백제 금동대향로 몸통에는 코끼리와 원숭이, 악어, 사자 등이 표현돼 있다. 출토된 백제 유물 중에는 코끼리 다리 모양의 벼루인 원형수족토연도 볼 수 있다.

백제의 유물에 어떻게 코끼리가 표현될 수 있었을까? 그 시절 코끼리는 어디서 왔을까? 백제인들은 정말 코끼리를 봤을까? 당시 장인들은 코끼리 모습을 상상을 통해 창조해낸 걸까? 중국 양나라의 화가 소역이 24개국 외국인 사절을 그린 〈양직공도〉에서 볼 수 있듯 백제는 중국 남북조 시대에 양나라와 교류했다. 한반도에 없는 동물들이 조각되었다는 것은 백제의 해외 교류가 우리가 생각하는 이상으로 활발했음을 보여준다. 백제 의자왕이 일본에 선물한 '목화자단기국' 바둑판에도 코끼리며 낙타, 공작새 등이 새겨져 있다. 백제 사람들이 코끼리나 악어, 낙타의 존재를 이미 알고 있었다는 반증이다.

코끼리가 선명하게 새겨진 백제 금동대향로

　　조선 태종 때 관리를 밟아 죽인 혐의로 귀양간 기구한 운명의 코끼리가 있었다. 이 코끼리는 애당초 1408년 '항국(인도네시아)' 국왕이 당시 무로마치 막부의 실권자였던 쇼군 아시카가 요시미쓰에게 보낸 외교 선물이었다. 일본은 요시미쓰가 죽자 코끼리를 3년이나 묵혔다. 더구나 불교에서 신성시한 흰색 코끼리도 아니었다. 그러다가 4대 쇼군 아시카가 요시모치 시절 돌려 막기식으로 다시 조선에 선물했다. 코끼리를 보내고 대장경을 얻어오는 쪽으로 가닥을 잡은 것이다. 실록에는 일왕 원의지源義持가 보냈다고 기록했다. 여기서 일왕은 '천황'이 아니고 막부의 우두머리인 '쇼군'을 말한다.

코끼리 발 모양의 벼루인 원형수족토연

　그럼 '항국'은 과연 어디일까? 오늘날 말라카 해협을 관할한 인
도네시아를 일컫는다. 코끼리를 일본에 보낸 1408년 무렵 항국
은 조와국, 곧 마자빠힛Majapahit 왕국(1293~1520)이다. 시기적으
로 따져보면, 태국 무역 사절인 장사도와 마자빠힛 왕국의 무역
사절인 진언상이 조선과 일본을 드나들 때와 딱 맞는다. 인도네
시아 수마트라의 팔렘방을 수도로 둔 스리위자야 왕국은 1377년
에 멸망했다. 팔렘방은 2018년 아시안 게임 개최지이기도 하다.
마자빠힛 왕국은 몽골의 침입을 물리친 스리위자야 다음에 세운
국가였다. 자바 중부에 번영했던 최후의 인도식 왕조로서 수마
트라해 전역과 말레이 반도 일부까지 지배하면서 중국이나 인도
차이나의 여러 나라와 밀접한 외교 관계를 맺었다.

　태종 시절 그 코끼리는 마자빠힛의 왕이 일본에 보낸 선물로

추정된다. 일본에도 정확한 자료는 없다. 아마 무역상 진언상이
무로마치 막부와 교섭을 트기 위해 선물로 가져왔을 것이다. 그
게 아니라면 애초에 조선으로 올 코끼리가 목적지가 변경되었
거나.

애물단지 '살인 코끼리'
조선 왕조 최초의 동물 재판을 받다

1411년 2월, 조선에 들어온 코끼리는 크게 환영받지 못했다. 궁
궐 한쪽, 임금의 가마와 말, 외양간, 목장 등을 관리하던 사복시
에서 말과 같이 사육됐다. 게다가 이듬해 공조전서(지금의 국토
부장관)를 지낸 '이우'가 코끼리에게 짓밟혀 죽은 대형 참사가 발
생했다. 이우가 코끼리에게 침을 뱉는 등 코끼리가 심한 스트레
스를 받을 해코지를 했는데 화가 난 코끼리가 그에게 돌진하다
가 그만 그를 밟아버린 것이다. 졸지에 살인범이 된 코끼리는 태
종과 세종에 걸쳐 조선 왕조 최초의 동물 재판 주인공이 됐다.
재판 결과 코끼리는 1413년(태종 13년) 11월 전라도 순천의 장도
(노루섬)에 유배 보내졌다. 작은 섬에 코끼리가 좋아할 먹이가
있었을 턱이 없다. 코끼리는 점점 말라갔고 사람을 보면 눈물까
지 흘렸다.

 이 소식을 접한 태종은 코끼리를 매우 가엾게 여겨 6개월 만
에 다시 코끼리를 전라도 육지로 불러들여 절대 죽이지 말고 잘

키우라고 지시했다. 졸지에 코끼리를 떠안게 된 전라도 관찰사는 1420년(세종 2년) 보고서를 올리는데, 태종의 뜻을 받아 잘 키워보려 했으나 하루에 100킬로그램이 넘는 귀한 식량을 축내는 데다 매우 위험하기까지 한 코끼리를 전라도 혼자서 감당하기는 너무 힘들다는 내용이었다. 전라도에서 이미 6년 이상이나 키웠으니 경상도와 충청도에서 서로 돌아가며 번갈아 키우게 해달라는 거였다.

세종은 코끼리를 충청도로 올려 보내도록 지시했다. 그러나 코끼리는 공주에서 또다시 사람을 해치고 말았다. 1421년 3월, 충청도 관찰사는 세종에게 '연쇄 살인 코끼리'를 섬에 유배시키길 간청했다. 결국 그 코끼리는 10년 동안 두 건의 살인을 저지르고 두 번 유배를 간 끝에 고달픈 생을 마쳤다.

수양대군과 봉림대군에게 절한
북경의 코끼리

1637년 청 태종 홍타이지는 군신 관계를 요구하며 조선을 침략해 소현세자와 봉림대군 등 300여 명을 심양에 인질로 끌고 갔다. 영의정을 지낸 문신 이유원은 만년에 쓴 《임하필기》에 흥미로운 이야기를 담았다. 봉림대군(훗날의 효종)이 볼모로 잡혀간 시절, 어느 날 북경에 들어갔다가 코끼리 우리 앞을 지나는데 별안간 코끼리가 절을 하는 게 아닌가. 가만히 있던 코끼리가 절을 한 것도 놀라웠지만 그 행태가 더 기이했다. 처음에는 두 무릎을 모두 꿇으려 했는데, 아차 싶더니 급히 한 무릎만 꿇었다.

봉림대군 일행이 거처로 돌아와 주위에 이 코끼리에 대해 물으니 그 대답이 걸작이다. "왕의 기상을 보았기 때문입니다. 본디 코끼리는 영특한 짐승이니 천자를 보면 두 무릎을 꿇습니다. 조선의 왕자께서 그 기운이 비범해 코끼리가 잠시 혼동한 듯합니다. 하지만 천자와 제후의 관계는 고금의 예이니, 코끼리가 결국 제후에게 하듯 한 무릎만 꿇은 것입니다."

코끼리가 절을 했다는 것은 그 코끼리가 '잘 훈련된' 코끼리였음을 암시한다. 조련사가 얼마나 잘 길들였는지 춤은 물론이고 재주까지 부릴 줄 알았다. 이유원은 "코끼리를 춤추게 할 때 마음대로 재주를 부리게 하였으되 내어놓는 돈의 다소에 따랐으니, 이 또한 세상 풍속이 나빠진 탓"이라고 적었다. 북경 코끼리의 개인기 대방출은 입금 금액에 따라 달랐던 모양이었다.

이유원은 1845년(헌종 11년) 동지사 서장관으로 북경에 가봤지만《열하일기》를 읽은 적은 없는 것 같다. 봉림대군이 귀국한 게 1645년 5월이다. 그로부터 135년이 지난 후, 연암 박지원은 코끼리 조련사 주머니에 관람료가 들어가는 걸 확인하고서야 몸을 움직이기 시작하는 코끼리를 봤다. 그때 북경의 코끼리들도 무릎을 꿇고 절을 했으니까 말이다. 코끼리를 사육하는 '상방象房'이나 호랑이 우리 '호권虎圈'은 북경을 찾는 사신 일행이 즐겨 찾은 관광지 중 하나였다.

청의 궁정화가가 1761년 그린 〈만국래조도〉의 부분.
청 건륭제에게 세계 각국의 사신들이 진상품을 들고 자금성
태화전으로 입조하는 장면을 그렸다. 코끼리를 탄 인도 사신단,
그 위로 갓을 쓴 조선 사신단이 보인다. 청은 조선을 사신단
맨 앞쪽에 배열해 대우했다.

이유원에 앞서 1828년(순조 28년)에 동지사(조선 시대 동지에 명
나라와 청나라에 보내던 사절)로 북경에 간 박사호 또한 봉림대군
(효종)에게 절한 코끼리와 비슷한 기록을 남겼다. "코끼리는 천
자를 보면 두 무릎을 꿇고, 제후를 보면 한쪽 무릎을 꿇는다고

한다. 우리나라 세조대왕이 수양대군 시절 연경에 들어갔더니, 여덟 마리의 코끼리가 모두 절하면서 무릎을 꿇었다. 이 또한 이상한 일이다"라는 전언을 소개했다.

명나라 때 코끼리는 봉건 질서를 토대로 사람을 가렸지만, 청나라 때 코끼리는 자본주의에 물들어 '돈'에 의해 사람을 가린 것 같다. 이 같은 이야기들은 코끼리가 영험한 동물이라는 인식이 민간에까지 전승되자 군주로서 위엄을 강조하려는 의도에서 덧붙여진 것이 아닌가 생각된다.

창경궁이 동물원이던 시절, 1960~70년대 '창경원 동물원 구경'은 모든 국민의 로망이었다. 최고 인기 스타는 단연 집채만 한 코끼리였다. 처음 코끼리를 본 느낌은 단순히 '크다' 그 이상

청나라 황실 유물인 코끼리 받침 보병 (심양 국립고궁박물관 소장)

이었다. 1970년대 우리나라에서 최초로 개봉한 인도 영화 〈신상〉은 인간과 코끼리의 우정을 그렸는데 흥행에 크게 성공했다. 주인공 코끼리 '라무'의 기억이 선명한 사람들은 너도나도 창경원으로 몰려들었다.

조선 태종 때 한반도에 최초로 들어온 코끼리는 전국을 전전하다가 귀양지에서 쓸쓸히 죽었지만, 1912년 500년 만에 한반도에 들어온 두 번째 코끼리는 창경원에서 수많은 어린이들에게 상상의 꿈을 심어주고 국민 행복지수를 높여줬다.

꼬리 아홉 달린 여우가 말했다.
우리 같이 살자고

바보 온달이 평강 공주를 만났을 때 첫눈에 반했을까? 오래전 로맨틱 코미디 영화 〈해리가 샐리를 만났을 때〉도 첫눈에 반하진 않았다. 고구려 평강왕 시절, 온달도 평강 공주에게 첫눈에 반하지는 않은 것 같다. 《삼국사기》 인물 열전 '온달 편'에 재미있는 묘사가 나오는데, 평강 공주가 고 씨에게 시집보내려는 부왕의 권유를 물리치고 온달을 찾아가 혼인 이야기를 꺼내자 온달은 평강 공주를 의심하며 한마디 내뱉는다. "이는 어린 여자가 하기에 마땅한 행동이 아니다. 필시 너는 사람이 아니라 여우나 귀신일 것이다. 나에게 가까이 오지 말라."

온달은 미천한 신분인 자기에게 접근하는 평강 공주를 둔갑한 여우로 취급했다. 온달의 출신 성분은 여전히 미지수다. 일부 학계에서는 온달이 우즈베키스탄 사마르칸트에서 건너온 왕족일 가능성이 크다고 한다.

해마다 여름이 되면 '납량특집' 드라마나 영화가 인기다. 납량納涼은 '서늘함을 맞다'라는 뜻으로 더위를 피한다는 피서避暑와 같은 맥락의 말이다. 납량물 중 가장 유명한 것은 과거 십수 년 동안 방송된 KBS TV 드라마 〈전설의 고향〉이었고, 단골 소재는 단연 '구미호' 괴담이었다. 구미호는 신통력을 가진 꼬리 아홉 개 달린 여우. 한중일 공통의 미확인 동물 요괴다. 주특기는 남자를 잘 홀리는 치명적 매력의 '팜 파탈'. 변신 마술을 부려 유괴에 인신 매매, 장기 밀매, 엽기적 살인을 일삼는다. 수많은 동물 요괴 중 최고 레벨 '만랩'을 찍을 수 있는 것도 바로 구미호가 아닐까?

〈전설의 고향〉 '구미호'의 한 장면

여우가 '비호감'
동물이 된 이유

이솝우화 '여우와 두루미' 이야기는 어렸을 적에 한 번쯤 읽어봤을 것이다. 여우와 두루미 중 누가 더 나쁜 놈일까? 여우는 먼저 두루미와 친해지기 위해 두루미를 초대해 음식을 대접했지만 머리가 나빠서 제대로 대접하지 못했다. 접시를 잘못 내온 것. 부리가 긴 두루미는 음식을 제대로 먹지 못했다. 이에 화가 난 두루미는 여우를 골탕 먹이기 위해 식사에 초대했고, 목이 긴 병을 준비해 여우가 음식을 먹을 수 없도록 했다. 결론은 어우는 선의였고, 두루미는 악의였다.

서양에서 여우의 이미지는 평범하다. 특별한 능력을 가지고

사막 여우. 생텍쥐페리의 《어린 왕자》에는 사막 여우가 등장하는데
실제 생텍쥐베리는 책을 쓰기 전 사막에서 살 때 사막 여우를 길렀다고 한다.

있거나 신적인 대상으로 비치지 않는다. 멕시코 영화 〈쾌걸 조로〉에서 'Zorro'는 스페인어로 '여우'라는 뜻을 갖고 있다. 조로는 가면 쓴 히어로의 원조 격인 캐릭터다. 한때 여우의 위상은 지금과는 많이 달랐던 걸까?

처음부터 여우의 이미지가 그다지 나빴던 것은 아니다. 동양에서의 여우는 굉장히 다양한 의미를 담고 있다. 상서로운 상징으로 그려지기도 하고, 성적으로 아주 매력적인 대상, 또는 변신을 일삼는 교활한 존재 등 복잡하게 나타난다. 선사 인류는 토템 신앙을 바탕으로 모든 사물에 영혼이 있다고 믿었다. 인간과 자연, 인간과 동물의 조화를 추구하는 사유가 기저에 있었기 때문이다.

여우가 산신이나 인간의 수호신적 존재로 나타난 경우도 많았다. 인간과 신, 지상과 천상을 이어주는 신령한 힘을 가진 존재로 인식된 것이다.

그런데 언제부터인가 여우는 교활하고 사악한 동물이라는 오명을 쓰기 시작했다. 여우의 서식지가 주로 마을 주변이라는 원인도 크다. 최근 우리나라 소백산에 방사한 여우도 마찬가지다. 실제 여우를 산에 풀어놔봤자 다시 마을 근처로 내려오곤 한다. 그래서 종복원기술원에서는 아예 자연 방사하기 전에 여우에게 '마을 투어'를 시켜줬다. 차에 태워 다니면서 "저 집은 어떤 할아버지가 사시는 곳이야"라고 말도 해준다. 투어를 반복하면 주민들도 여우를 친숙하게 여긴다는 것. 쥐와 같은 유해 동물을 잡아

먹는 여우는 다른 포식 동물에 비해 가장 사람 가까이에 있는 동물이다. 특히 야산의 공동묘지를 파헤치는 여우 괴담은 꼬리에 꼬리를 물고 많은 이야기의 소재가 됐다. 점점 여우는 술수나 부리며 인간을 괴롭히는 동물로 낙인찍힌 채 사라져갔다.

같은 듯 다른
한중일 여우

한중일이 바라보는 여우의 이미지는 비슷한 듯하면서 다르다. 일본은 여우에 관해 부정적 이미지를 갖고 있지만 동시에 토속 신 '이나리 신'의 사신으로 추앙하기도 한다.

　반면 우리나라는 유독 여우에 대해서만큼은 부정적 이미지가 강하다. 전통 놀이인 '여우야 여우야 뭐하니' 속에서도 여우가 살았는지 죽었는지를 묻는다. 우리 민족의 정서는 여우에 대해 결코 호의적이지 않았던 것. 실제로 '착한 여우' 이야기는 거의 드물다. 그중 으뜸인 게 고려 명장 강감찬의 탄생 설화다. 강감찬의 아버지가 여우로 변한 여인과 합방해 강감찬을 낳았다는 것. 영웅으로서 면모를 신화적 성격으로 강조한 동물 결혼 모티브의 일종이지만, 여기서 여우는 사악한 이미지로 그려진다.

　중국에서 여우는 크게 두 가지 유형으로 구분된다. 사람을 잘 홀리는 요염한 여인과 나이 많고 지혜로운 노인의 모습. 중국 설화 속 대부분의 여우는 인간 남자와 결혼해 '오래오래 행복하게 살았더래요'로 끝난다. 이는 유교보다 도교의 영향을 더 많이 받은 탓도 크다. 일본의 경우 신앙 숭배의 대상에서 남성을 유혹하는 요부까지 매우 다양한 모습으로 그려진다.

그런가 하면 베트남은 건국 신화에 구미호가 등장한다. 천 년 묵은 여우의 정령인 구미호 '호띤'은 밤이면 귀신이나 인간으로 변신해 사람들을 잡아먹었는데, 용신에게서 태어난 '락롱꾸언'에게 제압을 당한다. 이 락롱꾸언의 아들들이 베트남의 시조가 된다. 베트남은 지형상 동남아 가장자리에 위치한 다민족 사회다. 이런 특수성 때문에 베트남의 건국 신화는 산악 세력과 해양 세력이 만나 고대 국가를 형성하게 된 배경을 보여준다.

조선 시대에도 살았던
흰여우, 검은여우

"검은여우를 산 채로 잡아 오면 쌀 50석과 면포 50필! 관청에 신고만 해도 쌀 30석과 면포 30필을 포상금으로 줌." 1428년 2월(세종 10년), 전국에 검은여우 생포령이 내려졌다. 쌀 50석은 100가마(80킬로그램). 지금 시세로 100가마는 2천만 원이다. 면포 값까지 합치면 백성 입장에서는 로또나 마찬가지였다. 파격적인 조건을 내건 때문인지 한 달도 채 되지 않아 검은여우가 평안도에서 잡혀 올라왔다. 세종은 이 여우를 왕실 후원에서 키우게 했다.

검은여우

　사실 세종이 키우고 싶어서 그런 게 아니라, 중국 사신이 검은 여우를 내놓으라고 행패를 부렸기 때문이었다. 실록에는 '검은 여우'로 표기했는데, 완전한 흑색 여우인지, 회색빛 은여우Silver fox인지는 확실치 않다. 검은여우는 붉은여우의 유전적 결함으로 생겨난 돌연변이다. 서양에서는 악마의 화신으로 생각해 눈에 띄는 대로 잡아 죽였던 흑역사가 있다. 조선 초기에는 드물지만 흰여우도 존재했다.

　1427년에는 명나라에 보낼 흰여우 가죽을 진상하라는 어명이 내려졌다. 흰여우 자체가 당시에도 워낙 귀한 동물이었기 때문에 그 가죽으로 만든 모피는 임금만이 입을 수 있었다. 연산군은 명나라와의 무역품이 아니라 개인적으로 흰여우와 검은여우 가죽을 8도에 명하여 진상토록 강요했다. 조선 후기가 되면 흰여우는 불여우와 함께 요물의 대표 주자로 올라선다.

우리 역사 문헌에서는 일찍부터 여우가 등장한다. 《삼국사기》와 《삼국유사》 등 역사서에 대부분 길흉을 나타내는 장면에서 여우가 출현한다. 고구려를 비롯해 신라와 백제 그리고 고려의 건국 신화를 살펴보면, 대부분 여우를 사악한 동물로 규정한다.

서기 121년 10월(고구려 태조대왕 69년), 숙신의 사신이 와서 자주색 여우 가죽 옷과 흰매, 흰말을 바쳤다. 148년 7월(고구려 차대왕 3년)에는 왕이 사냥하는데, 흰여우가 따라오면서 울었다. 이에 왕이 활을 쏘았으나 맞추지 못했다. 왕이 무당에게 물으니 그가 말했다. "여우는 요사한 짐승이어서 상서롭지 못합니다. 더구나 그 색이 희니 더욱 괴이합니다. 하늘이 그 말을 간절하게 전할 수 없으므로, 요괴로 대신 보여 주는 것입니다. 만약 왕께서 덕을 닦으면 화를 복으로 바꿀 수 있습니다." 무당은 백여우가 요사스러운 동물이니 왕의 근신을 암시하는 것이라고 해석했다. 그러자 왕은 "흉하면 흉하다 하고 길하면 길하다 할 것이지 네가 이미 요사스러운 짐승이라고 말해놓고 또 복이 된다고 하니 이 무슨 거짓말인가?" 화가 난 왕은 무당을 죽였다. 차대왕은 그 후 왕의 폭정에 항거한 백성들에 의해 살해됐다.

흰여우 백호는
더욱 불길해

기록상으로 최초로 여우가 사람으로 둔갑한 사례는 백제에서
나타난다. 501년(백제 동성왕 23년) 1월에 왕도에서 나이 든 여인
이 여우로 변해 사라졌다. 당시 왕도는 지금의 충남 공주 지역을
말한다. 그해 12월 동성왕은 암살당해 죽었다.

백제와 고구려가 멸망할 무렵에도 여우가 나타난다. 659년
2월(백제 의자왕 19년), 부여 사비성에 여우 떼가 궁궐에 들어왔
다. 그중 흰여우 한 마리가 상좌평 책상에 올라앉았다. 무리 생
활을 하는 늑대도 아니고 여우가 떼로 들어온 것이다. 다음해
7월 백제는 멸망했다.

여기서 흰여우는 북극여우가 아닌 돌연변이 알비노종이다.
전통적으로 흰사슴, 흰기러기, 흰토끼 등 털빛이 하얀 동물은 상
서롭게 여겨졌다. 그러나 유독 흰여우만은 '새 왕이 나타날 징
조'라 하여 탄압을 받았다. 새 왕이 나타난다는 것은 왕이 바뀌
거나 나라가 멸망하고, 다른 왕조가 세워진다는 뜻이기 때문이
다. 668년(고구려 보장왕 27년) 연초 평양성에 늑대와 여우가 성
에 들어왔다. 두더지도 문에 구멍을 뚫어 인심이 흉흉해졌다.
그해 9월 평양성이 함락됐다.

《삼국유사》에도 여우는 어김없이 등장한다. 《삼국유사》는 특
성상 《삼국사기》에 비해 판타지적 요소가 많은 게 특징이다. 신

흰여우

라 진평왕 시절에는 여우로 변한 '길달'이란 요괴가 등장하고, 진
성여왕 때는 용의 간을 빼먹고 힘을 축적하던 여우가 있었다. 여
우는 결국 용의 부탁을 받은 '거타지'에 의해 퇴치당한다. 선덕
여왕 시절에는 늙은 여우가 땡중과 짜고 행패를 부리다가 '밀본'
이라는 승려에 의해 제압당하는 이야기가 실렸다.

　여우는 《고려사》의 첫 페이지와 마지막을 장식하기도 한다.
태조 왕건의 할아버지 작제건은 늙은 여우 때문에 두통이 심한
서해 용왕을 도와주고, 용왕의 딸을 아내로 얻었다. 《고려사》의
마지막은 '신돈'을 구미호와 동일시했다. "신돈은 사냥개를 겁내
고 사냥을 싫어했다. 또 여색을 밝혀 매일 '오계(검은 닭)'와 '백마'
를 잡아먹어 양기를 돋웠기에 사람들은 그를 늙은 여우의 화신
이라고 불렀다."

조선 시대에 편찬한《고려사》는 공민왕을 도와 개혁 정치를 펼치려 했던 신돈에 대해서는 매우 부정적으로 평했다. 신돈은 여종의 아들이라는 미천한 출신, 이미 부패한 고려 권문세족들의 적대로 그 한계가 명확했다. 더구나 조선 건국의 정당화와 고려사 매도에 철저하게 이용됐다. 그래서 남자인데도 뜻하지 않게 '구미호'의 옷을 입은 요승으로 전락했다.

조선 시대에 유독 여우가
성적으로 더 부각된 이유

조선 시대에 접어들면, 여우의 성적 매력은 한층 더해진다.《어우야담》등 야담집과《전우치》등에서 여우의 흔적이 쏠쏠하게 발견된다. 암컷 여우가 사람으로 변해 남자를 유혹하거나, 혹은 수컷 여우가 남자로 변신해 여자를 유혹하는 이야기다. 대부분의 여우 설화에는 성적 요소가 들어가 있고, 이를 이용해 이성을 현혹한다는 공통점을 가진다. 삼국 시대나 고려 시대보다 여우가 많아져서일까?

조선 시대 들어 여우가 갑자기 성적으로 더 부각된 이유는 무엇일까? 유교 문화의 희생양으로 여우를 삼았다는 해석이 있다. 여우는 가부장적 조선 사회에서 남성을 유혹해 파멸로 이끌거나 현모양처의 위치를 위협하는 존재로 그려졌다. 이로 인해 유교 사회의 근본인 가정을 붕괴시키는 사악한 존재로 자리매김

된 것이다.

남존여비 사회에서 능력 있는 여성의 출현은 권위와 체제에 도전하는 불순 세력으로 간주됐다. 여우는 온갖 둔갑술과 변신 마술에 능하다. 게다가 "나는 인간이 되고 싶어요"라는 원초적 클리셰까지 가졌다. 적대적 희생양으로 삼기에 딱 적합한 대상 이다. 결국 여우의 부정적 이미지는 우연이라기보다는 의도적 으로 주입된 것이라 볼 수 있다.

좋은 개, 나쁜 개,
이상한 개

우리나라 최초의 시각 장애인 안내견은 언제부터였을까?

1282년(충렬왕 8년) 개경 불복장리에 눈먼 아이가 있었다. 부모는 모두 전염병으로 죽고 아이 혼자 흰 개 한 마리와 살았는데, 아이가 개 꼬리를 잡고 길에 나오면 사람들이 밥을 주었다. 개는 감히 밥그릇을 먼저 핥지 않았다. 아이가 목이 마르다고 하면 개가 아이를 이끌고 우물에 가서 물을 마시게 한 뒤 다시 집으로 돌아왔다. 눈먼 아이를 돌보는 개는 모두에게 칭송받았다. 아이가 "제가 부모를 잃은 뒤로 개에 의지해 삽니다"라고 말하니, 보는 사람들이 가련하게 여기고 의로운 개라고 불렀다. 《고려사》에 실린 이야기다. 변절과 배신을 밥 먹듯 하는 인간보다 나은 개 이야기는 큰 감동을 안겨준다.

시각 장애인 안내견을 양성하기 시작한 계기는 제1차 세계대전 때 많은 군인들이 시력을 상실하면서, 부상 군인들의 사회 복귀를 위한 여러 교육과 재활 훈련이 시도되면서부터다. 그 과정에서 1916년 독일 몰덴부르크에 안내견 학교가 개설됐다. 이때부터 독일 국견으로 유명세를 떨치던 셰퍼드가 시각 장애인을 인도할 수 있다는 사실에 관심을 가지게 됐다.

우리 민족의 오랜 친구
삽살개

지금으로부터 천 년 전. 전북 임실에 살던 김개인이라는 사람은 개 덕분에 목숨을 건졌다. 그는 개와 함께 동네잔치에 갔다가 그만 술에 취해 길에서 깜빡 잠이 들었다. 그때 들불이 났다. 불은 점점 가까이 다가왔지만 개가 아무리 짖어도 주인은 도무지 일어날 생각을 하지 않았다. 개는 개울에 몸을 담근 뒤 풀밭을 이리저리 굴러 불이 번지지 못하도록 막았다. 개울과 불길을 오가길 수십 차례. 개는 끝내 기운이 다해 그만 죽고 말았다. 나중에 잠에서 깬 주인이 그 사실을 알고는 노래를 지어 기리고 고이 묻어줬다. 그때 무덤에 꽂은 지팡이가 나무로 자라서 그 땅을 오수라고 했다. 지금 임실군 오수면(큰 개 '오獒' 나무 '수樹')이라는 지명이 그것이다.

이 이야기는 고려 후기 문신 최자가 엮은 시화집 《보한집》에 실려 후대에 널리 알려졌다. 제 몸 바쳐 주인을 구한 충직한 개의

주인을 살린 충견을 기리기 위해 세운 오수의견비

이야기는 조금씩 내용만 달리해서 여러 지역에 남아 있다. 몸에 물을 묻혀 불을 끄기 위해서는 털이 길고 덩치도 커야 한다. 그런 점에서 오수견은 진돗개와는 전혀 다른 삽살 사자견종이 아닐까 추측된다.

　우리 역사에서 삽살개는 신수로 인식되어 수많은 전설과 설화에 등장한다. 고려 마지막 임금 공양왕은 재위 4년 만에 폐위돼 1394년(조선 태조 3년)에 삼척에서 세상을 떠났다. 고양시 원당동 공양왕릉에는 삽살개와 관련한 전설이 남아 있는데, 공양왕이 왕위를 빼앗겨 개성에서 도망쳤을 때 사람들이 공양왕을 찾지 못해 고생 중이었다. 그때 왕이 귀여워하던 삽살개가 연못을 향해 짖어 살펴보니 왕과 왕비가 죽어 있었다. 이 설화를 기초로 공양왕과 왕비 능을 조성했다. 왕릉 앞 석상은 왕의 시신을

공양왕릉 앞에 세워진 삽살개 석상

찾게 해준 삽살개를 기리기 위해 세웠다.

북방 유목 민족은
수렵이나 목양견으로

중국의 경우 한족은 보신탕을 즐겼다. 유방을 도와 제후에 오른 번쾌는 개장수 출신이다. 한나라를 세우기 이전, 젊은 시절의 유방은 번쾌를 찾아가 돈도 내지 않고 공짜로 개고기를 먹곤 했다. 《수호지》에서는 노지심이 개고기를 맘껏 먹는 장면이 나온다.

반면 청나라를 건국한 만주족은 보신탕을 먹지 않았다. 청나라 태조 누르하치를 구한 개에 대한 설화는 여러 버전이 있는데,

하나는 의견구주義犬救主, 곧 의로운 개가 주인을 구했다는 전설이다. 대체적으로 우리나라 임실의 '오수개' 이야기와 같은 구조다. 누르하치가 젊은 시절 사냥 도중 중상을 당해서 정신을 잃었는데 그때 마침 산불이 났다. 그와 함께 사냥을 나섰던 개 한 마리가 아주 총명했는데, 불이 나자 차가운 강물에 털을 적신 후 몸에 묻은 물로 주인 주변의 불을 꺼 누르하치를 살렸다. 이 일을 계기로 누르하치가 여진족에게 개고기를 먹지 못하게 명을 내렸다는 것이다.

다른 이유는 누르하치가 세력을 키우던 초창기에 집에서 기르던 개 때문에 암살 위기를 모면했다는 것. 암살자의 침입을 개가 짖어 알렸다고 한다.

사실 만주족이나 나나이족(흑수말갈)과 같은 동북아 소수 민

인장 모양 은제 사자 개 조각상, 청나라의 17세기 유물이다.

청나라 건륭제 시기에 궁정화가로 활약한
예수회 선교사가 그린 〈공견도〉. 서양의 여러 국가에서
공물로 바친 개들을 사실적으로 묘사했다.

족들이 개고기를 먹지 않는 것은 수렵 및 어업 생활과 밀접한 관련이 있다. 청은 나나이족을 사견국使犬國 또는 사견부使犬部로 칭했는데, '개를 부리는 나라'라는 뜻이었다.

동북아 지역은 땅이 넓고 사람은 적으며 산과 숲이 깊다. 이런 지리적 특성 때문에 호랑이나 표범, 늑대 등 맹수가 곳곳에 출몰한다. 개는 일상생활에서 집을 지키고 사냥을 도와주는 중요한 역할을 했다. 그래서 만주족은 개에 대한 감사의 뜻으로 개고기를 먹지 않는 습관이 생겼다. 청나라 시절 북경 사람들은 복날에 개고기를 찾는 조선 사신들을 이상한 시선으로 바라봤다. 18세기 후반 들어 한양과 지방에 개고기 식당이 많이 생겼는데, 오늘처럼 돈을 주고 보신탕을 사 먹었다.

전남 장성의 식인 개,
경북 영주의 효자 개

흔히 우스갯소리로 개가 사람을 물면 뉴스가 안 돼도 사람이 개를 물면 뉴스가 된다고 한다. 조선 중기 문신 유몽인이 쓴 우리나라 최초의 야담집《어우야담》'만물 편'에는 개가 사람을 잡아먹은 이야기가 나온다. 전남 장성의 산 아래에서 어떤 사람이 사냥을 업으로 살고 있었다. 집에는 수십 마리 사냥개를 길렀다. 하루는 흠뻑 취해 집에 돌아와 화로 옆에서 잠들었다가 옷자락에 그만 불이 옮겨 붙어 불길이 온몸에 번져 죽었다. 그러자 개들이 모여들어 모두 먹어치웠다. 얼마 뒤 집안사람들이 돌아와 이를 보고 놀라 개들을 때려죽였다. 그중 대여섯 마리의 개들은 산속으로 도망쳤다. 이미 인육 맛을 본 개들은 우거진 갈대숲에 숨어 있다가 혼자 지나가는 사람이 있으면 달려들었다. 이러한 일이 반복되자 마을 사람들은 개떼를 섬멸했다. 보기 드문 식인 개 이야기다.

영조 연간 학자 김낙행이 지은 시문집《구사당집》에는 효자 개 이야기가 나온다. 경북 영주 어느 민가의 강아지 두 마리가 보신탕용으로 죽은 어미 개를 위해 복수한 일을 적었다. 죽계 에 사는 어떤 이가 개를 길렀는데, 처음 새끼 한 마리는 이웃에 게 주고, 다음에 태어난 새끼 두 마리는 자기가 길렀다. 새끼들 이 다 자라자 주인이 어미 개를 잡으려고 개울가로 갔다. 새끼 두 마리는 급히 달려가더니 먼저 태어난 형님 개를 데려왔다. 새 끼들은 어미와 주인을 번갈아 바라보면서 슬피 울었다. 이윽고 주인이 개를 잡는 일을 마치고 집에 돌아와 솥에 어미 개를 넣 어 삶기 시작했다. 다 익어서 먹으려고 할 때 마침 이웃집 사람 이 왔다. 그는 솥을 들여다보고 침을 흘리며 "거 참 맛있겠다"라 고 했다. 그러자 갑자기 새끼 개 세 마리가 이빨을 드러내고 그 사람을 물어뜯었다. 주인은 두려운 마음에 개를 먹지 않고 버렸 다. 새끼들은 어미 개를 물고 가 산기슭에 묻더니 큰 소리로 울 부짖고는 그 곁에 누워 죽었다.

고구려 장천 1호분의 벽화. 주인공 옆에 두 마리 삽살개가 그려져 있다.

유교 윤리를 헌법처럼 지킨 조선 사회는 '충'의 성질을 가진 개를 유난히 좋아했다. 신윤복이나 장승업, 김두량, 안중식, 어유봉 등이 그린 수많은 풍속화에서 개 그림을 볼 수 있으며 춘향전이나 숙향전과 같은 수많은 고전 문학 작품에도 등장한다.

반려견을 키우면
좋은 이유

우리나라의 경우 집 안에서 개를 키우기 시작한 건 불과 30년 전부터다. 급격한 도시화와 주거 문화 변천은 반려견 문화까지 바꿨다. 집 안에서 개를 키우는 것에 대해서는 여전히 갑론을박이 있지만 반려견이 사람의 건강과 수명에 긍정적 영향을 끼친다는 연구 결과는 많다. 반려견을 키우는 사람이 그렇지 않은 사람보다 뇌졸중, 심근경색 등 심혈관계 질환으로 사망할 확률이 더 낮다는 것. 독신이면서 개를 기르는 사람은 독신이면서 개를 기르지 않는 사람보다 사망 위험이 33퍼센트, 심장 발작 위험은 11퍼센트나 낮았다. 개가 노인의 외로움을 덜어주고 사람의 정신 건강에 긍정적인 효과를 주는 것은 익히 알려져 있다.

지금 전 세계에는 약 300여 종류의 개가 있다. 개는 자신의 의지와 무관하게 운명이 갈린다. '의견상義犬像'까지 세워져 추앙받다가도 보신탕용으로 전락하기도 한다. 언제부터인가 험한 말에는 으레 '개'자가 따라붙었다. 이제 '개'란 접두사는 극단과 비루함의 상징이 됐다. 그러나 잊지 말자. 오랜 세월 인간과 개, 개와 인간은 공존의 길을 걸었고 또 모색해왔음을. 개는 사람의 가장 충직한 친구이자 그 어떤 동물보다 사람과 가깝게 지낸 동반자다. 파스칼은 말했다. "나는 사람을 오래 관찰할수록 내가 기르는 개를 더욱 사랑하게 된다."

다람쥐 수출을 위한 '다람쥐섬'이 있었다?

예나 지금이나 막내는 집안의 귀여움을 독차지한다. 막내아들은 늘 '버릇없음'의 대명사가 되기도 한다. 세종이 가장 예뻐한 아들은 1434년 정비 소헌왕후가 낳은 8남 2녀 중 막내였던 영응대군이었다. 당시 세종의 나이는 38세. 소헌왕후는 40세였다. 당시 산모 나이 40세는 요즘으로 치면 환갑이 지난 나이다. 세종은 12세에 두 살 연상인 청송 심씨와 결혼해 4년 뒤 첫 공주를 낳았다. 나이 16세에 아빠가 된 것이다. 자식 농사는 풍년이었다. 왕비와 후궁 다섯을 합쳐 부인이 여섯, 자녀는 18남 4녀, 22명에 달했다. 아들이 많다 보니 며느리도 많았고 탈도 많았다. 특히 맏아들 문종에게 시집온 맏며느리들은 질투와 동성애로 점철됐다.

세종은 눈에 넣어도 아프지 않을 막내의 양육을 신빈 김씨에게 부탁했다. 소헌왕후는 병약해 도저히 아이를 키울 상태가 못되었다. 수양대군이 어리고 칭얼거릴 때 궁궐에 갓 들어온 신빈 김씨가 얼러주고 업어주며 키웠던 적도 있었다. 천성이 착하고 깔끔해 영응대군의 유모로서 최적이었다. 영응대군은 부모는 물론 신빈 김씨로부터 사랑을 듬뿍 받으며 자랐다. 그야말로 조선에서 가장 행복한 왕자였다. 다른 왕자들은 왕실 예절에 따라 세종에게 '진상進上'이라 불렀지만 막내에게만큼은 '아버지'라 부르게 했다. 정실 왕자 여덟 명 가운데 용모도 가장 수려하고 품성도 총명했으니 세종이 편애한 것은 어찌 보면 당연한 일이었다.

세종대왕이 막내아들에게 준
어린이날 이색 선물

1442년(세종 24년) 3월 10일, 영응대군이 아홉 살 때였다. 세종은 강원도 관찰사에게 하늘다람쥐 두 마리와 새끼 독수리 두 마리를 바치게 했다. 실록에는 "세종이 영응대군을 즐겁게 하기 위한 것"이라고 적었다. 요즘으로 치면 '어린이날' 선물인 셈이다. 그런데 개나 고양이도 아니고 하늘다람쥐와 새끼 독수리라니. 둘 다 쉽게 접할 수 있는 동물은 아니다. 이런 야생 동물은 세종이 스스로 골라 선물한 것은 아닐 것이다.

하늘다람쥐는 덩치에 비해 눈망울이 유난히 크고 까맣게 빛

눈망울이 유난히 큰 하늘다람쥐

난다. 아마 어린 영응대군은 낯선 생명체 하늘다람쥐를 숨죽이며 바라봤을 것이다.

　5일 뒤 세종은 또다시 강원도 관찰사에게 진기한 새를 바치게 했다. 이것 또한 영응대군에게 주려는 것이었다.

　세종의 아버지인 태종은 자신의 왕자들이 마음을 바로잡지 못하고 공부에 소홀할까 봐 애완동물들을 멀리하라고 했다. 그런데 세종대왕은 아버지의 훈육관과 달리 오히려 동물을 선물로 주었다. 확실히 '아들 바보'다. 세종은 영응대군이 아홉 살이 되자 데리고 사냥터에 나갔다. 그리고 아직 활 솜씨가 서툰 아들을 위해 어린 사슴을 몰아주기도 했다.

1444년 7월 8일 세종은 경복궁 사정전에서 며느리 후보들을 면접하고 직접 영응대군의 짝이 될 막내며느리를 간택했다. 이 듬해 12세가 된 영응대군은 판관 송복원의 딸을 아내로 맞아 안국동 새 저택으로 분가했다. 막내를 사랑한 세종이 아들에게 준 혼수품은 다른 왕자들과 비교할 수 없을 정도였다. 그런데 혼례를 올린 지 3년이 넘도록 부인 송씨는 아이를 낳지 못했다. 결국 4년 뒤 세종은 막내며느리를 내쳤다. 영응대군은 정춘경의 딸과 강제로 재혼했다.

그로부터 1년 후 세종은 그토록 사랑했던 막내의 집에서 눈을 감았다. 향년 54세. 세종의 혼인과 이혼 명령에 고분고분 순응했던 영응대군, 그러나 부왕이 승하하자마자 본심을 드러냈다. 이혼한 첫 아내 송씨를 그리워한 것. 이후 영응대군은 수시로 송씨 집을 찾아가 정을 나누더니 딸까지 낳았다. 이쯤 되면 첫사랑 순정인지, 불륜인지 자못 헷갈리는 장면이다.

단종이 열두 살 어린 나이로 즉위하자 수양대군은 자기 맘대로 영의정에 올랐다. 그리고 어명을 빙자해 송씨를 다시 막냇동생 영응대군의 부인으로 맞아들이라고 명했다. 영응대군은 기다렸다는 듯 둘째 부인 정씨와 이혼하고, 첫사랑 송씨와 다시 결합했다. 영응대군은 늦둥이 아들을 사랑한 아버지 세종의 유언으로 궁궐의 수많은 금은보화를 받았다. 그런 영응대군이 34세의 젊은 나이로 죽자 모든 재산은 송씨의 것이 됐다. 송씨는 세

2012년 5월 덕유산에 나타난 하늘다람쥐

종에게는 쫓겨난 며느리였지만 단종과 세조, 예종, 성종, 연산
군, 중종 여섯 왕의 비호를 받았다. 그녀는 평생 호화로운 삶을
살다가 80여 생 천수를 누렸다.

화천 산골짝에
'다람쥐섬'

일본이 우리나라에 가장 많이 보낸 동물은 앞에서도 얘기했듯
원숭이였다. 조선에서는 별로 달갑지 않은 원숭이를 자꾸 선물
로 가져와 사육 방법을 두고 고민한 기록이 많다. 심지어 연산군
은 여러 번 원숭이를 돌려보내기까지 했다. 문종이 왕위에 오르
자 일본 여러 지방 제후들이 잇달아 취임 선물로 원숭이를 보냈
다. 그 답례로 다람쥐 두 마리, 강아지 두 마리, 거위 한 쌍, 흰 오
리 한 쌍을 보냈다. 그때 일본이 얻어 간 다람쥐가 세종이 막내

에게 줬던 하늘다람쥐인 것 같다. 일본의 하늘다람쥐는 '포켓몬 스터' 속 캐릭터 에몽가의 모티브 동물이 됐다.

국내에 서식하는 다람쥣과 동물은 하늘다람쥐, 청설모, 다람쥐 등 3종이다. 다람쥐를 뜻하는 영어 스퀴럴squirrel은 대개 청설모를 가리킨다. 우리가 흔히 보는 갈색 줄무늬 다람쥐는 영어로 칩뭉크chipmunk라 부른다. 유럽에는 줄무늬 다람쥐가 살지 않는다. 한국산 다람쥐는 청솔모와 달리 줄무늬가 뚜렷하고 몸통도 작아 귀엽기로 정평이 나 있다. 햄스터와 달리 분비샘인 취선이 없어 냄새도 적은 편이다.

이 다람쥐가 한때 외화벌이의 일등 공신이 됐다. 1962년 일본 수출을 선두로 70년대까지 한해 최대 30만 마리를 애완용으로 수출했다. 마리당 몇 달러로 팔리니 강원도 지역 주민들에게 다람쥐는 짭짤한 돈벌이가 됐다. 그 다람쥐들이 일본에 건너가 고된 훈련(?)을 받고 몇 배 가격으로 프랑스 등에 재수출됐다. 다람쥐가 돈이 되니까 잡아다가 무인도에서 기르려는 사람도 있었을 정도다. 그 섬이 춘천시와 화천군 사이 파로호에 있는 섬인데, 지금도 '다람쥐 섬'으로 불린다. 원래는 완만한 형태의 구릉이었는데, 화천댐 건설로 낮은 부분이 물에 잠기면서 생겨났다.

1970년대 한 사업가가 애완용 다람쥐 수만 마리를 이곳에서 사육했다. 그러나 다람쥐 번식 작전은 실패했다. 다람쥐를 잡아다 무인도에다가 풀어준 지 6개월 만에 파로호가 가뭄으로 말라

파로호의 다람쥐섬

버렸기 때문이다. 이 바람에 섬과 육지가 연결됐고, 다람쥐들은 모두 육지로 달아나버렸다. 중국 하얼빈 태양도 공원에도 다람쥐섬松鼠島 쑹슈다오가 있다. 쑹화강 섬 주변에 유리벽을 세워 다람쥐와 청설모들이 도망 못 가게 해놓고 돈을 받는다.

우리가 잘 모르는
'숲의 모태' 다람쥐

어린 시절 누구나 한번쯤은 불러 봤을 동요 '산골짜기 다람쥐'를 기억하는지? 다람쥐는 동요의 소재가 될 만큼 우리에게 아주 친숙한 동물이다. 귀여운 생김새 덕분에 산과 숲에서 다람쥐를 만나기라도 하면 다들 반가워한다. 특히 날다람쥐는 왠지 민첩할

도토리 나무라고 불리는 상수리 나무

것 같은 인상을 주기 때문에 산을 잘 타는 사람의 별명으로 붙었다.

잘 알려졌듯 다람쥐가 즐겨 먹는 것은 도토리다. 다람쥐 이빨은 평생 동안 자라서 이빨을 닳게 하려고 껍질이 단단한 열매나 씨를 갉아먹는다. 그런데 이 도토리를 저장하는 방식이 남다르다. 대량으로 저장해둘 때는 땅속 둥지에 모아두는데 이것을 '둥지 내 저장'이라고 한다. 도토리를 발견하고 생각나는 대로 얕게 묻어두는 것은 '분산 저장'이라고 한다. 우스꽝스러운 건 자신이 도토리를 묻어둔 장소를 기억하지 못한다는 것. 하지만 묻어둔 채 잊어버린 도토리는 이듬해 귀한 식량으로 쓰인다. 다른 다람쥐들 역시 자기가 도토리를 묻어둔 장소를 잊어버리기 때문이다. 다람쥐들은 먹이의 20퍼센트를 이처럼 남이 저장한 걸 획득한다. 서로가 묻어둔 도토리를 찾아 먹으며 힘든 겨울을 이겨내

설악산 국립공원에서 포착돼 화제를 모은 흰색 다람쥐, 알비노.

는 것이다.

도토리는 건조한 곳에서는 싹을 틔우지 못한다. 땅 위로 떨어지면 그대로 말라버린다. 너무 깊은 땅속에 묻혀도 안 된다. 식물은 태양빛을 받아야 살 수 있는데 너무 깊이 묻힌 도토리는 뿌리가 나오고 싹이 터도, 빛을 받지 못해 죽어버린다. 그런데 신기하게도 다람쥐는 도토리가 죽지 않고 자랄 수 있는 깊이를 잘 알고 있다. 나무를 심는 데 아주 중요한 일꾼이다. 그러니 다람쥐가 사라진다면 숲도 머지않아 사라질 수 있다. 조그만 다람쥐에게 이런 지혜가 있다는 사실이 놀랍다. 물론 다람쥐가 도토리만 먹는 것은 아니다. 새싹이나 꽃봉오리부터 메뚜기, 개구리까지 다람쥐의 식성은 잡식이다.

하늘다람쥐는 앞다리와 뒷다리 사이에 신축성이 뛰어난 피부조직인 날개막이 달려 있는데 이 날개막이 일종의 행글라이더 역할을 한다. 그래서 얼핏 보면 하늘을 나는 것 같지만 사실 새처럼 위아래로 날지는 못한다. 비행이 아닌 공기를 타고 내려오는 활공을 하는 것뿐이다. 하늘다람쥐는 다리를 뻗어 비막을 펼치고 꼬리로 균형을 잡는다. 나무 위 같은 높은 곳에서 뛰어내릴 때는 비막을 넓게 펼쳐 수십 미터 거리를 이동한다. 하늘다람쥐는 한때 서식지인 숲이 파괴되면서 거처를 잃기도 했다. 이 때문에 개체수가 점점 줄어 지금은 천연기념물 제328호로 지정되어 보호받고 있다. 다행히 최근 들어 숲이 본래의 모습을 되찾아가면서 곳곳에서 다시 목격이 되고 있다. 그러니 뒷산을 가든 국립공원을 찾든 도토리는 부디 숲을 위해 다람쥐의 몫으로 남겨 두자.

고양이를
탄핵한다!

레전드가 된 록 그룹 퀸의 프레디 머큐리가 사랑한 것은 음악만
이 아니었다. 영화 〈보헤미안 랩소디〉 속에도 언뜻언뜻 비치듯,
그의 고양이 사랑은 대단했다. 첫 솔로 앨범 〈Mr. Bad Guy〉를
고양이에게 헌정할 정도였다. 그의 애완 고양이 중 하나인 '딜라
일라'는 톰 존스의 세계적 명곡과 같은 이름. 성경에서 영웅 삼
손을 망치는 팜파탈 '데릴라' 이야기의 주인공이다.

　고양이는 나무랄 데 없이 완벽하게 아름다운 동물이다. 이장
희 시인은 '봄은 고양이로다'라는 시에서 "꽃가루와 같이 부드러
운 고양이의 털에 고운 봄의 향기가 어리운다. 고요히 다문 입
술, 날카롭게 쭉 뻗은 수염에 푸른 봄의 생기가 뛰놀아라"라는
묘사로 고양이의 아름다움을 표현했다.

말이 필요 없는 애묘인 프레드 머큐리. 자신의
첫 솔로 앨범을 "우리 고양이들과 전 세계 고양이 집사들에게 바침.
다른 인간들은 다 꺼지쇼"라고 헌정사를 바쳤다.

　서양에서는 많은 예술가가 애묘인이었다. 황금빛 화가 구스
타프 클림트와 앙리 마티스, 소설가 찰스 디킨스와 어니스트 헤
밍웨이 등은 '냥덕'으로 꼽힌다.

　예술가와 고양이는 왜 이렇게 잘 어울리는 걸까? 앨리슨 나스
타지는 책 《예술가와 고양이》에서 둘 다 독립적인 성향을 띠고,
밤에 활발히 활동한다는 공통점을 지닌 덕분이라고 설명한다. 사
실 창의형 인간은 야간형 올빼미족이 많다는 점에서 수긍이 간다.

　일본 작가 나쓰메 소세키의 《나는 고양이로소이다》에서 인간
을 묘사한 부분도 꽤 흥미롭다. "인간이란 동물은 사치스럽다.

고양이를 50마리나 기른 어니스트 헤밍웨이

발이 네 개 있는데도 두 개밖에 사용하지 않는다는 것부터가 사치다. 네 발로 걸으면 그만큼 빨리 갈 텐데. 언제나 두 발로만 걷고, 나머지 두 발은 선물 받은 말린 대구포처럼 하릴없이 드리워 우습기만 하다." 고양이의 눈을 통해 인간과 인간 사회를 통렬하게 비판한 이 소설은 소세키의 대표적 장편소설이다.

    동물의 처지에서 인간을 생각해본다면 어떨까? 어쩌면 인간이 가진 것은 동물들의 타고난 능력치에 비해 아무것도 아닐지도 모른다.

쥐와 짜고 친 고양이를 힐난한
다산 정약용

우리나라 역사 속에서도 몇몇 소문난 애묘인을 찾아볼 수 있다.

검은 고양이 새끼를 얻고 좋아해 시까지 지은 고려 시대 문신 이규보, 황금빛 고양이를 좋아했던 조선 시대 양녕대군과 숙종, 효종의 셋째 딸 숙명공주가 대표적이다. 영조와 정조는 길냥이 아니 '궐냥이'들의 생명을 아꼈다. 성종 연간의 문신 서거정도 손꼽히는 고양이 덕후였다. 그는 '오원자'라는 고양이를 키우고 시까지 지었다. '오원烏圓'은 검은 고양이가 둥글게 몸을 말아 웅크린 모양으로 고양이의 애칭으로 쓰였다.

연암 박지원은 《열하일기》에서 "고양이의 눈동자를 보고서 지구의 자전을 증명할 수 있다"고 말했다. 이에 앞서 일찍이 당나라의 학자 단성식은 "고양이 눈동자는 저녁엔 둥글다가 다음 날 오후가 되면 실처럼 가늘어진다"고 했다. 실제 고양이 눈동자는 빛에 따라 크기가 달라진다. 연암과 교류했던 이덕무는 《청장관전서》에서 "고양이는 박하에 취한다"고 적었다. 놀랍게도 그 시절 이미 고양이의 '캣닙' 사랑에 대해 언급한 것. 캣닙은 꿀풀과 식물인 개박하를 가리킨다.

다산 정약용은 지역 수령들이 창고를 관리하는 방법으로 벽돌을 쓰고 고양이를 키울 것을 권장했다. 한 톨의 곡식이라도 지키기 위해서다. 그런 다산이 유배 10년째인 1810년에 쥐와 공모해 더 큰 행패를 부리는 고양이를 힐난했다. 다산은 '이노행狸奴行'이란 장편 우화시에서 만연한 부정부패를 적나라하게 풍자했다. 쥐를 잡으라고 키우는 고양이가 쥐는 잡지 않고 도리어 도둑

김득신의 〈파적도〉. 따뜻한 봄볕이 내리쬐는 어느 날, 길고양이가
병아리를 물고 달아나는 급박한 상황을 묘사했다. (간송미술관 소장)

질에 나섰다. 그러자 쥐들도 세상 무서울 게 없었다. 한마디로
고양이와 쥐가 야합한 것이다. 잘 알려지지 않았지만 다산은 수
많은 우화시를 통해 통렬하게 탐관오리들을 비판했다.

먹을 게 없어서
도둑고양이가 되었다옹

동물 세계는 인간 세계의 축소판이자 척도라 할 수 있다. 그래서
인지 조선의 일부 실학자들은 동물의 세계를 관찰하면서 그 속
에서 인간의 삶을 발견했다. 동물 관찰기를 많이 남긴 성호 이익

은 고양이를 보며 '인간의 조건'에 대한 화두를 던졌다. 떠돌아 다니던 길고양이 한 마리가 이익의 집으로 들어왔는데, 마침 잡 아먹을 쥐도 많지 않았다. 늘 배가 고프다 보니 조금만 단속을 소홀히 해도 밥상에 차려 놓은 음식까지 훔쳐 먹기 일쑤였다. 사 람들은 천성이 도둑질 잘하는 '나쁜 고양이'라며 잡아 죽이려고 했다. 그러다가 얼마 후 고양이가 다른 집으로 들어갔다. 그 집 식구들은 원래 고양이를 예뻐했다. 때문에 먹을 것을 많이 주어 잘 길렀다. 또 쥐도 많아서 사냥을 하여 배부르게 먹을 수 있었 으므로, 더 이상 도둑질을 하지 않았다. 그 집에서는 '좋은 고양 이'라고 칭찬했다.

이익은 탄식한다. "이 고양이는 분명 가난한 집에서 자랐을 것이다. 먹을 것이 없으니 어쩔 수 없이 도둑질을 하게 됐고, 도 둑질을 했으니 내쫓기게 됐다. 우리 집에 들어왔을 때는 본래 성 품은 모른 채 그저 도둑고양이로만 대했다. 그러나 그때는 도둑 질을 해야만 살 수 있었기에 그런 것이다. 비록 쥐 사냥을 잘하 는 재주가 있었다 할지라도, 누가 그런 줄 알았겠는가."

이익은 크게 깨닫는다. "고양이가 올바른 주인을 만나고 나서 야 어진 본성이 드러나고 재주 또한 제대로 쓰게 됐다. 만약 도 둑질을 하고 다닐 때 잡아서 죽여버렸다면 어찌 애석한 일이 아 니겠는가. 아! 사람도 때를 잘 만나기도 하고 못 만나기도 하는 데, 저 짐승 또한 그런 이치가 있도다."

이익의 '나쁜 고양이' '착한 고양이' 이야기는 지금 세상에서도

동물 관찰기를 많이 남긴 성호 이익

적용되는 이치다. 이익은 동물들을 관찰하면서 실제로는 인간의 본성에 대해 사유했던 것이다. 인간이 어찌 눈에 보이는 객관적 '팩트'만을 잣대로 삼으며 살 수 있겠는가. 우리 삶의 기준은 팩트만이 아니라 삶을 바라보는 진실된 태도일지 모른다. 동물과 인간의 역사. 그 굴레 속에서 동물과 인간의 교감도 함께 맞물려왔다. 이러한 믿음과 사유가 차곡차곡 바탕이 되어 오늘날의 반려동물 문화로 나아가고 있다.

정조에게 반항한
괴짜 선비 이옥

조선 후기 이옥은 정조가 단행한 문체 반정에 저항한 이단아이자 비주류였다. 북학파이자 규장각 사검서의 한 사람이었던 유득공과는 이종사촌. 연암 박지원과 같이 정조의 문체 지적을 받고 반성문을 요구받았지만 결코 자신의 문체를 버리지 않았다. 고리타분하고 칙칙하기 이를 데 없는 전통적 글쓰기에 저항한 이옥을 정조가 용납할 리 없었다. 실제 그는 과거 시험에서 1등을 하고서도 정조로부터 "문체가 불량하다"는 이유로 추후 과거 시험 응시 자격을 박탈당했다. 게다가 지방 군적에 보충군으로 편입되는 벌까지 받아야 했다. 그럼에도 벼슬을 단념할지언정 문체는 바꾸지 않겠다는 게 그의 소신이었다.

군역의 명을 받고 경상도 삼가로 내려가는 길에 당시 안의 현감이었던 연암과도 만났다. 그는 평생 자기가 쓰고 싶은 글을 쓰는 삶을 선택했다. 다만 조정의 이해관계, 지방관의 잘잘못, 벼슬길, 재물과 이익, 여색, 술과 음식 등에 대해서는 말하지 않는 것을 좌우명으로 정했다. 대신 생활 주변의 자질구레한 새, 물고기, 짐승, 벌레, 꽃, 곡식, 과일, 채소, 나무, 풀 같은 것에서 소재를 취했다. 심지어 그의 나의 32세 때 담배를 의인화해서 예찬한 한문 소설 《남령전》까지 지었다.

이옥은 빛이 다해가는 조선 후기 인간 군상들과 사소한 것들을 다룬 산문을 다수 남겼다. 그중 하나가 '고양이를 탄핵한다劾猫'라는 색다른 주제의 글이다. 이옥의 개는 고양이를 무척 싫어했던 모양이다. 전통적으로 개는 고양이와 앙숙이다. 그런데 그것 때문만이 아니었다. 늘 고양이에 비해 상대적으로 푸대접을 받아야 했으니 얼마나 억울했겠는가. 키우는 개가 고양이를 보면 물지 못해 안달인 것을 보고 개에게 "왜 그러는가?"라고 묻자 개가 답했다. "고양이는 쥐도 제대로 잡지 못하는 주제에 늘 야옹거리면서 주인님 곁에 착 달라붙어 있습니다. 마치 배고픈 아이가 밥을 찾는 양하니 밥상을 물리기도 전에 먹을 것을 나눠 받아 배불리 먹고, 때때로 다시 생선과 고기로 사치를 누립니다."

개는 자신의 억울한 처지를 토로했다. "신은 비록 미천하고 용렬하오나 그 지키는 바가 도둑입니다. 밥그릇에 물을 말아 밥을 주고 때로는 태반이 콩이지만, 그나마 하루 두 번 배고픔을 면하는 것은 오로지 주인님의 은혜입니다. 그리하여 밤이면 감히 눈을 붙이지 못하고 구멍마다 돌면서 오로지 도둑을 잡으려는 것입니다. 저 울타리 밖의 도둑도 몰아 쫓아내고자 하는데 하물며 집안의 도둑을 그냥 두겠습니까? 이것이 신이 고양이를 보면 반드시 쫓아버리고, 마주치면 물어뜯는 이유입니다. 어찌 주인님께서는 무슨 사심이 그 사이에 있을 것이라고 의심하십니까? 장차 고양이는 배가 불러 죽고, 신은 가마솥에서 죽게 됨을 보게 될 것입니다."

개가 이렇게 고양이 탄핵 이유를 밝혔다. 그러자 주인이 고양이를 소나무 우거진 산으로 유배 보내면서 글을 맺는다. 머리가 아니라 심장에서 나온 글이 이옥의 문체였다. 개의 충직함은 배신을 밥 먹듯 해대는 인간들의 반면교사가 된다. 코너에 몰린 쥐는 고양이를 문다. '고양이에게 생선 맡긴 격'이라는 판단이 든다면 언제든지 고양이를 탄핵할 수 있다. 설령 그 고양이가 나라의 지도자라 할지라도 말이다.

한양 거리의 원숭이 버스킹과
일본의 원숭이 쇼 '사루마와시'

'빵과 서커스'는 로마 지배자들의 통치 원리였다. 경제적 부를 누리던 로마는 시민권자에게 콜로세움 경기 티켓과 빵을 무료로 제공했다. 마차 경주 같은 비교적 건전한 서커스도 있었지만, 영화 〈글라디에이터〉처럼 검투사와 맹수 간에 잔혹한 핏빛 혈투가 벌어지기도 했다. 서커스의 기원은 원시 인류의 수렵과 목축 활동으로 거슬러 올라간다. 수렵과 목축을 바탕으로 동물 조련에 필요한 경험을 쌓았다.

우리나라에는 일제 강점기에 서커스단이 출현했는데 동물 공연이 주축이었다. 1960년~1970년대는 서커스단의 최대 호황기였다. 전국적으로 최소 스무 개 이상의 서커스단이 활동했고, 국내 최초이자 최대 규모였던 동춘 서커스단의 경우 코끼리, 말, 호랑이, 개, 원숭이 등 수많은 동물 공연이 성행했다.

고구려 장천 1호분 벽화 일부

우리 역사 속에서 동물 재주 부리기 모습을 처음으로 확인할
수 있는 것은 중국 길림성에 있는 장천 1호분 벽화다. 대략 4세
기 말에서 5세기 초 고구려 무덤으로 추정된다. 벽화에서 원숭이
한 마리는 큰 나무에서 내려오고, 다른 한 마리는 나무 가장자리
에 앉아 머리를 조아리고 있다. 원숭이 말고도 매와 사냥개의 모
습을 확인할 수 있는데, 꿩을 잡기 위해 날고 있는 매의 동작 묘

사가 무척 사실적이다. 길들인 매를 활용한 매사냥인 것이다.

　원숭이 서커스가 벽화에 등장할 정도로 인기 있었던 점에 비추어볼 때, 고구려에서는 다른 동물 공연도 성행했을 가능성이 높다. 흔히 집시 하면 '플라멩코' 춤이나 '떠돌이'를 떠올린다. 원래 인도 유랑 민족이었던 집시는 중·근세 이후 아시아와 유럽 각지로 뻗어나가 특유의 감각적 춤과 음악으로 유럽의 기층 문화 형성에 이바지했다. 이 집시가 조선 시대 남사당패에 이르기까지 예인 집단의 선조라는 흥미로운 해석도 있다. 장천 1호분 벽화 속에서 재주를 넘는 놀이꾼 몇몇은 코와 얼굴이 큰 전형적 서구인 특징을 지녔다. 이들은 서역을 거쳐 고구려로 들어온 집시 집단의 한 뿌리로 여겨진다.

우리 역사 최초 광대는
집시?

일본에서는 나라 시대부터 인형을 다루는 예능이 존재했다. 헤이안 시대의 고관 오에노 마사후사는 《괴뢰자기》에서 12세기 헤이안 시대 풍속을 소개했다. 괴뢰자傀儡子는 괴뢰희(인형극) 공연자를 뜻하는 말이다. 기록에는 서역과 한반도를 거쳐 일본에 온 유랑 공연 집단의 생활 방식이 자세히 담겨 있다. 그들이 가진 갖가지 재주는 장천 1호분 벽화 내용과 거의 일치한다. 남자의 경우 쌍칼, 구슬, 접시를 돌리거나 꼭두각시 인형을 춤추게

긴팔원숭이

하는 기예를 번갈아 했고, 여자는 생업과 더불어 가무와 매음을 했다. 또 밤에는 신들에게 제사를 지내며 가무를 즐겼다. 일본 전통 인형극 '분라쿠'의 원조인 셈이다.

영화 〈왕의 남자〉에서 볼 수 있듯 조선 시대에는 다양한 공연 문화가 꽃피웠다. 조선 후기 탈춤에서는 특히 원숭이가 많이 등장한다. 양주 별산대 놀이나 봉산탈춤, 강령탈춤 등에 나오는 원숭이는 대부분 사회 지도층 인물의 비행을 풍자와 해학으로 조롱했다. 장이 서는 저잣거리에서는 원숭이 재주 부리기가 단연 인기였다. 원숭이 곡예는 중국에서 크게 유행하면서 우리나라에 전해졌다. 베이징에 사신으로 갔던 대부분의 사신들이 즐겨 관람하고 이를 기록으로 남겼다. 원숭이 공연 모습은 연암 박지원보다 15년 앞서 1765년 청나라에 간 담헌 홍대용이 여러 계층의 인사와 만나 필담한 내용을 수록한《연기》에서도 볼 수 있다. 홍대용은 주인의 채찍질에 쉬지 못하는 원숭이를 가여워한다. 당시 베이징에는 동물 곡예로 생업을 삼는 자들이 상당수 있었던 듯하다.

대개 한자로 긴꼬리원숭이는 '원猿', 긴팔원숭이는 '후猴'라고 표현한다. 긴팔원숭이는 꼬리가 없다. 대신 팔이 다리보다 길어서 다른 원숭이들이 다리를 이용해 이동할 때 긴팔원숭이는 팔을 이용해 이동한다. 원숭이라기보다는 오랑우탄처럼 유인원, 즉 인간에 가까운 영장류다. 개와 원숭이처럼 사이가 안 좋은 것을 일컫는 '견원지간犬猿之間'에서는 원 자를 쓴다. 원숭이라는 단어는 긴꼬리원숭이 종류인 원과 유인원 종을 일컫는 성猩을 합친 '원성이'에서 나왔다.

중국의 멸종 위기종 황금원숭이

손오공은 중국의 판다와 함께 2대 보호 동물로 지정될 만큼 희귀한 황금원숭이를 모델로 삼았다고 한다. 그러나 황금원숭이는 긴꼬리원숭이 종류로 꼬리가 있다. 따라서 손오공의 모델이 황금원숭이라는 말은 거짓이다. 손오공은 자신을 '미후왕美猴王'이라 칭했다. 즉 손오공의 실제 모델은 꼬리가 없는 긴팔원숭이 종류다.

일본에서 인기 높은
'사루마와시'

일본에서는 원숭이 쇼를 '사루마와시'라고 한다. 원숭이를 뜻하는 '사루'와 돌기를 뜻하는 '마와시'를 합친 말이다. 사루마와시는 전통 희극 '가부키'와 함께 오래된 일본의 전통문화이자 동물이 등장하는 연희다. 일본에서는 설날 사루마와시를 집으로 불러들이는 풍습이 있었는데, 원숭이가 전염병과 악령으로부터 말을 지켜준다고 여겼기 때문이다. 정월에 원숭이를 외양간이나 마구간 앞에서 춤을 추게 한 것이 사루마와시, 즉 원숭이 재주 부리기의 시초다.

인도 북부에서도 "말의 병은 원숭이 머리 위에 다 모인다"라는 속담이 있을 정도로 원숭이를 말의 수호신으로 여긴다. 원숭이를 다른 동물에게는 없는 영적인 힘을 가진 동물로 여긴 인도의 문화는 중국으로 전해졌고, 이를 증명하는 가장 대표적인

닛코 도쇼구 사당 마구간에 새긴 원숭이 조각상 산자루

예가 바로 《서유기》다. 손오공이 부름을 받고 천계로 올라가는
데, 그때 처음 주어진 직책이 말을 지키는 일, 즉 '필마온弼馬溫'이
었다.

　일본에서는 전쟁이 빈번했던 터라 말은 없어서는 안 될 중요
한 운송 수단이었다. 따라서 전염병으로부터 말을 지키기 위해
원숭이 재주가 자주 행해졌다. 원숭이를 키울 형편이 안 되는 집
은 원숭이 두개골이나 원숭이 형태 나무 장식을 걸어두기도 했
다. 이 당시만 해도 원숭이 재주 부리기는 공연보다는 주술적 색
채가 강했다. 원숭이는 재주꾼이 아닌 악령을 쫓고 정화하려는
음양사陰陽師 같은 존재 의미가 컸던 것. 닛코 도쇼구東照宮는 도쿠
가와 이에야스의 사당이자 유네스코가 정한 세계문화유산인데

18세기 〈성시전도〉와 비슷한 시기에 제작된 〈태평성시도〉 일부.
원숭이 두 마리가 공연한다. (국립중앙박물관 소장)

이곳 마구간에 말의 건강과 안전을 지키기 위해 건물 정면과 오
른쪽에 새긴 원숭이 조각상 '산자루'가 유명하다.

18세기 한양 저잣거리에서 대박 난
'원숭이 버스킹'

"꼭두각시 무대에 올라오자/ 동방에 온 사신은 손뼉을 친다/ 조 그만 원숭이는 아녀자를 깜짝 놀라게 해/ 사람이 시키는 대로 절도 하고 꿇어도 않네." 1792년 4월 24일 정조는 규장각 문신들에게 한양의 풍경을 그린 〈성시도〉를 보고 시 한 편을 사흘 안에 써낼 것을 명한다. 시를 제출하자 정조는 등수를 매겼다. 당시 규장각 검서관이었던 박제가는 2등을 했다. 그는 생동감 있는 거리와 시장에 주목했다. 박제가가 정조의 명을 받고 지은 '성시 전도응령城市全圖應令'에서는 원숭이 재주 부리기, 장대타기, 줄타 기, 인형극 등의 전통 연희가 실감 나게 묘사돼 있다. 그가 본 원숭이는 사람처럼 절을 하고, 꿇어앉고, 장대를 타거나, 사람을 놀래키는 등 흥행을 위해서 꼭 필요한 존재였다. 길거리 쇼의 하이라이트를 장식한 셈이다.

18세기 이상적인 한양의 모습을 그린 〈태평성시도〉에도 원숭이가 장대를 타는 장면이 보인다. 그림 속 원숭이 두 마리는 줄을 매고 높은 장대에 오른다. 조련사 옆에는 염소 두 마리가 보인다. 마지막에는 아마 원숭이가 염소 등에 올라타고 온갖 재주를 펼쳐 보였을 것이다. 흥미진진한 구경거리다. 예나 지금이나 약을 파는 등 상업 활동 전에는 많은 사람의 이목을 끌기 위해 공연을 벌였다. 한양 저잣거리에는 이 같은 원숭이 거리 공연이

중국 난닝 동물원의 원숭이 한 마리가 외줄 위에 올라탄
염소의 뿔에 매달려 묘기를 부리고 있다.

성행했다.

　18세기 조선의 기인 열전으로 불리는 《추재기이》란 책이 있
다. 거리에 앉아 판소리를 하며 먹고사는 장님 악사, 팔뚝만 한
돌을 맨주먹으로 깨는 차력사 등 조선 후기 거리 풍경이 고스란
히 담겨 있는데, 책 속 등장인물 71명 가운데 농후개자弄猴丐子,

즉 원숭이를 구경시켜 빌어먹는 사람 이야기가 나온다. 그는 벌이가 시원치 않아 거지 행색을 면하지 못했던 것 같다. 그런데 그 이유가 원숭이를 몹시 사랑했기 때문이었다. 구경꾼이 감탄하며 돈을 낼 만큼 기묘한 재주를 선보이려면 원숭이를 혹독하게 조련해야 하지만 그는 한 번도 원숭이에게 채찍을 들지 않았다. 또 날이 저물어 집에 갈 때면, 아무리 피곤해도 원숭이를 항상 어깨에 올려놓았다. 그러던 어느 날 거지가 병에 걸렸다. 원숭이는 눈물을 흘리며 곁을 떠나지 않았다. 구걸을 못 하게 된 그는 결국 굶어 죽었다. 거지를 화장하려 하자 원숭이는 절하며 돈을 구걸했고 모든 이들이 불쌍하게 여겼다. 불이 바야흐로 섶에 미치어 활활 타올랐다. 원숭이는 한참 서러운 울음소리를 내더니 불길에 뛰어들어 주인을 따라갔다.

이런 기록들로 볼 때 적어도 원숭이만큼은 오늘날보다 18세기 조선 한양에서 더 흔하게 목격되지 않았을까 싶다.

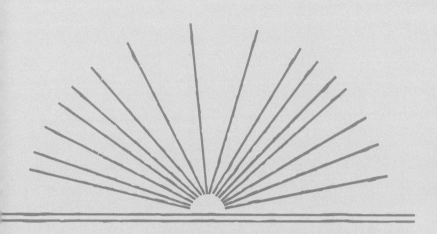

4부
동물원 밖 동물 이야기

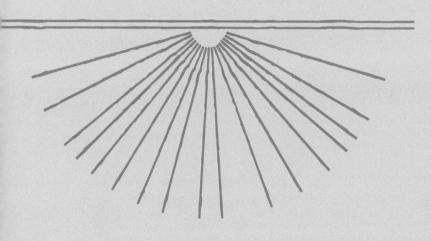

전남 신안에 쥐라기 공원이
만들어질 뻔 했다고?

하마터면 전남 신안에 한국판 '쥐라기 공원'이 생길 뻔했다. 목
포항에서 4킬로미터, 쾌속선으로 50분쯤 떨어진 '풀의 섬'이라는
도초도는 지난 2005년 한 공룡 영화의 환상에 빠졌다. 당시 박
준영 전남지사는 2020년까지 36만 평 부지에 1,324억 원을 들여
초식, 육식 사파리와 숙박 시설 등을 갖춘 '사파리 아일랜드' 관
광 단지를 만들겠다는 계획을 세웠다. 울타리에 동물을 가두는
기존 동물원 개념에서 벗어나 섬이라는 독특한 장소에서 동물
의 서식 환경과 유사한 환경을 조성해 먹이사슬에 의해 공존하
는 '생태 환경적 사파리'를 만들겠다는 야심찬 계획이었다. 전라
남도의 최초 계획은 도초도에 600만 평에 달하는 세계 최대 야
생 동물 공원을 조성할 예정이었다. 더불어 인접한 안좌도, 상사
치도에는 26만 평 규모의 원숭이섬, 낙타섬을 조성하겠다고 야

사파리 섬이 될 뻔한 전남 신안군 도초도

심차게 발표했다. 새로운 관광 수요를 창출하고 멸종 위기에 처한 토종 야생 동물에 대한 복원 사업을 추진하겠다는 계획이었다. 전남도 공무원과 지방의원들은 보츠와나의 '초베 사파리 국립공원'을 벤치마킹하기 위해 앞다퉈 떠났다. 남아프리카공화국 케이프타운에서는 테이블 마운틴과 펭귄섬, 물개섬 등을 돌아봤다. 농민들은 평생을 일구던 터전을 사업 부지로 팔았다. 그러나 영화 같은 '사파리 아일랜드' 조성 사업은 10년간 난항을 거듭했다. 감사원에서도 사업 타당성에 부정적 의견을 내놓았다. 무엇보다 가장 큰 걸림돌은 민간 자본 유치였다. 박지사가 물러나고 이낙연 지사가 취임하면서 이 사업은 중단해야 할 사업으로 분류됐다.

대전 동물원 탈출 퓨마,
사살이 최선입니까?

우리에게 동물은 어떤 존재일까? 동물이라는 소재는 선사 시대 울산 반구대 암각화에서부터 도시 근처에 자리 잡은 동물원에 이르기까지 다양한 스펙트럼으로 우리 곁에 존재한다. 코끼리나 호랑이, 악어를 처음 봤을 때를 기억하는지? 아이들의 호기심을 자극하는 가장 이상적인 장소를 꼽으라면 단연 동물원을 꼽을 수 있다. 동물원에서 상상력을 한껏 키우며 어른이 된 중장년층에게도 동물원은 소풍, 가족 나들이, 데이트를 즐기던 행복한 공간으로 기억된다. 사실 도시에서 야생 동물을 만날 수 있는 유일한 곳 역시 동물원이다. 코끼리나 북극곰같이 거대한 동물들을 비롯해 원숭이, 토끼에 이르는 작은 동물까지 동물원은 직접 눈으로 동물을 관찰하고 동물에 대한 과학적 지식을 나누는 장소이기도 하다. 그러나 최근 동물원의 존재에 대한 찬반론이 나올 만큼 동물원의 역할을 다시 고민해야 할 사건들이 터졌다.

2018년 가을 대전 오월드 동물원 사육장을 탈출했다가 사살된 퓨마는 동물원을 없애자는 목소리에 불을 지폈다. 사실 시설 동물의 탈출 소동은 하루 이틀 일이 아니다. 2005년 4월 20일에는 서울 어린이대공원에서 코끼리 여섯 마리가 집단으로 탈출하는 대소동이 벌어졌다. '코끼리 쇼' 연습을 하던 코끼리들이

2005년, 서울대공원을 탈출해 식당으로 들어간 코끼리

비둘기 떼에 놀란 것이 발단이었다. 주민 한 명은 코끼리에 받혀 뒷머리가 찢어지는 부상을 입었다. 알록달록한 공연복을 입고 거리를 배회하던 새끼 한 마리는 하필 방향을 경찰서 쪽으로 잡았다. 경찰은 즉각 이 코끼리를 '체포'해 동부경찰서 앞마당에 '유치'했다. 세 마리는 삼겹살집에서 네 시간이나 머무르며 난동을 부렸다. 난장판이 됐던 그 음식점은 간판을 '코끼리 들어온 집'으로 바꾸고 성업 중이라는 웃지 못할 해프닝도 전한다. 어쨌든 어린이대공원을 탈출한 코끼리는 모두 붙잡혀 그날 저녁 대공원으로 옮겨졌다.

2010년에는 서울대공원에서 말레이곰 한 마리가 탈출해 9일간이나 도망 다니며 전국을 떠들썩하게 만들었다. 2009년 8월

경기도 포천 국립수목원 내 산림동물원을 탈출한 늑대는 하루 만에 사살됐다. 이에 앞서 1977년 10월 부산 성지곡공원에서 사자가 임시 우리의 철망을 부수고 뛰쳐나갔다. 대전 동물원을 탈출한 퓨마 사건처럼, 비상사태를 알리는 긴급 방송이 나오면서 공원 전역은 아수라장이 됐다. 사자는 22세 청년의 목과 다리를 물어 중상을 입혔는데 급히 달려온 사육사가 수면제를 먹여 사자를 잠재우면서 일단락됐다.

동물원은 권력 과시와
유희 수단으로 시작

오랜 기간 동물은 인간의 호기심과 과시욕을 충족시켜주는 대상이었다. 최초의 동물원은 기원전 1300년경 이집트에서 출현했는데, 이집트의 파라오와 귀족들은 희귀한 동물을 잡아 구경하는 것을 중요한 소일거리로 삼았다. 이스라엘 3대 왕 솔로몬도 야생 동물을 키우고 수집했다. BC 700년 경 지금의 서남아시아를 차지했던 아시리아 제국에서는 수도의 왕궁 안에 산양, 낙타, 들소 등을 기르는 수렵원을 만들었다. 이곳에서 왕과 귀족들은 사냥을 하거나 향연을 개최하고 제사를 지냈다. 뒤이어 이 지역의 맹주로 등장해 고대 그리스와 군사 충돌을 벌이기도 했던 페르시아 제국은 수도뿐만 아니라 광대한 영토 곳곳에 수렵원을 구축했다.

피에트로 롱기의 〈베네치아에서 열린 코뿔소 전시〉. 코뿔소 뿔은
조련사가 손에 채찍과 함께 들고 있다. (런던내셔널갤러리 소장)

그리스, 로마에서도 대규모로 동물을 수집했다. 알렉산더 대
왕이나 네로 황제 등은 진기한 동물들을 모으는 것을 취미이
자 권력과 부에 대한 과시로 삼았다. 흥미로운 구경거리를 만들
기 위해 동물 시합도 많이 했다. 로마 제국 전성기 시절에는 사
자 600마리와 코끼리 18마리가 한꺼번에 싸우는 쇼를 벌이는 등
동물끼리 싸움을 붙이거나, 검투사와 맹수가 서로 피 흘리며 죽
는 것을 보고 열광하기도 했다. 콜로세움 개관 기념 축제 때는

100일 동안 무려 9천 마리의 동물이 죽어나갔다. 중세 시대 유럽의 왕이나 귀족들도 잘 길들여지지 않는 야생 동물들을 모았다. 기이한 동물들로 구경거리를 제공하면서 자신의 정치적 힘을 뽐내기 위해서였다.

1741년 네덜란드 선장 다우에 모트 반 데르 메이르는 인도의 암 코뿔소 한 마리를 로테르담에 가져왔다. 이는 로마 제국 이래 다섯 번째로 유럽 땅을 밟았던 코뿔소였다. '클라라'로 알려진 이 코뿔소는 1741년부터 1758년까지 유럽 전역을 순회하며 이름을 떨쳤다. 메이르 선장은 사람들에게 돈을 받고 코뿔소를 보여줬다.

19세기에 들어서면서 우후죽순 생긴 근대적 공공 동물원은 제국주의 역사와 맞닿아 있다. 동물원은 세계사의 무대이자 국가의 힘을 과시하는 상징이 됐다. 열강들은 식민지 침략 과정에서 동물 약탈도 겸해 수많은 야생 동물이 수집되어 유럽에 운반됐다. 보기 힘든 동물을 잡아온다는 사실 자체만으로도 식민지 지배력을 증명하는 수단이 됐다.

1887년 당시 세계 최대 동물상이었던 독일의 칼 하겐베크의 경우, 20년 동안 사자와 곰 각 1천 마리, 호랑이 300~400마리, 표범 600~700마리, 하이에나 800마리를 팔았다고 한다. 이런 기록이 남아 있을 만큼 당시 동물 거래량은 엄청났다. 그는 우리나라 창경원에도 코끼리를 팔았다. 나중에는 동물원에서 사

1906년 미국 뉴욕 브롱크스 동물원에 동물처럼 전시된 오타 벵가

람을 전시하는 '미개인 쇼'까지 열렸다. 원래 생선 중개인이었던
하겐베크는 에스키모, 아프리카인, 인디언, 식인종에 이르기까
지 다양한 인종들을 전시장 속으로 몰아넣었다.

1904년 엑스포가 열린 미국 세인트루이스에는 아프리카에서
데려온 흑인 피그미족이 오랑우탄과 함께 전시됐다. 그들 중 오
타 벵가라는 23세의 젊은 흑인 청년은 동물원 전시장에서 겨우
풀려나 버지니아의 한 담배 농장에서 일했지만 1916년 자살로
생을 마감했다. 동물원에서 받은 상처가 너무 깊어 우울증에 시
달린 게 원인이었다.

단순 구경거리에서 생태계 보존 위한
'노아의 방주'로

동물원의 주인은 사람일까, 동물일까? 동물원은 정작 그곳의 주인인 동물들에게는 매우 가혹한 공간이다. 서식지와 다른 기후, 좁은 울타리, 열악한 시설 속에 갇혀 사는 대부분의 동물은 운동 부족으로 인한 근육 손실, 질병, 이상 행동의 위협 속에 이른 죽음을 기다리고 있다. 스웨덴의 한 작가는 동물원에 대해 "가장 잔인한 동물은 창살 뒤에 있는 게 아니라 창살 앞에 있다"고 말했다. 동물원이 야생 동물을 통해 자연의 위대함을 얘기하는 곳이어야 하지, 동물을 좁은 우리에 가둬놓고 단순 관람하는, 인간의 욕망에만 충실한 장소가 되어서는 안 될 것이다.

한 나라의 동물원 수준은 그 나라의 동물 복지를 가늠하는 잣대다. 지나친 상업화나 동물 학대 논란 등 동물원은 여전히 여러 문제를 안고 있지만, 동물원이 기여한 점 역시 적지는 않다. 동물에 대한 이해, 자연에 대한 감각, 동물 관찰에 대한 흥미를 불러일으킨 점은 높게 평가받는다.

오늘날 동물원은 전시, 교육, 연구, 보전이라는 네 가지 공익적 역할을 담당한다. 시대가 변한 만큼 동물원도 진화하고 있다. 동물원은 단순한 유희와 오락의 장소를 넘어 동물들의 마지막 보금자리이자 한 발 더 나아가 심각한 환경 파괴 속에서 멸종 위기에 처한 종을 번식시키고 자연으로 돌려보내는 중요한 임무를 수행하는 곳으로 바뀌고 있다. 현존하는 동물들은 혹독한 자연의 시험을 극복한 존재들이다. 우리와 함께 사는 생명체에 대한 경외심을 일깨울 수 있는, 무엇보다 동물이 행복한 동물원이 하루 빨리 정착되었으면 좋겠다.

돼지가 동물원에 있는
나라는 어디?

'도야지둥그러죽은골'. 골짜기가 너무 험해 돼지가 굴러서 죽은 골짜기라는 뜻을 가진 지명이다. 모두 아홉 글자. 대한민국에서 두 번째로 이름이 긴 지명인데, 대전 학하동에 있다는 사실만 알려졌을 뿐 정확히 어디인지는 사람들도 잘 모른다. 돼지와 관련된 지명은 전국에 약 2천 개가 있는데 돼지를 많이 길렀던 제주도에 특히나 많다. 청주 서문동 등 전국 82곳에 산재한 '돼지골'이 가장 흔한 이름이고, 강화군 하점면 삼거리 등 58곳에 있는 '돼지바우'가 그 뒤를 잇는 이름이다.

돼지는 과거 농경 사회에서 집단의 생존과 결부되는 다산의 상징이었다. 다산은 곧 노동력과 영토에 대한 지배력을 뜻했다. 십이지 동물 중 용이 권력의 화신이라면, 돼지는 재력을 상징했다. 인생 역전의 아이콘인 로또에 당첨되려면 흔히들 돼지꿈을

불국사 극락전 지붕 아래에는 뱀에 대한 비보 대책으로
돼지를 숨겨놓았다.

꾸라고 한다. 언제부터인가 사람들은 돼지꿈을 꾸면 돈이 들어
온다고 믿었다. 돼지 돈豚은 사람들이 좋아하는 돈金과 발음이
같기 때문.

《서유기》에 등장하는 저팔계는 멧돼지의 화신이다. 앞뒤를
헤아리지 않고 돌진한다는 '저돌적'이라는 단어와 국민 반찬 '제
육볶음'이 여기서 나왔다. 제육은 돼지 저猪, 즉 저육이 변한 말
로 '돼지고기볶음'으로 말해야 맞다. 옛날에는 뱀이 매우 많았
다. 그래서 무서운 독사도 잘 잡아먹는 멧돼지豕를 길들여 사람
이 사는 집宀에서 길렀다. '집 가(宀+豕=家)' 자가 만들어진 원리다.

독일에서는 새해 첫날 슈바인학센이라는 전통 돼지 요리를 먹는다.

멧돼지는 거친 털과 가죽, 더구나 두꺼운 비계 때문에 독사에게
잘 물리지 않고 뱀이 물었다 해도 쉽게 독이 중화되어 버린다.
윷놀이 도개걸윷모(돼지·개·양·소·말·양)에서 '도' 역시 돼지
다. 고어에 어미 돼지를 '돝', 새끼를 '도야지'나 '돼지'라고 했다.
13세기에 발간된 편자 미상의 의학서 《향약구급방》에서는 '도
토리'를 '돝의 밤'으로 적었다. 도토리라는 우리말이 '돝알이', 즉
산에 사는 멧돼지가 즐겨 먹는 열매라는 뜻을 갖고 있음을 알
수 있다.

고대 게르만족이 살던 중부 유럽에는 돼지 토템이 널리 퍼져
있었다. 단군 신화에 따라 우리 민족이 곰의 후손인 것처럼, 게
르만은 멧돼지의 후손이다. 유럽에서도 돼지는 행운을 불러오
는 동물로 여긴다. 새해에 돼지고기를 먹는 풍속도 여기에서 생

겼다. 설날에 우리가 떡국, 중국은 만두를 먹는 것처럼 양력 새
해 첫날 유럽에서는 대부분 돼지고기를 먹는다. 독일 역시 돼지
를 신성시해 새해가 되면 '슈바인학센'이라는 돼지 족발 요리를
먹는다. 오스트리아나 스웨텐에서는 햄과 소시지 요리로 새해
를 맞는다. 이탈리아도 '잠포네'라는 돼지 족발과 '코테키노'라는
돼지 껍질 등이 들어간 소시지로 한 해를 시작한다. 소금에 절여
건조한 돼지다리 햄인 '하몽'은 스페인의 대표 요리다.

고구려와 고려 수도를
점지해준 돼지

우리 민족은 적어도 2천 년 전부터 돼지를 사육했다. 고조선의
고대 부족 읍루인은 돼지기름을 몸에 발라 추위와 햇볕으로부
터 피부를 지켰다. 돼지기름이 보온은 물론 일종의 자외선 차단
제 역할을 한 셈이다. 고구려 시절부터 돼지는 주로 하늘에 바치
는 희생물로 쓰였다. 고구려는 돼지 때문에 국내성으로 수도를
옮기기도 했다.《삼국사기》에는 고구려가 유리왕 때에 이르러 국
내성으로 수도를 옮기게 된 계기를 이렇게 전한다. 서기 2년(유
리왕 21년) 때 일이다. 제사에 쓸 돼지를 쫓아서 국내성 부근에 갔
다가 우연히 옥토를 본 신하의 건의로 마침내 수도를 천거했다.
그곳엔 돼지 말고도 고라니와 사슴, 물고기와 자라 등 산물이 많
았다. 우리 역사 속에서 돼지와의 좋은 인연은 이렇게 시작한다.

또 고구려 시대 돼지는 왕위를 잇게 돕는 매개 역할을 하기도 했다. 14대 산상왕은 자식이 없어 하늘에 빌었다. 208년(산상왕 12년) 11월, 제사에 쓸 돼지가 달아났는데 한 마을에 이르러 20세 정도 되는 아름다운 여인이 앞장서서 잡았다. 기이하게 여긴 왕은 밤에 그 여자 집으로 가서 관계를 가졌는데, 이듬해 사내아이를 낳았다. 그 왕자가 훗날 고구려 15대 동천왕이다.

고려 수도인 개성도 돼지가 정했다. 《고려사》에 따르면, 태조 왕건의 할아버지 작제건은 곤경에 처한 서해 용왕을 도와주고 용왕의 딸과 결혼했다. 작제건이 고향으로 돌아올 때 돼지 한 마리를 선물로 받았는데 일 년 동안 우리 속으로 들어가지 않던 돼지가 개성 송악산 남쪽 기슭에 이르더니 드러누웠다. 작제건이 그곳에 새 집을 짓고 손자를 낳았는데, 고려 태조 왕건이다. 고구려에서 유리왕이 돼지로 말미암아 수도를 옮겼다는 이야기와 비슷한 구조다.

경기도 남양주 축령산에도 한 야사가 남아 있다. 조선 태조 이성계가 고려 말 사냥을 왔다가 한 마리도 잡지 못하고 그냥 돌아갈 지경에 이르렀다. 그러자 한 몰이꾼의 말이 이 산은 신령스러워 산신제를 지내야 한다고 했다. 산신에게 제를 지낸 후 비로소 멧돼지를 잡았다는 전설이 전한다. 이때부터 고사를 올린 산이라 하여 축령산으로 불렀다.

구한말 돼지를 메고 장에 가는 모습

조선 시대에는 돼지고기를 선호하지 않았다. 꿩고기, 쇠고기, 닭고기 순으로 많이 먹었다. 명나라에서도 알 정도였다. 명 영락제는 "조선인은 돼지고기를 먹지 않으니 조선 사신에게 쇠고기와 양고기를 공급하라"고 지시했다. 돼지는 주로 제사에 사용했다. 비가 오지 않으면 기우제를 지냈다. 만약 비가 오면, 3일 안에 수돼지를 잡아 천신의 은혜에 감사드렸다.

1438년(세종 20년) 7월 21일에는 국가에서 사육하는 돼지가 충분치 못하니 전국적으로 나눠 기르자는 논의를 했다. 그 무렵 따로 기르는 돼지 100마리, 왕실 직영의 돼지 150마리를 합해 도합 250마리가 있었다. 연산군은 궁궐에서 제사에 쓸 돼지를 활로 쏘는 기행을 저질렀다. 화살에 맞고 죽지 않은 돼지 두 마리가 온몸이 피투성이가 되어 홍문관 책방에 나타나 신하들이 기겁하기도 했다.

19세기부터 돼지고기는 비교적 흔해진다. 순조는 궁궐에서 '맛집 냉면'을 배달해 먹었다. 이 무렵 야식으로 평양냉면을 먹을 때 돼지고기 수육이 등장한다. 조선 후기 실학자 유득공의 《서경잡절》에는 "평양냉면의 인기 때문에 돼지수육 값이 올라간다"는 표현이 등장한다. 돼지고기가 흔해지고 저잣거리로 나온 것이다.

멧돼지는 산에서 나는
고래라서 어류?

일본에서는 돼지를 '산고래'라고 불렀다. 에도 막부 시절까지만 해도 일본은 돼지나 소 등 육고기 대신 보통 생선을 먹었다. 잘사는 집은 가금류, 상류층은 고래기름을 등불로 쓰고 고래 고기를 즐겼다. 일본 소는 품종이 열등해 육우나 농사용으로 둘 다 적합하지 않았다. 일제 강점기 한국의 칡소를 데려가 교배시켜 현대의 일본소를 키워내기 전까지는 말이다.

또 불교식 습성 때문에 붉은 육류를 먹는 걸 금기시했다. 유명한 '개 덕후'이자 독실한 불자였던 5대 쇼군 도쿠가와 쓰나요시는 아예 '살생 금지법'을 선포했다. 소, 돼지는 병자들이 몸을 추스르기 위해 약용으로 먹는 수준이었다. 그걸 야마쿠지, 즉 산고래 고기山鯨, やまくじら라고 불렀다. 소, 돼지 같은 붉은 육류는 먹을 수 없었지만 바다에 사는 동물은 먹어도 된다고 여겼다. 멧

돼지는 산에서 나는 고래, 오리는 발에 물갈퀴가 있어 물에 사는 물고기, 토끼는 일본어로 '우사기'라고 하는데 가마우지와 백로의 합성어. 그러므로 조류이지 포유류로 간주하지 않았다. 이런 식으로 조금씩 꼼수를 부려 육류 섭취를 해왔던 일본은 특이하게 닭만은 신의 사자로 여겨서 잘 먹지 않았다.

일본에 본격적으로 고기 문화가 전파된 것은 미국 페리 제독에 의해 강제로 개항된 후부터다. 그래도 육류에 바로 익숙해지지는 않았다. 스테이크보다 카레나 고기감자조림, 스키야키(전골) 등 야채를 더 많이 곁들여 먹었다.

장수 지역으로 소문난 오키나와는 특이하게도 일본에서 돼지고기 섭취량이 가장 많은 곳이다. 오키나와가 본격적으로 돼지를 사육한 것은 유구국으로 불리던 독립 국가 시절, 중국 사신단을 접대하기 위해서였다.

러시아와 남미에서는 돼지고기가 소나 양보다 비싸다. 엄밀히 말하면, 돼지고기가 비싸서라기보다는 소고기가 싼 탓. 러시아의 경우, 겨울이면 돼지고기 가격이 폭등한다. 혹독한 겨울을 이겨내기 위해 기름진 음식을 섭취하는 전통이 있는 데다 소에 비해 추위를 잘 타는 돼지는 러시아에서 기르기 힘든 동물이기 때문이다.

우리나라 사람들이 가장 즐겨먹는 돼지 부위는 단연 삼겹살이다. 삼겹살은 언제부터 먹었을까? '삼겹살'이라는 단어가 최

백돼지보다 덩치가 작은 토종 흑돼지

초로 등장하는 때는 일제 강점기다. 20세기 들어 백돼지 계열의 버크셔 돈종들이 수입되자 토종 흑돼지가 급격하게 사라졌다. 덩치도 크고 빨리 자라며 새끼도 많이 낳는 백돼지에게 흑돼지는 애초에 경쟁 상대가 안 됐다. 조선 시대만 해도 토종 흑돼지는 개량되지 않아 작았고, 주로 중국에서 데려와 사육해 '당저唐豬'라고 불렀다. 그때도 이미 수돼지는 잡냄새와 지방을 줄이기 위해 거세를 했는데, 거세 방법은 중국어에 능통한 통역관이 요동에 가서 배워왔다.

무슬림은 왜 돼지고기를 먹지 않을까?

세계에서 돼지가 가장 많은 나라는 중국이다. 중국은 전 세계 사육 두수 50퍼센트 이상을 차지한다. 돼지를 이용한 중국 요리는 100여 가지나 된다. 그렇다면 세계에서 돼지를 가장 보기 힘든 나라는 어딜까? 아프가니스탄이다. 아프가니스탄에서는 카불 동물원에 단 한 마리 돼지만 있다. 아프가니스탄 사람들 대부분은 돼지를 평생 한 번도 보지 못했다. 아프간은 돼지고기 먹는 것을 금하는 데다 건조한 산악 지역은 돼지가 서식할 만한 조건이 못되기 때문이다.

성경은 굽이 갈라지고 새김질을 하는 동물을 성聖하다 하고, 돼지는 속俗한, 부정한 동물로 규정했다. 코란의 율법에서도 돼지를 금기시해 무슬림들은 돼지고기를 먹지 않는다. 무슬림은 왜 하필 돼지를 부정하게 여길까?

아프간 카불 동물원의 유일한 돼지

보통 유목민으로 살아야 했던 무슬림에게 돼지처럼 다리가 짧고 느린 동물은 효율적이지 못한 가축이었다. 돼지는 낙타나 양처럼 젖과 가죽, 털 모두를 사용할 수 없다. 중동의 기후와 유목 생활에도 적합하지 않다. 보통 풀을 먹는 다른 가축과 달리 돼지는 사람과 비슷한 음식을 먹는다. 유목민으로 살기 위해 항상 식량을 비축해야 했던 무슬림에게 돼지를 키운다는 것은 굉장히 비효율적인 일이었다. 만약 이런 돼지를 키우고 먹었다면 유목민의 공동체는 막대한 피해를 입었을지도 모른다.

어떤 동물을 신성시 여기거나 부정하게 여기는 것 모두 기실 그 나라의 기후나 문화, 지리적 조건 등이 모두 반영된 결과인 것이다. 이쯤 되면 문화나 관습 역시 환경에 적응하고 살아가면서 차곡차곡 만들어진 한 나라, 한 민족의 삶의 서사로 볼 수 있지 않을까?

백두산 설인 예티와
한라산의 식인 거인

정말 히말라야에는 전설의 설인 '예티Yeti'가 살고 있을까? 아주
오래전부터 티베트와 히말라야 오지에 사는데 인간과 접촉하길
꺼린다는 설인 예티. 신비 동물학자들은 이들이 진화 과정에서
갈라져 나온 또 다른 종류의 유인원이라고 주장한다. '킹콩'이나
북미와 유럽에서 목격담이 전해지는 '빅풋', '사스콰치' 또한 예티
의 사촌 격. 유전학자들은 예티는 고대의 곰이라고 추정한다. 오
늘날 북극곰의 선조 중 일부가 히말라야 고원지대에서도 살고
있었다는 것. 히말라야 불곰은 예티의 유력 후보 중 하나다.

　임진왜란 당시 탄금대에서 전사한 신립 장군이 북도병사北道兵使
시절에 여진족에게 잔치를 베풀어 음식을 대접했다. 그중 나
이 든 사람이 하나 있었는데, 평생 사냥을 생업으로 삼은 노인은

짐승에 대해 많이 알고 있었
다. 신립은 노인에게 이곳에
는 어떤 별난 짐승이 있는지
물었다. 노인이 답하길, 자기
가 젊었을 때 사슴을 쫓다가
백두산에 들어간 적이 있었
는데 백두산에서 이상한 짐
승을 발견했다고 이야기했
다. 마치 거인처럼 서 있었는
데 키가 수십 자나 되고 사람
처럼 서서 걸어 다녔으며 온

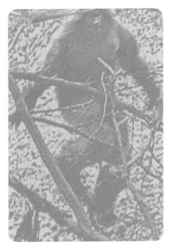

전설 속 설인 '예티'

몸은 긴 털로 뒤덮여 있고, 풀어 헤친 머리는 어깨까지 닿았는데
그 모습이 매우 사나워 보였다는 것. 게다가 등에는 새끼를 업
고 있었는데 새끼의 키도 10여 자나 됐다. 마침 그 거인의 앞에
사슴이 달려갔는데 그걸 본 거인은 펄쩍 뛰어 단번에 사슴을 잡
아챘다. 그러고서는 사슴 다리를 찢어 등에 업은 새끼에게 먹였
다. 노인은 땅에 엎드려 몸을 숨겨 간신히 목숨을 건질 수 있었
다. 노인이 백두산에서 목격한, 흡사 설인을 연상시키는 이 정체
불명의 짐승은 대체 무엇이었을까?

이수광이 전해 들은
'진격의 거인'

위 이야기는 유몽인이 지은《어우야담》의 한 대목이다. 신립 장
군이 오랑캐에게 들은 거인 이야기를 기록한 것인데, 조선 시대
에 백두산에서 설인 '예티'로 추정되는 괴물이 목격된 것이다.
유몽인은 1589년(선조 22년) 과거에 장원 급제한 유능한 관료였
다. 임진왜란 당시 외교 업무에서도 탁월한 실력을 보여 선조의
총애를 받기도 했다. 인조반정 후 벼슬을 내놓고 세상을 유람하
면서 기이한 이야기를 수집해 책으로 남겼는데《어우야담》은
조선 시대 쓰인 최초의 야담집이다. 그는 책에서 "북도에는 웅
장한 산과 거대한 산줄기가 많다. 하늘에 닿고, 바다에 잠겨 멀
리 뻗친 것이 수 천리다. 남해에 이르러 끝나는 것은 모두 백두
산에서 온 것이다"라고 적었다. 유몽인은 직접 백두산 인근 삼수
갑산 지역까지 다녀와서 기행문을 남기기도 했다.

　아마 그 시절 백두산에는 '천지의 네스호 괴물'과 함께 최소 두
종류의 괴물이 존재했던 것일까? 지금도 이따금 백두산과 천지
에서 괴물을 목격했다는 주장이 제기된다. 몇 년 전에도 백두산
천지에 영국 네스 호의 괴물 네시와 비슷한 괴물 목격담이 보도
되어 큰 화제가 됐다. 그런데《어우야담》에는 또 다른 초대형 거
인이 등장한다. '요하입수거인腰下入水巨人' 즉 허리 아래가 물에 잠
긴 거인 이야기다.

신밧드의 거인

　유몽인은 지봉 이수광이 표류한 어부들이 겪은 거인 이야기
를 예로 들었다. 그는 먼바다에는 거인국이 있다고 여겼다.《지
봉유설》의 저자 이수광이 함경도 안변 부사로 있을 때였다. 당
시 그 지역의 백성들이 바다를 표류하다가 가까스로 살아 돌아
온 일이 있었는데 백성이 말하길, 일찍이 세 사람이 작은 배를
타고 고기를 잡으러 나갔다. 그런데 갑자기 심한 강풍을 만나 곧
장 서쪽으로 밀려갔는데, 7일 밤낮으로 배가 멈추지 않았다. 문
득 한곳에 이르러 언덕에 배를 대고 깜빡 잠들었다. 그때 파도
소리가 세차게 들려 눈을 떠보니 거인이 보였다. 거인의 허리 아
래는 바다에 있고, 상반신은 드러나 있었다. 키는 약 30여 미터
쯤. 머리와 눈, 몸통이 웅장해 비할 바가 없었다. 세 어부가 배를

돌려 피하려 했으나, 이미 뱃전이 들려 뒤집힐 지경에 이르렀다. 황급히 도끼를 들어 거인의 팔을 내리찍었다. 그러자 거인은 배를 버리고 산으로 올라갔다. 어부들이 배를 끌고 도망치다가 돌아보니 거인이 산 위에 마치 산맥처럼 서 있었다. 그곳이 어느 지역인지는 알 수 없다. 다시 서풍을 만난 세 사람은 간신히 돌아올 수 있었다. 신밧드의 배를 공격하는 외눈박이 거인들 역시 허리 위만 바다 밖으로 나와 있다. 이수광이 전해들은 표류한 어부들의 거인 이야기와 왠지 평행이론처럼 느껴진다.

한라산에 나타난
식인 거인

조선 시대 사람들이 거인을 만난 야담은 다른 곳에서도 등장한다. 19세기 편자 미상의 한문 야담집《청구야담》에는 제주도에서 만난 백발노인이 겪은 식인 거인 이야기가 실렸다. 이 거인은 키가 스무 길이나 되고 허리가 열 아름이나 되었는데, 사람을 구워서 씹어 먹었다. 또 한 포수가 만난 '우禺'라는 거인은 방 열한 칸을 차지할 정도로 컸다. 지금도 제주도에는 '설문대할망'이라는 거인 할머니 설화가 내려온다. 제주도를 만들었다고 전해지는 여신인데, 혹시《청구야담》속 거인이 그녀의 아들일지도 모를 일이긴 하다.

　이처럼 야담이나 설화 속에 거인은 단골 소재다. 대부분 외딴

제주에서는 제주도를 만들었다는 설문대할망을
기리는 설문대할망제가 매년 열린다.

섬이나 깊은 산속에 살며 큰 키와 체구, 잔혹성이 돋보인다. 이
뿐만이 아니다. 세계 최고의 정사 기록인《조선왕조실록》에도
기이한 미확인 동물이 심심치 않게 등장한다. '조선왕조괴물실
록' 몇 가지를 들여다보자.

세종 시절 함경도에 등장한 뱀 모양 기생충
○ 출현 일시 및 장소 : 1431년(세종 13년) 5월 13일 / 함경도
○ 출처 : 세종실록 / 관찰사 보고서

함경도 무녀 하나가 뱀 그림을 그려 음식에 넣는 소동이 있었다.
무녀는 주문을 외더니 그 음식을 한 남자에게 먹였다. 곧 남자가
심한 복통을 호소해 곰취 뿌리를 다려 먹였다. 그랬더니 세 마리
의 뱀이 뱃속에서 나왔다. 그중 두 마리는 죽이고, 한 마리는 개
먹이로 줬다. 그런데 그 뱀을 먹은 개가 사흘 만에 죽었다. 의아
하게 생각한 사람들은 개의 배를 갈랐다. 놀랍게도 그 뱀은 아
직 살아 있었다. 무녀는 옥에 갇혔다. 함경도 감사는 "여러 해 동
안 갇혀 억울함이 적지 않다. 석방시켜 달라"고 요청했다. 세종
은 무녀를 방면해줬다. 그러면서 "남을 저주하는 일은 종종 있
지만, 그림 속 물건이 변해 살아났다는 것은 듣도 보도 못했다"
며 황당한 반응을 보였다.

경북 포항 영덕에서 잡힌 공룡 같은 거북

○ 출현 일시 및 장소 : 1596년(선조 29년) 5월 27일 / 경상도
○ 출처 : 선조실록 / 관찰사 이용순 보고

자라나 거북 모양의 큰 고기 하나가 잡혔다. 몸집이 넓고 크다.
등 껍데기는 새까맣고 무늬가 없다. 배는 약간 검고 검은 점무
늬가 있다. 지느러미 네 개가 있는데 펑퍼짐하고 발톱이 없다.
그리고 크기를 적어 올렸는데, 그림을 보니 대체적으로 큰 거북
모양이다. 머리부터 꼬리까지의 길이는 15척, 몸 위 너비는 5척
6촌, 아래는 4척 5촌. 위쪽 좌우 지느러미는 5척, 아래 좌우 지느
러미 길이는 각각 3척이다. 등에는 등골뼈가 7개, 입안에는 이와

혀도 없으며 육아肉牙가 죽 늘어서 있었다.

거북의 일종으로 '크기가 크다其體廣大'고 묘사했다. 대략 머리부터 꼬리까지 4.5미터, 몸통 1.8미터, 윗발(지느러미)이 1.5미터다. 기록이 사실이라면 엄청난 크기다. 장수거북은 현존하는 거북 중에서 가장 큰 종이다. 실록에서 기록한 것처럼 등에 등골뼈 같은 돌기 선이 일곱 줄이 나 있다. 입속은 식도에 뾰족한 가시가 수백 개 붙어 악마의 입으로 유명하다.

그러나 장수거북은 평균 2미터까지 자란다. 영덕에서 잡은 거북 종류는 이 크기를 가볍게 넘는다. 비슷한 크기는 중생대에 살았던 원시 거북 아르켈론Archelon 또는 플레시오사우르스Plesio-

스페인 칼레야 해변에 떠밀려와 숨진 채 발견된
거대한 몸집의 장수거북

saurus 정도다. 4.5미터나 되는 거북은 아르켈론 밖에 없다. 하지만 아르켈론은 이미 약 6500만 년 전 공룡과 함께 사라졌다. 영덕에서 잡힌 거북은 대체 무엇이었을까?

선조 때 하늘에서 내려온 '정체불명 삼 형제'

○ 출현 일시 및 장소 : 1604년(선조 37년) 12월 1일 / 평안도 선천군
○ 출처 : 선조실록 / 평안도 관찰사 김신원 보고서

선천군에 사는 한 노비의 집에 '강개똥'이라는 남자와 그의 부인 '향태'가 머물렀다. 강개똥은 어느 날 노비에게 "기이한 아들 셋이 하늘에서 나를 찾아올 것"이라고 말했다. 노비는 반신반의하며 청소를 마치고 기다렸더니, 난데없이 삼 형제가 나타났다. 이들의 생김새는 꽤 독특했다. 장남은 수염이 30센티미터, 큰 눈과 쟁반 같은 얼굴을 가졌다. 차남은 수염이 15센티미터에 미남이었다. 삼남은 수염이 약 12센티미터였는데 모두 체격이 컸다. 삼형제의 엄마는 노비에게 "셋 모두 올해 태어났는데 1년도 안되어 이렇게 장대하게 자랐다. 장남은 자궁으로 낳았고, 나머지는 옆구리로 낳았다. 또 사남도 태어난 지 하루도 안 되어 장성했으며 아직 몇 개월 안 되었다"며 "성인聖人이나 신인神人, 생불生佛"이라고 설명했다.

형제들은 모두 검은 관을 쓰고 검은 옷을 입고 있었다. 사람 모습 같으면서도 완연치가 못했으며 말소리도 작아서 듣기 어려웠다. 두려워 좀처럼 쳐다보기 힘들었다. 이튿날 새벽 홀쩍

떠났다. 동네 사람들이 이들을 보고 앞다투어 쫓아가면서 "전에 어떤 사람을 보더니 귀신처럼 이름을 알아맞혔다"고 말했다. 하지만 이 보고를 기록한 사관은 관찰사 김신원을 허풍쟁이라고 생각한 모양이다. 사관은 "하늘 아래 어찌 이치에 벗어난 물건이 있겠냐"며 "보고한 사람이나 이를 전한 노비도 사리에 밝지 못한 것 같다"는 의견을 달았다. 이 정체불명의 삼 형제는 하늘에서 내려온 저승사자일까? 그도 아니면 외계인일까?

영조 시절 평안도에 나타난 '메가테리움' 같은 괴수

○ 출현 일시 및 장소 : 1747년(영조 23년) 11월 5일 / 평안도
○ 출처 : 영조실록

앞발은 호랑이 발톱, 뒷발은 곰 발바닥, 머리는 말, 코는 멧돼지, 털은 산양 같은 괴수가 사람을 물었다. 병사가 총을 쏘아 잡아서 가죽을 보내왔다. 임금이 신하들에게 물으니 누구는 얼룩말 '효駁'라 하고, 더러는 '맥貘'이라고 했다. 일단 괴수가 잡혀 가죽까지 진상된 상태. 분명히 존재한 괴물이다. 여기서 '효'는 아프리카 얼룩말 지브라가 아니다. 얼룩덜룩한 털을 가진 말을 뜻한다. 실록에서 '맥'은 전통적으로 내려오는 신비의 동물을 의미한다.

언뜻 생각하면 동남아와 중남미에 서식하는 포유류 동물 테이퍼Tapir, 즉 맥처럼 보인다. 그러나 맥은 코가 좀 더 긴데 코가 길다는 표현은 없다. 그러므로 맥 종류는 아니다. 비슷한 동물

땅늘보의 일종인 메가테리움 상상도

로 '땅늘보'를 꼽을 수 있겠다. 현생 나무늘보의 친척쯤 되는 멸종 동물이다. 서인도 제도에는 약 8천 년 전까지 땅늘보가 살고 있었으나, 인간이 들어온 시기에 딱 맞춰서 자취를 감췄다. 잘 알려진 메가테리움Megatherium도 땅늘보의 일종이다. 나무늘보와 비슷한데, 나무 위가 아니라 땅을 돌아다닌다. 영조 때 잡힌 그 동물은 멸종된 땅늘보일까?

'괴력난신'을 인정하지 않은
조선 시대

공자는 논어에서 '괴력난신怪力亂神'을 금했다. 여기서 괴怪는 기괴

한 일, 력 $_力$ 은 차력처럼 초인적인 힘, 난 $_亂$ 은 난세에서 일어날 법한 막 나가는 현상들, 신 $_神$ 은 초자연적인 신비로운 일을 가리킨다. 즉, 사실이 아닌 것으로 혹세무민하는 것을 경계했다. 조선 중기까지는 괴물이나 신비로운 이야기가 별로 없다. 사대부들은 가급적 기괴한 현상이나 귀신 사건을 입에 담지 않으려 했다. 그럼에도 불구하고 《조선왕조실록》이나 몇몇 야담집에 종종 등장하는 괴물이나 요괴는 미지의 세계를 자극한다.

조선 후기에 들어서면서 현실 생활에 고통받는 백성들은 이상 사회를 꿈꿨다. 먼 바다에서 구원자가 나타난다는 해도진인설, 《정감록》의 이종 버전인 '홍길동'이 현실과 이상 사이를 오갔다. 갑질 사또에 대한 원한을 품은 '처녀귀신' 이야기가 횡행하기도 했다. 온갖 괴력난신들은 그 존재만으로도 흥미를 끄는 상상력의 원천이다. 더구나 괴력난신들은 민초들이 품고 있는 염원을 통쾌하게 풀어내는 한풀이의 장이기도 했다.

"햇빛에 바래면 역사가 되고, 달빛에 물들면 신화가 된다"고 했던가. 메마른 현대인의 삶에 창조의 동력을 제공하는 설화나 민담은 신만의 이야기가 아니라 바로 우리 인간사를 주제로 한 이야기라는 점에서 오늘날에도 아주 무궁무진한 이야기보따리이자 창조의 영감이다.

한강과 부산,
동해에 인어가 나타났다

우스갯소리이지만 볼 것 많은 유럽에도 '3대 사기 관광지'로 불리는 곳이 있다. 벨기에 브뤼셀의 오줌싸개 동상, 독일의 로렐라이 언덕, 덴마크 코펜하겐의 인어상이 바로 그곳들이다. 유명세에 비해 막상 가보면 썰렁해서 나온 얘기다. 코펜하겐을 상징하는 작은 인어상은 안데르센 동화 《인어공주》를 바탕으로 1913년에 만들었다. 로렐라이는 라인 강기슭에 솟아 있는 바위인데 물의 요정이 그 위에서 노래 부르는 모습을 뱃사람들이 넋을 잃고 바라보다가 암초에 부딪혀 난파당했다는 전설로 유명하다. 오디세우스의 귀환 중 세이렌 신화와 흡사하다.

  오디세우스 역시 세이렌의 유혹을 통과해야 했다. 화재 경보를 의미하는 '사이렌Siren'의 어원이 이 세이렌에서 나왔다. 세이렌은 원래 얼굴만 새인 '인면조人面鳥'였는데 여성성이 점차 강조

영국의 화가 허버트 제임스가 《오디세이아》에 나오는 세이렌의 음성에 고통받는
오디세우스 일행을 소재로 그린 〈율리우스와 세이렌〉.

되면서 미모와 노래를 무기로 뱃사람을 유혹하기 시작했다. 요
즘에는 커피 잔을 들고 전 세계 사람들을 유혹한다. 스타벅스는
세이렌 신화와 소설 《모비 딕》 이야기를 융합했다. 소설 속 일등
항해사의 이름이 바로 '스타벅Stabuck'이다. 커피를 무척 좋아한
그의 이름을 따서 지었다는 것은 잘못 알려진 소문이다. 소설 속
에서는 그 누구도 커피를 마시지 않는다.

인어는 옛 어부들이 듀공이나 매너티, 물개 등을 보고 상상해
낸 허구적 존재다. 이들이 바위 위에서 노는 모습을 멀리서 보고
인어로 착각했을 가능성이 높다. 보수적이었던 중세 유럽에서

1971

1987

1992

2011

스타벅스 디자인의 변천사.
초기에는 에로틱한
세이렌 모습을 강조했었다.

는 여성의 나체를 그리는 게 금기시됐다. 그래서 상상의 동물인 인어를 통해 여성을 표현했다는 설도 있다.

서양에서 인어는 정령의 성격이 강하지만 동양에서, 특히 일본에서 인어는 추악한 형상의, 우리가 알고 있는 인어 공주와 전혀 다른 이미지다. 상반신은 인간, 하반신은 물고기 모습인 바다 괴물에 더 가깝다.

우리나라도
인어가 살았다

인어 전설은 전 세계적으로 널리 퍼진 흔한 이야기다. 인어를 소재로 한 영화나 드라마 역시 한둘이 아니다. 우리나라에도 엄연히 인어 전설이 전해진다. 2017년 SBS 드라마 〈푸른 바다의 전설〉이 인어를 소재로 다뤘는데, 조선 시대 《어우야담》에 나오는 인어 이야기가 모티브가 됐다. 인어 이야기를 곧이곧대로 다 믿을 수는 없지만,

아주 흥미로운 대목이 아닐 수 없다.

김빙령이란 사람이 강원도 흡곡현(지금 고성)의 현령이 되어 바닷가 어부의 집에서 묵었다. 어부에게 무슨 고기를 잡았느냐고 물으니 어부가 대답했다. "낚시를 하다 인어 여섯 마리를 잡았는데 그중 둘은 창에 찔려 죽었고, 나머지 넷은 살아 있습니다." 김빙령이 나가 보니 모두 네 살짜리 아이 같았다. 얼굴이 아름답고 고왔다. 콧마루가 우뚝 솟아 있었고, 귓바퀴가 또렷했다. 수염은 누렇고, 검은 머리털은 이마까지 드리웠다. 검은 눈은 빛났고, 눈동자는 노랬다. 몸은 옅은 붉은색이거나 혹은 온통 흰색이기도 했다. 등 위에 옅은 흑색 문양이 있었으며, 암수 음양 형태가 사람 같았다. 손바닥과 발바닥의 주름살 무늬, 무릎을 껴안고 앉는 것까지 모두 사람과 다름이 없었다. 사람과 마주하자 흰 눈물을 비처럼 흘렸다.

그가 불쌍하게 여겨 어부에게 놓아주자고 청하니 어부가 아까워하며 말했다. "인어에게서 기름을 취하면 품질이 좋아 오래되어도 상하지 않습니다. 날이 갈수록 부패해 냄새를 풍기는 고래기름과는 비교할 수 없어요." 김빙령은 인어를 빼앗아 바다로 돌려보냈다. 그랬더니 인어는 마치 거북이가 유영하는 것처럼 헤엄쳐갔다. 그가 이를 무척 기이하게 여기니 어부가 말했다. "큰 인어는 사람 크기만 한데, 이들은 작은 새끼일 뿐이지요."

유몽인은 또 다른 인어이야기를 이어 적었다. "일찍이 들으니 강원도 간성의 작은 포구에서 인어 한 마리를 잡았는데, 피부가 눈처럼 희고 여자 같았다. 어부가 놓을 걸자 인어는 마치 오래 묵은 정이라도 있는 듯 웃었다. 마침내 바다에 놓아주니 갔다 돌아오기를 세 차례 반복하더니 떠났다"고 한다.

마지막으로 유몽인은 옛 책에서 읽은 인어의 성적 이미지를 떠올린다. "내가 일찍이 고서를 보니, 인어 남녀는 모습이 마치 사람과 같다고 한다. 바닷가 사람들이 암컷을 잡으면 못에 넣어 기르며 수시로 교접하는데 마치 사람 같다고 적어서 남몰래 웃었었다. 언제 동해에서 인어를 다시 보게 되려나."

조선 시대 어부의 손에서 풀려나 바다로 떠났던 인어는 그 후 어떻게 되었을까?

동해의 인어는
바다사자?

인어가 두 번이나 잡혔던 강원도 북부 지역을 생물학적으로 살펴보면, 당시 어부가 잡은 것은 바다사자로 보인다. 독도에서 멸종된 강치는 물갯과 바다사자 종류다. 바다사자는 물개보다 몸집이 커서 굼뜨다. 조선 시대 울릉도와 독도를 오간 사람들은 멀리서 바다사자를 보고 사람으로 오인하기도 했다. "인어에게서 기름을 취하면 품질이 좋다"는 어부의 말로 짐작하면 바다사자일 가능성이 크다. 독도 바다사자는 일제 강점기 기름과 가죽 채취용으로 멸종됐다. 멸종 위기에 몰린 백령도 점박이물범은 바다사자 중 가장 작은 종이다.

한국판 인어 이야기는 몇몇 군데에 더 존재한다. 인천 앞 '장봉도'라는 섬에도 인어 전설이 내려온다. 어느 날 그물에 인어가 잡혔는데 자세히 보니 머리가 긴 여자 인어였다. 어부들은 그 인어를 측은히 여겨 바다로 돌려보냈고, 덕분에 한동안 만선을 했다는 얘기다. 장봉도 선착장에는 제법 관능적으로 제작된 인어상이 있다. 부산 해운대 동백섬에도 황옥공주 인어상이 세워져 있다. 동백섬에는 먼 나라에서 시집온 인어공주에 대한 전설이 전해진다. 거문도에도 인어 전설이 있다. 인어 전승이 내려오는 지역을 살펴보면, 과거 바다사자나 물범 또는 상괭이 서식 지역이 대부분이다.

우리 선조들은 바다사자나 상괭이를 '형사인形似人' 즉, 사람과 닮은 인어 모양으로 간주했다. 1814년 다산 정약용의 친형인 정약전은 《자산어보》에서 다섯 가지로 구분해놓았다. 그중 서해와 남해에 사는 상광어尙光魚와 해돈어海豚魚를 인어처럼 여겼다. 여기서 말하는 '상광어'는 바로 상괭이, 해돈은 일반 돌고래를 일컫는다.

상괭이는 '물빛에 광택 난다'고 붙은 이름이다. 입꼬리가 살짝 올라가 '미소 고래', '웃는 고래'라고 불린다. 둥근 머리, 작은 눈, 매끈한 등을 가졌다. 돌고래와 달리 등지느러미가 없는 게 특징인 토종 돌고래다. 보통 수심이 얕은 연안에서 산다. 바닷물과 민물이 만나는 기수역에는 상괭이가 좋아하는 새우 등 먹이가

상괭이

풍부하다. 밀물 때면 강 중류까지 올라오기도 했다.

역사 문헌에서도 한강 등에서 상괭이가 나타난 기록을 발견할 수 있다. 1405년(태종 5년) 11월 20일, 한강 양천포(가양동) 백성들이 밀물에 떠밀려온 괴이한 큰 고기 여섯 마리를 잡았다. 물고기는 소가 우는 소리를 냈다. 비늘이 없었고 입은 눈가에, 코는 목뒤에 붙었다. 실록에 기록한 '괴이한 여섯 마리 물고기'는 바로 상괭이를 가리킨다. 두세 마리씩 가족 단위로 다니다가 떼로 붙잡힌 것 같다. 임진왜란 때의 의병장 조경남이 쓴 일기《속잡록》에는 지금의 난지도에 나타난 고래를 서울 사람들이 잡아 기름을 짜냈다는 기록이 남아 있다.

윤원형과 정난정을 잡은
토종 돌고래 상괭이

《어우야담》에는 상괭이와 관련한 재미있는 일화 하나가 실려 있다. 바로 명종 시절, 수렴청정을 하며 왕 이상의 치맛바람을 휘둘렀던 명종의 모후 문정왕후의 남동생 윤원형에 관한 이야기다. 윤원형은 조선 초 최악의 간신으로 평가된다. 윤원형이 몰락하기 직전 어느 날, 한강 두모포豆毛浦에서 한 어부가 큰 물고기를 낚아 강가로 끌고 올라왔다. 생전 처음 보는 물고기가 한강에서 잡혔다는 소식에 구경꾼들이 몰려들었고, 누군가는 이를 보고 점을 쳤다. 윤원형 이름의 '형衡' 자를 파자하면 양쪽에 다닐 행行, 가운데 아래 큰 대大가 나온다. 나머지 부분은 물고기 어魚에서 연화발(火→灬)이 빠진 글자가 된다. 크고大 이상한 물고기魚가 잡혀 올라온行 상황과 딱 맞아떨어진다. 한강에서 잡힌 물고기처럼 윤원형의 운명이 다해 몰락할 징조라고 여긴 것이다. 과연 그로부터 3일 후 정말 문정왕후가 사망하면서 윤원형의 몰락이 시작됐다.

신기한 것은 《어우야담》 이야기가 실제 사실에 가깝다는 것. 1565년(명종 20년) 4월 3일 실록에도 한강 두모포 어부가 상괭이로 보이는 큰 물고기를 잡은 정황이 나온다.

"이때 대비 마마가 편치 못해 붕어를 먹고 싶어 하므로, 사람을 시켜 두루 구했다. 마침 두포의 어부가 그물로 어떤 물고기

해운대 동백섬의 인어상

하나를 잡았는데 그 크기가 배만 했다. 여럿이 힘껏 강가에 끌어 내놓고 보니 길이가 약 4미터, 너비가 1미터 정도였다. 흰 빛깔에 비늘이 없고, 턱 밑에 지느러미 세 개가 있으며, 꼬리가 키처럼 컸다. 머리 위에 구멍이 있어 물을 빗물처럼 내뿜었다. 눈과 코가 물고기처럼 생기지 않았다. 강가의 늙은 어부들도 그것이 무슨 고기인지 알지 못했다."

실록에 나온 두모포는 한강 동호대교 북쪽에 있던 내륙의 포구다. 옥수동 쪽 중랑천과 물이 합쳐 두물포라고도 했다. 세종 때 대마도를 정벌한 원정군을 상왕이던 태종과 세종이 사열하던 곳이기도 하다. 요즘도 한강으로 상괭이가 올라왔다가 수중보에 걸려 폐사하는 일이 종종 기사에 실린다.

동서양 인어 전설에는 대개 인간과 인어의 사랑이 등장한다. 서양의 인어 전설에서 인어들은 남자를 유혹해 대개는 인생을 망치게 한다. 그에 반해 우리나라 인어 전설에서 인어가 사람을 해쳤다는 기록은 없다. 잡은 인어를 풀어주자 은혜를 갚았다는 이야기가 대부분이다. 《심청전》처럼 용궁 신화의 이종 버전으로 고래나 인어를 취급한 탓이다.

인어는 인간과 바다의 경계에 선 신화 속 산물이다. 인어 전설에는 인간의 공간과 바다의 세계가 교차한다. 언제나 인간의 욕망은 인어의 순수함에 대비된다.

이제는 한강뿐만 아니라 가까운 바다에서도 상괭이를 보기 힘들다. 연간 약 1천여 마리 이상의 상괭이가 혼획과 환경 오염으로 죽어가고 있다. 바다 쓰레기 문제 역시 어제오늘 일이 아니다. 아마도 바다가 이런 상태면, 설령 인어가 있어도 살기 어려울 것 같다. 언제쯤 상괭이가 돌아오고, 인어가 오가는 '한강의 기적'이 다시 이루어질 수 있을까.

• 도판 및 자료를 제공해준 기관 및 관계자 분들께 감사드립니다. 이 책에 실린 사진과 자료는 저작권자와 절차에 따라 사용 허락을 받는 데 최선을 다했습니다. 일부 저작권자를 찾지 못한 도판은 확인되는 대로 정해진 절차에 따라 이용료를 지불하겠습니다.

재밌어서 끝까지 읽는
한중일 동물 오디세이

1판 1쇄 발행 2020년 2월 19일
1판 2쇄 발행 2020년 10월 14일

지은이 · 박승규
펴낸이 · 주연선

총괄이사 · 이진희
편집 · 심하은 백다흠 허단 김서해 이우정 박연빈 허유민
표지 및 본문 디자인 · 손주영
책임마케팅 · 이선행
마케팅 · 장병수 김진겸 이한솔 강원모
관리 · 김두만 유효정 박초희

㈜은행나무
04035 서울특별시 마포구 양화로11길 54
전화 · 02)3143-0651~3 | 팩스 · 02)3143-0654
신고번호 · 제 1997—000168호(1997. 12. 12)
www.ehbook.co.kr
ehbook@ehbook.co.kr

잘못된 책은 바꿔드립니다.

ISBN 979-11-90492-30-0 03900